Un regalo para:

_____

De parte de:

_____

Liderazgo

PROMESAS PARA CADA DÍA

Devocionario diario

JOHN C. MAXWELL

CARIBE-BETANIA
Una División de Thomas Nelson Publishers
The Spanish Division of Thomas Nelson Publishers
Since 1798 — desde 1798
www.caribebetania.com

Caribe Betania Editores es un sello de Editorial Caribe, Inc.
© 2005 Editorial Caribe, Inc.
Una subsidiaria de Thomas Nelson, Inc.
Nashville, TN, E.U.A.
www.caribebetania.com

Título en inglés: *LEADERSHIP Promises For Every Day*
© 2003 por John Maxwell
Publicado por J. Countryman ®
Una división de Thomas Nelson Publishers
Publicado en asociación con Yates &Yates LLP. Attorneys and Counselors,
Orange, California.

A menos que se señale lo contrario, todas las citas bíblicas
fueron tomadas de la Versión Reina-Valera 1960
© 1960 Sociedades Bíblicas Unidas en América Latina.
Usadas con permiso.

Diseñado por: *UDG, Design Works, Sisters, Oregón*

Editora del proyecto: *Graciela Lelli*

Tipografiado por: *Grupo Nivel Uno, Inc.*

ISBN 0-88113-886-X

Impreso en Singapur
Printed in Singapore

DIOS NOS HA PROMETIDO SU GUÍA:

«Y les haré andar por sendas

que no habían conocido;

delante de ellos cambiaré las tinieblas en luz,

y lo escabroso en llanura.

Estas cosas les haré,

y no los desampararé».

ISAÍAS 42.16

Mi deseo es que le sigas a Él mientras diriges,

Porque Jehová da la sabiduría,

y de su boca viene el conocimiento

y la inteligencia...

Es el que guarda las veredas del juicio,

y preserva el camino de sus santos.

Entonces entenderás justicia,

juicio, y equidad, y todo buen camino.

—PROVERBIOS 2.6, 8–9

INTRODUCCIÓN

Cualquiera puede seguir una senda, pero solo un líder puede hacerla brillar.

Eso no es algo sencillo. Si eres un líder, mucha gente depende de ti:

La familia y los amigos necesitan líderes que ejemplifiquen vidas con propósito.

Los niños necesitan líderes que les ayuden a alcanzar su potencial.

Las iglesias necesitan líderes que tracen el rumbo y capaciten a los santos.

Los negocios necesitan líderes que construyan excelentes lugares de trabajo mientras logran sus ganancias.

Las comunidades necesitan líderes que puedan crear un mejor lugar para vivir.

Teniendo a otros dependiendo de ti. ¿De quién puedes depender *tú*? ¡La respuesta es Dios, el líder de líderes!

El liderazgo no es para los débiles de corazón, pero es reconfortante saber que no estás solo. Este devocionario diario ha sido diseñado para que tengas una comunicación con Dios, para proveerte diariamente con pensamientos de liderazgo que te ayuden a crecer y para mantenerte enfocado en asuntos de liderazgo que recordarás al pasar del día.

Si dedicas unos cuantos minutos cada día para asegurarte que estés siguiendo al líder de líderes y aprendiendo sus lecciones acerca del liderazgo, entonces, sin duda, iluminarás una senda que te llevará a ti y a tu gente a donde Dios los quiera dirigir.

Que Dios te bendiga en esta jornada, que puedas vivir en su sabiduría, y que Él preserve tu camino.

Liderazgo

PROMESAS PARA CADA DÍA

ENERO

El llamado al liderazgo es un
patrón constante en la Biblia.

UNA INVITACIÓN PARA DIRIGIR

Y dijo Dios: Hagamos al hombre
a nuestra imagen, conforme a nuestra semejanza;
y señoree en los peces del mar, en las aves de los cielos,
en las bestias, en toda la tierra…

GÉNESIS 1.26

Dios es el líder de líderes y Él llama a los creyentes para que sean líderes de otros. Dios pudo haber planeado su creación de muchas otras maneras. Él decidió crear seres humanos que tuvieran un espíritu y la capacidad de poder relacionarse con Él y seguirle pero sin que estuvieran forzados a hacerlo. Cuando el hombre cayó en el pecado, Dios pudo haber ejecutado un plan de redención que no incluyera a los pecadores, sin embargo, Él nos ha llamado a participar y a dirigir a otros mientras le seguimos. Él aclara eso desde el principio cuando afirma: «…y señoree en…» (Génesis 1.28).

El llamado al liderazgo es un patrón constante en la Biblia. Cuando Dios decidió escoger una nación para sí, Él no llamó a las masas, Él llamó a un líder, Abraham. Cuando Él quiso liberar a su pueblo de Egipto, Él no los guió colectivamente sino que levantó un líder para que lo hiciera, Moisés. Cuando el pueblo iba a entrar a la Tierra Prometida, ellos siguieron a un hombre, Josué. Cada vez que Dios desea hacer algo grandioso, Él llama a un líder. En la actualidad Dios todavía llama líderes para que hagan trabajos, tanto grandiosos como pequeños.

Biblia de liderazgo con notas de John C. Maxwell

DESARROLLA UN LÍDER, DESARROLLA UNA ORGANIZACIÓN

Viendo esto Pedro, respondió al pueblo...
Pero muchos de los que habían oído la palabra, creyeron;
y el número de los varones era como cinco mil.
HECHOS 3.12, 4.4

Una compañía no puede crecer sino hasta que crezcan sus líderes. Me asombra continuamente la cantidad de dinero, energía y enfoques de mercadotecnia que las organizaciones emplean en áreas que no producen crecimiento alguno. ¿Por qué hacer saber que el cliente es el número uno, si no se ha entrenado al personal en el servicio al cliente? Cuando los clientes lleguen, se darán cuenta de la diferencia entre un empleado que ha recibido entrenamiento para dar servicio y otro que no. Panfletos ingeniosos y lemas pegajosos no esconderán un liderazgo incompetente.

En 1981 me convertí en pastor principal de la Iglesia Skyline Wesleyan, en San Diego, California. Desde 1969 hasta 1981 esta congregación tenía un promedio de mil asistentes, y se encontraba en un obvio período de estancamiento. Convoqué a mi primera reunión de personal y pronuncié una charla con la tesis «los líderes deciden el nivel de una organización». Tracé una línea a lo largo de la pizarra y escribí el número «1.000». Les comuniqué que aunque sabía que ellos podían guiar eficientemente a mil personas, no sabía si podrían guiar a dos mil. Sabía que el crecimiento llegaría de inmediato cuando los líderes cambiaran positivamente. Ahora, tendría que ayudarlos a cambiar.

La fortaleza de cualquier organización es el resultado directo de la fortaleza de sus líderes.
Líderes débiles significan organizaciones débiles.
Líderes brillantes hacen organizaciones brillantes.
Todo comienza o termina con el liderazgo.

-Desarrolle los líderes que están alrededor de usted

EN TUS PISADAS

Y se juntaron con él (David) todos los afligidos, y todo el que estaba endeudado y todos los que se hallaban en amargura de espíritu, y fue hecho jefe de ellos; y tuvo consigo como cuatrocientos hombres.

1 SAMUEL 22.2

Los hombres que David atrajo mientras huía de Saúl se volvieron eventualmente como él. Algunos mataron hasta gigantes, tal como él lo hizo, demostrando que lo que uno es, eso es lo que reproduce. Observa lo que David nos enseña acerca de su liderazgo:

1. David atrajo hacia sí mismo hombres aun sin buscarlos.
2. David consiguió una lealtad profunda sin tratar de obtenerla siquiera.
3. David transformó a esos hombres sin cambiarlos de su estado inicial.
4. David peleó al lado de esos hombres y los hizo triunfadores.

Considera las asombrosas proezas de esos hombres. El capítulo 23 del segundo libro de Samuel nos dice que Adino mató a 800 hombres con su espada en una batalla (v. 8); Eleazar venció al enemigo hasta que su mano quedó pegada a su espada (v. 9,10); Sama defendió un terreno en contra del ejército enemigo (v. 11,12). David atrajo a hombres como él, almas en aflicción. Él también reprodujo hombres como él, guerreros y conquistadores.

Biblia de liderazgo con notas de John C. Maxwell

NO TE TOMES TAN EN SERIO

El corazón alegre constituye buen remedio.

PROVERBIOS 17.22

En mis seminarios, trabajo con una gran cantidad de líderes. Y he encontrado que muchos se toman demasiado en serio. Por supuesto, ellos no son los únicos. Me encuentro con personas de diferentes estilos de vida, personas que tienen demasiadas rimbombancias en sus actitudes. Necesitan alivianarse un poco. No importa cuán importante sea su trabajo, no hay razón para tomarse demasiado en serio.

Si hay alguien que tiene razón para tomar su trabajo y a él mismo en serio es el presidente de los Estados Unidos. Pero es posible que personas que ostentan esta posición conserven el sentido del humor y su ego a raya. Por ejemplo, cuando a Calvin Coolidge le preguntaron si asistiría a la Exposición del Sesquicentenario en Philadelphia, él dijo que sí.

— ¿Por qué va a ir, señor presidente?—Le volvieron a preguntar. —Porque allí se van a exhibir piezas de museo—contestó.

Si su tendencia es tomarse demasiado en serio, tómese un descanso y déselo a las personas que lo rodean. Recuerde que la risa produce elasticidad. La risa es la forma más rápida de levantarse y seguir adelante cuando uno se ha caído.

El lado positivo del fracaso

EL FUEGO DE DIOS

¿Quién de nosotros morará con el fuego consumidor?
¿Quién de nosotros habitará con las llamas eternas?
El que camina en justicia y habla lo recto; el que aborrece
la ganancia de violencias, el que sacude sus manos para
no recibir cohecho, el que tapa sus oídos para no oír
propuestas sanguinarias; el que cierra sus ojos para no ver
cosa mala; éste habitará en las alturas; fortaleza de rocas
será su lugar de refugio; se le dará su pan y sus aguas
serán seguras.

ISAÍAS 33.14-16

¿Quién puede aguantar el proceso de purificación de Dios? ¿Quién puede mantenerse igual después de pasar por el fuego de Dios? Esa es la pregunta que Isaías hace y a la vez responde. Él presenta una lista de las características que tienen aquellos que pueden mantenerse en medio de una crisis. Medita esta descripción:

Integridad: La vida y las palabras del líder son las mismas.

Justicia: El líder rehúsa la ganancia deshonesta.

Convicciones: Los valores de un líder no le permiten aceptar el soborno.

Un enfoque positivo: El líder rehúsa participar en asuntos destructivos.

Pureza: El líder disciplina su mente para mantenerse limpio y puro.

Seguridad: El líder se mantiene firme, estable en su identidad y origen de su fortaleza.

Biblia de liderazgo con notas de John C. Maxwell

El corazón del liderazgo

Se levantó de la cena, y se quitó su manto, y tomando
una toalla, se la ciñó. Luego puso agua en un lebrillo,
y comenzó a lavar los pies de los discípulos.

JUAN 13. 4-5

Cuando piensas en servidumbre, ¿qué imaginas? El concepto de servidumbre no se refiere a posiciones ni a habilidades. Tiene que ver con actitud. Es probable que hayas conocido a personas en posiciones de servicio con actitudes muy pobres hacia el concepto de servir:

Tal como sientes cuando un trabajador no quiere ayudar a la gente, puedes detectar también cuando un líder tiene un corazón de siervo, y la verdad es que los mejores líderes desean servir a otros, no a ellos mismos.

Un verdadero líder servidor...

• Pone a otros a la cabeza en su propia agenda
• Posee la seguridad para servir
• Toma la iniciativa en el servicio a otros
• No impone su posición
• Sirve por amor

El servidor no es motivado por manipulación o por auto promoción. Al final, el alcance de tu influencia dependerá de lo profundo de tu preocupación por otros. Es por eso que es tan importante para los líderes estar dispuestos a servir.

Las 21 cualidades indispensables de un líder

TEN CUIDADO DE DONDE OBTIENES UN CONSEJO

Bienaventurado el varón que no anduvo en consejo de malos, ni estuvo en camino de pecadores, ni en silla de escarnecedores se ha sentado. Sino que en la ley de Jehová está su delicia, y en su ley medita de día y de noche.
Será como árbol plantado junto a corrientes de aguas, que da su fruto en su tiempo, y su hoja no cae; y todo lo que hace, prosperará.

SALMOS 1.1-3

El brillante primer salmo contrasta al justo y al impío. Líderes, tomen nota porque la diferencia entre ambos parece ser de dónde obtienen su consejo. Observa cómo un mal líder puede ser desviado de su curso por un círculo íntimo corrupto:

1. El líder empieza a buscar el mal consejo.
2. El líder empieza a escuchar a las voces equivocadas.
3. El líder se junta con un círculo íntimo incorrecto.

Un buen líder medita en la Palabra de Dios de día y de noche. Nota los resultados de recibir consejo del círculo íntimo correcto:

1. Estabilidad
2. Un crecimiento interno sustancial.
3. Productividad y fruto.
4. Fuerza y durabilidad
5. Éxito

Biblia de liderazgo con notas de John C. Maxwell

El juego de la culpa

Y el hombre respondió: La mujer que me diste
por compañera me dio del árbol, y yo comí.

GÉNESIS 3.122

Cuando las cosas van mal, la tendencia natural es buscar un culpable. En este tema, puedes ir para atrás hasta llegar al mismo jardín del Edén. Cuando Dios le pregunta a Adán que había hecho, este culpa a Eva. Cuando Dios le pregunta a Eva, ella culpa a la serpiente. Lo mismo ocurre en la actualidad.

La próxima vez que fracases, piensa *por qué* fallaste en vez de preguntar de quién fue la falta. Trata de considerar todo objetivamente y así poder hacerlo mejor la próxima vez. Hazte las siguientes preguntas:

¿Qué lecciones he aprendido?

¿Cómo puedo convertir el fracaso en éxito?

¿Dónde tuve éxito y dónde fracasé?

La persona que culpa a otros por sus fracasos nunca los vence. Van de problema en problema, y como resultado, nunca logran el éxito. Para alcanzar tu potencial, tú debes mejorar continuamente, y no puedes hacerlo si no asumes la responsabilidad por tus acciones y aprendes de tus errores.

El mapa para alcanzar el éxito

El poder del propósito

Quiero que sepáis, hermanos, que las cosas que me han sucedido, han redundado más bien para el progreso del evangelio, de tal manera que mis prisiones se han hecho patentes en Cristo en todo el pretorio, y a todos los demás. Y la mayoría de los hermanos, cobrando ánimo en el Señor con mis prisiones, se atreven mucho más a hablar la palabra sin temor.

Filipenses 1.12-14

Cualquiera hubiera perdonado a Pablo si él se hubiera tomado un período sabático mientras estaba en prisión esperando su juicio. No obstante, él usó esta situación para esparcir el evangelio. Pablo era un líder que nunca se desvió de su misión. Él estaba determinado a dejar una huella doquiera que iba.

¿De qué manera el sentido de propósito de Pablo lo ayudó a mantenerse firme en la batalla mientras estaba en prisión? ¿Qué fue lo que aprendió detrás de los barrotes? Considera lo siguiente:

Un propósito te motivará.

Un propósito mantendrá tus prioridades firmes.

Un propósito desarrollará tu potencial.

Un propósito te dará la capacidad de vivir en el presente.

Un propósito te ayudará a evaluar tu progreso.

Biblia de liderazgo con notas de John C. Maxwell

UNA REVISIÓN ANTES DE AVANZAR EN TERRITORIO NUEVO

Levántate y pasa éste Jordán, tú y todo este pueblo, a la tierra que yo les doy a los hijos de Israel. Yo os he entregado, como lo había dicho a Moisés, todo lugar que pisare la planta de vuestro pie

JOSUÉ 1.2-3

A las personas se les debe mostrar la brújula del equipo de una manera clara, creativa y continúa. Siempre que me esfuerzo por proyectar visión con los miembros de mi equipo utilizo la siguiente lista de control. Trato de asegurar que todo el mensaje de la visión tiene:

Claridad: da entendimiento a la visión (las respuestas que las personas deben conocer y lo que usted quiere que ellas hagan)

Conexión: une el pasado, el presente y el futuro

Propósito: da dirección a la visión

Metas: da objetivo a la visión

Sinceridad: da integridad a la visión y credibilidad a quien la proyecta

Historias: dan relaciones a la visión

Desafío: da fortaleza a la visión

Pasión: alimenta la visión

Ejemplo: da responsabilidad a la visión

Estrategia: da proceso a la visión

Las 17 leyes incuestionables del trabajo en equipo

LA VISIÓN TRAE LA VICTORIA

Por lo cual, oh rey Agripa, no fui rebelde a la visión celestial, sino que anuncié primeramente a los que están en Damasco, y Jerusalén, y por toda la tierra de Judea, y a los gentiles, que se arrepintiesen y se convirtiesen a Dios, haciendo obras dignas de arrepentimiento.

HECHOS 26. 19-20

La visión de Pablo cuando iba camino a Damasco se convirtió en la fortaleza de su éxito. El apóstol nos enseña el poder de la visión. La visión de Dios para Pablo logró varios objetivos:

Lo detuvo: La visión nos permite vernos a nosotros mismos. Vemos las cosas no como son, sino como nosotros somos.

Lo envió: La visión nos permite ver a los demás. Nos impulsa a actuar.

Lo reforzó: La visión nos capacita para continuar a pesar de las dificultades y la falta de recursos.

Lo extendió: La visión nos da convicción para afirmarnos, la confianza para hablar y la compasión para compartir.

Lo satisfizo: La obediencia a esta visión nos motiva a actuar. Nos llena.

Biblia de liderazgo con notas de John C. Maxwell

DIRIGIENDO AL LÍDER

Alza ahora tus ojos, y mira desde el lugar donde estás hacia el norte y el sur, y al oriente y al occidente. Porque toda la tierra que ves, la daré a ti y a tu descendencia para siempre..

GÉNESIS 13.14-155

Para un líder, la visión es todo. Es absolutamente indispensable. ¿Por qué? porque es la visión la que lo guía. Es ella la que marca la meta. Enciende y alimenta el fuego dentro de él, y lo lleva hacia adelante. También es el encendedor para otros que siguen a ese líder. Muéstrame un líder sin visión, y te mostraré alguien que no va a ningún lugar. En el mejor de los casos, viaja en círculos.

Para conocer algo de visión y como esta forma parte de la vida de un buen líder, entiende estas cosas:

1. La visión comienza adentro.
2. La visión proviene de tu historia.
3. La visión enfrenta las necesidades de otros.
4. La visión ayuda a conseguir recursos.

Uno de los más valiosos beneficios de la visión es que actúa como un imán; atrae, reta y une a la gente. También reúne dinero y otros recursos. Mientras más grande sea la visión, mayor el potencial de atraer a más ganadores. Mientras más desafiante sea la visión, más duro lucharán los participantes por lograrla.

Las 21 cualidades indispensables de un líder

¿QUE HACE QUE LOS
SEGUIDORES DESEEN SERVIR?

Y David dijo con vehemencia ¡Quién me diera a beber del agua del pozo de Belén que está junto a la puerta! Entonces los tres valientes irrumpieron por el campamento de los filisteos, y sacaron agua del pozo de Belén que estaba junto a la puerta; y tomaron, y la trajeron a David; mas él no la quiso beber, sino que la derramó para Jehová.

2 SAMUEL 23:15-16

Fue un comentario casual. Sin embargo, al momento de oír las palabras de David, sus hombres traspasaron las líneas enemigas sin importar las espadas filisteas o sus lanzas con tal de traerle a su líder una copa del precioso líquido.

Tal lealtad tan atónita no surge de una simple descripción de trabajo. Una lealtad así solo surge por medio del ejemplo. David obtuvo este esfuerzo extra debido a que él había ejemplarizado esta lealtad a sus hombres.

Y es esta lealtad la que lo motivó a hacer lo que hizo después. David honró el sacrificio de sus hombres al presentar la copa a Dios en lugar de tomarla. ¿Quién no iría un poco más allá por un líder así?

Biblia de liderazgo con notas de John C. Maxwell

Ama a la gente,
recompensa su desempeño

Su señor le dijo: Bien, buen siervo y fiel; sobre poco has sido fiel, sobre mucho te pondré; entra en el gozo de tu señor.

MATEO 25.23

Educadores en los Estados Unidos, han buscado maneras para que los estudiantes mejoren sus notas en sus exámenes. Una teoría popular dice que la mejor manera de mejorar la capacidad de los niños es inflar su autoestima. Sin embargo, los investigadores han descubierto que trabajar únicamente con el ego de los niños puede generar efectos negativos: una indiferencia por la excelencia, incapacidad de superar las adversidades, y agresividad hacia la gente que los critica.

Yo doy un alto valor a reconocer los méritos de las personas, especialmente de los niños. Pero también creo que el elogio debe fundamentarse en la verdad. Este es el criterio que yo uso para animar y guiar a otros:

Aprecia a las personas.

Alaba el esfuerzo.

Premia el trabajo.

Este método lo uso con todos, incluso conmigo mismo. Y sin detenerme a pensar en los errores que cometo o cuantas veces me equivoco, no dejo que esto devalúe el aprecio que tengo por mí mismo. Como afirma el dicho popular: «Dios usa a la gente que falla, porque no existe otra clase de gente».

El lado positivo del fracaso

Retrato de un líder piadoso

Jehová, ¿quién habitará en tu tabernáculo?
¿Quién morará en tu monte santo?
El que anda en integridad y hace justicia,
Y habla verdad en su corazón.
El que no calumnia con su lengua,
Ni hace mal a su prójimo,
Ni admite reproche alguno contra su vecino.
Aquel a cuyos ojos el vil es menospreciado,
Pero honra a los que temen a Jehová.
El que aun jurando en daño suyo, no por eso cambia;
Quien su dinero no dio a usura,
Ni contra el inocente admitió cohecho.
El que hace estas cosas, no resbalará jamás.

Salmo 15:1-5

¿Cuáles son las cualidades que todo líder debe poseer? El Salmo 15 nos presenta una lista de las características necesarias. David dice que un líder piadoso debe:

Poseer integridad

Evitar ser partícipe de un chisme

Evitar dañar a otros

Hablar en contra de otros falsamente

Honrar a aquellos que caminan en la verdad

Mantener su palabra aún jurando en daño suyo

Evitar las ganancias deshonestas a costa de otros

Ser firme y estable

Biblia de liderazgo con notas de John C. Maxwell

EL TALENTO NO ES SUFICIENTE

Si un gobernante atiende la palabra mentirosa,
Todos sus servidores serán impíos. .

PROVERBIOS 29:12

Denis Waitley declaró: «La ventaja del ganador no es una cuna noble, un gran coeficiente intelectual o un talento. Está en la actitud, no en la aptitud». Desgraciadamente, muchas personas rechazan esa idea. Quieren creer que el talento solo (o talento con experiencia) es suficiente. Sin embargo, hay muchos equipos talentosos que nunca llegan a nada debido a las actitudes de sus jugadores.

Observe cómo varias actitudes influyen en un equipo constituido por jugadores sumamente talentosos:

Habilidades + Actitudes	= Resultado
Gran talento + Pésimas actitudes	= Equipo malo
Gran talento + Malas actitudes	= Equipo promedio
Gran talento + Actitudes promedio	= Equipo bueno
Gran talento + Buenas actitudes	= Equipo Excelente

Si quieres resultados extraordinarios necesitas buena gente con gran talento *y* actitudes formidables.

Las 17 leyes incuestionables del trabajo en equipo

CREANDO UN AMBIENTE DONDE SE PUEDAN DESARROLLAR LÍDERES

Todos estos hombres de guerra, dispuestos para guerrear, vinieron con corazón perfecto a Hebrón, para poner a David por rey sobre todo Israel; así mismo todos los demás de Israel estaban de un mismo ánimo para poner a David por rey.

1 CRÓNICAS 12.38

Podemos deducir basados en la lista de guerreros que se unieron a David en Siclag que su equipo era diverso, leal y con deseos de triunfar. ¿Qué hizo David para reproducir su liderazgo en ellos?

1. *David se relacionaba con ellos*: la forma personalizada y accesible de David atraía a cientos de voluntarios inadaptados que querían servirle. David los aceptaba a todos.

2. *David era ingenioso*: David le sacaba provecho a cualquier situación, aún en el desierto. Él capacitó a su equipo para que pudieran dar lo mejor de sí y triunfaran.

3. *David recompensaba*: David compartía sus recompensas y su reconocimiento por la victoria. Él afirmaba a sus hombres y los motivaba con palabras de ánimo y con los botines de la batalla.

4. *David era respetado*: David ejemplarizaba un liderazgo que los demás querían imitar. Amigos y enemigos lo respetaban por igual; la gente veía en David un ejemplo de buen liderazgo.

Biblia de Liderazgo con notas de John C. Maxwell

TEN CUIDADO CON LO QUE PROMETES

No te des prisa con tu boca, ni tu corazón se apresure a proferir palabra delante de Dios; porque Dios está en el cielo, y tú sobre la tierra; por tanto, sean pocas tus palabras. Cuando a Dios haces promesa, no tardes en cumplirla; porque él no se complace en los insensatos. No dejes que tu boca te haga pecar, ni digas delante del ángel, que fue ignorancia. ¿Por qué harás que Dios se enoje a causa de tu voz, y que destruya la obra de tus manos? Donde abundan los sueños, también abundan las vanidades y las muchas palabras; mas tú, teme a Dios.

ECLESIASTÉS 5.2, 4, 6-77

¿Haces promesas a Dios? La Escritura nos aconseja que tengamos cuidado antes de prometerle algo a Dios, un buen consejo que todo líder debería escuchar. Salomón describe los tres riesgos más grandes que los líderes descuidados van a enfrentar:

Un comentario apresurado: Los líderes deben escuchar tanto como hablar.

Promesas falsas: Los líderes tienden a decir lo que otros quieren escuchar. No prometas algo que no puedes cumplir.

Excusas baratas: Los líderes pierden su influencia cuando tratan de arreglar un error con una excusa poco convincente.

Biblia de liderazgo con notas de John C. Maxwell

¡SIN MI FAMILIA, NO!

*Porque si alguno no provee para los suyos, y mayormente
para los de su casa, ha negado la fe, y es peor que un
incrédulo.*

1 TIMOTEO 5.8

Cada día, muchos padres y cónyuges se alejan de
sus familias en la búsqueda del éxito. Es como si
estuvieran manejando en la carretera, y pasara bastante
tiempo antes de darse cuenta que han dejado atrás a los
miembros de su familia. La tragedia es que muchos le
dan mayor valor a su carrera, su éxito o su felicidad
personal que a sus familias. Deciden que es demasiado
trabajo regresar, así que siguen su viaje.

Pero muchas otras se están dando cuenta que la
esperanza de felicidad a expensas de la ruptura familiar
es una ilusión. No puedes desechar tu matrimonio o
descuidar a tus hijos y tener un éxito verdadero. Formar
y mantener una familia fuerte nos beneficia en todo
sentido, incluyendo el ayudarnos a hacer el viaje del
éxito. Nick Stinner afirmó hace más de una década:
«Cuando tienes una vida familiar fuerte, recibes el
mensaje de que eres amado, te cuidan y eres importante.
La dosis positiva de amor, afecto y respeto… te da los
recursos internos para enfrentar la vida en forma más
exitosa».

El mapa para alcanzar el éxito

EL PRINCIPIO DEL 101 POR CIENTO

*Os ruego, pues, hermanos, por el nombre de nuestro
Señor Jesucristo, que habléis todos una misma cosa,
y que no haya entre vosotros divisiones, sino que
estéis perfectamente unidos en una misma mente
y en un mismo parecer.*

1 CORINTIOS 1.100

La iglesia de Corinto se convirtió en uno de los
retos más grandes de Pablo. En esta carta, él tuvo
que confrontar varios problemas. Y su carta pudo
haberse convertido en un regaño largo y verbal.

En vez de eso, Pablo vio el potencial de esta iglesia, a
pesar de sus problemas. Él practicó el «principio del 101
por ciento», encontrar el uno por ciento que tú puedas
reafirmar y dedicar el 100 por ciento de tu atención.

Aún cuando Pablo sabía que tenía que confrontar
los asuntos, él empezó su carta con palabras de aprecio.
La regla número uno de liderazgo es esta: la afirmación
viene antes de la confrontación. Aún cuando Corinto
tenía personas problemáticas, Pablo de igual manera vio
lo bueno en ellos:

Eran enriquecidos por Dios.

Tenían comunión con Dios

Podían tomar decisiones correctas y positivas.

Los buenos líderes buscan lo bueno en las personas
y lo afirman. Una vez hecho esto, se dirigen a resolver
los problemas.

Biblia de liderazgo con notas de John C. Maxwell

DAR ES EL NIVEL
MÁS ALTO DE VIVIR

Y le dio Abram los diezmos de todo.

GÉNESIS 14.20

Nada habla más alto o sirve más a los demás que la generosidad de un líder. La verdadera generosidad no es algo ocasional. Viene del corazón y permea cada aspecto de la vida del líder: su tiempo, su dinero, sus talentos y sus posesiones. Los líderes efectivos, el tipo de líder que a la gente le gusta seguir, no recogen cosas solo para sí; las recogen para darlas a los demás. Cultiva la cualidad de la generosidad en tu vida. Haz lo siguiente:

1. Sé agradecido por lo que tienes
2. Pon a las personas primero
3. No permitas que el deseo por las posesiones te controle
4. Considera el dinero como un recurso
5. Desarrolla el hábito de dar

La única forma de mantener una actitud de generosidad es hacer propio el hábito de dar: tiempo, atención, dinero y recursos. Richard Foster dice que «el simple acto de gastar el dinero u otro bien, hace algo en nosotros. Destruye el demonio de la avaricia».

Las 21 cualidades indispensables de un líder

BUSCA A DIOS, LUEGO
HAZTE ESTAS PREGUNTAS

Y yo os digo: Pedid, y se os dará; buscad, y hallaréis;
llamad, y se os abrirá. Porque todo aquel que pide,
recibe; y el que busca, halla; y al que llama, se le abrirá. .

LUCAS 11.9-100

La mayoría de las personas pueden establecer prioridades fácilmente cuando se enfrentan con lo bueno o con lo malo. El problema surge cuando nos enfrentamos con dos cosas buenas. ¿Qué debemos hacer? ¿Qué hacer si ambas cosas llenan todos los requerimientos, tienen retribución, y nos recompensan por nuestro trabajo?

Cómo romper la atadura entre dos buenas opciones:

Pregunta a tu supervisor o a tus colaboradores cuál es su preferencia.

¿Alguna de las opciones puede ser manejada por alguien más? Si es así, delégala y trabaja en la que sólo tú debes hacer.

¿Qué opción sería de mayor beneficio para el cliente? A menudo somos como el comerciante que se empeñaba tanto en mantener limpia la tienda que nunca abría la puerta. ¡La verdadera razón para tener una tienda es para que entren los clientes, no para tenerla limpia!

Toma tu decisión basándote en el propósito de la organización.

Desarrolle el líder que está en usted

Capacitación:
La responsabilidad de un líder

Y él mismo constituyó a unos, apóstoles; a otros, profetas;
a otros, evangelistas; a otros, pastores y maestros, a fin de
perfeccionar a los santos para la obra del ministerio,
para la edificación del cuerpo de Cristo, hasta que todos
lleguemos a la unidad de la fe y del conocimiento del
Hijo de Dios, a un varón perfecto, a la medida de la
estatura de la plenitud de Cristo.

Efesios 4: 11-13

Capacitar es un trabajo difícil, mucho más difícil que pastorear. El líder debe capacitar a los demás para el ministerio. Pablo explica este objetivo a los pastores. Si los líderes desean capacitar a su gente deben proveerle de ciertos conceptos:

Debo preocuparme por ellos (comunicación, afirmación, reconocimiento y ejemplo).

Debo trabajar en sus puntos débiles, pero ejercitar sus puntos fuertes.

Debo darles de mí mismo (tiempo, energía y enfoque).

Debo cederles el ministerio.

Debo convertirme en una persona hábil (ambiente, entrenamiento, apoyo, herramientas).

Debo tener claras las expectativas.

Debo eliminar cargas innecesarias.

Debo descubrirlos cuando están haciendo algo bueno, y recompensarlos por ello.

Biblia de liderazgo con notas de John C. Maxwell

El liderazgo empieza en el corazón

Ya no os llamaré siervos... pero os he llamado amigos.

Juan 15.15

¿Qué puede hacer una persona para cultivar buenas relaciones como líder? Se requieren tres cosas:

1. *Comprende a la gente.* Rod Nichols, experto en mercadotecnia dice que en los negocios, esto es particularmente importante: «Si usted trata con cada cliente de la misma forma solo logrará éxito en un veinticinco o un treinta por ciento de sus contactos debido a que solo se habrá acercado a un tipo de personalidad. Pero si aprende a trabajar efectivamente con todos los tipos de personalidades podrá tener éxito con el 100 por ciento de sus contactos».

2. *Ama a la gente.* Henry Gruland dice: «Ser un líder es más que querer dirigir. Los líderes tienen empatía por otros y una aguda habilidad de encontrar lo mejor en las personas... no lo peor... al preocuparse verdaderamente por ellos». Quien no ame a la gente no puede ser un líder verdaderamente efectivo, del tipo que la gente quiere seguir.

3. *Ayuda a la gente.* Si tú te concentras en lo que puedes poner en la gente en vez de en lo que puedes obtener de ellos, te amarán y respetarán; y esto crea una gran base para establecer relaciones.

Las 21 cualidades indispensables de un líder

LIDERAZGO SEGURO

¿Por qué, pues, tuviste en poco la palabra de Jehová,
haciendo lo malo delante de sus ojos? A Urías heteo
heriste a espada, y tomaste por mujer a su mujer, y a él lo
mataste con la espada de los hijos de Amón.

2 SAMUEL 12.9

La seguridad provee el fundamento para un liderazgo sólido. Cuando nos sentimos inseguros, nos desviamos de nuestra misión en cuanto los problemas llegan. Cuando la gente no nos quiera, cuando no haya fondos, cuando la moral decaiga o cuando los demás nos rechacen o critiquen, debemos sentirnos seguros de nosotros mismos, no sea que nos desmoronemos. Si no nos sentimos seguros de nosotros mismos, el temor eventualmente saboteará nuestro liderazgo.

Imagínate lo que hubiera pasado si le hubiera faltado la seguridad en sí mismo a Natán. David había encubierto su pecado muy bien. Nadie más sabía lo que había pasado. Es más, David había guiado a Israel a un lugar de prominencia entre las naciones, y la mayoría de los israelitas se pondrían del lado de David si él tuviera que pelear. Por último, técnicamente hablando, David no había hecho nada ilegal con Urías. Él había enviado al hombre para que lo mataran en la batalla contra los amonitas, pero no fue su espada ni su lanza la que le quitó la vida a Urías. Natán tenía que sentirse muy seguro de sí mismo para saber que su plan no se le volvería contra él.

Biblia de liderazgo con notas de John C. Maxwell

Diamantes en bruto

*Antes bien los miembros del cuerpo que parecen
más débiles, son los más necesarios;*

1 Corintios 12.22

La Escritura nos dice que cada persona en el cuerpo de Cristo tiene valor y propósito. Entonces ¿cómo encuentran esperanza, dirección y ánimo las personas devaluadas por la sociedad, para cumplir los destinos que Dios les ha dado?

La respuesta viene del liderazgo. Una de las razones por las cuales Dios ha puesto a los líderes en la iglesia es para que cada persona encuentre su lugar. Yo pienso que es como encontrar y pulir gemas escondidas. Los líderes fueron diseñados para ayudar a las personas a convertirse en los individuos que Él creó. Son llamados a descubrir al escondido, a animar al preocupado, a desarrollar al novato y a facultar y habilitar al desvalido. Los líderes están dotados para extraer las gemas. No olvides que Jesús se fijó en un pescador sin educación e impulsivo llamado Simón, y vio a un diamante en bruto. Jesús mismo le llamó Pedro, la roca.

Tal como Jesús ve potencial en ti, si eres un líder, Él quiere que encuentres y desarrolles ese potencial en los demás.

UN AMIGO DE VERDAD

*Y Jonatán dio aviso a David, diciendo: Saúl mi padre
procura matarte; por tanto cuídate hasta la mañana, y
estate en lugar oculto y escóndete. Y yo saldré y estaré
junto a mi padre en el campo donde estés; y hablaré de ti
a mi padre, y te haré saber lo que haya.*

1 SAMUEL 19.2-3

 Ningún líder puede trabajar por sí mismo. Hasta
David necesitaba a un Jonatán.

En los días oscuros cuando huía de las amenazas del
rey Saúl, David se volvió a su amigo para obtener
fortaleza y ánimo. Aún bajo su propio riesgo, Jonatán,
esperando pacificar a su padre y reconciliarlo con su
amigo, habló bien de David. Y por un corto tiempo,
Saúl se detuvo, prometiendo que David no moriría por
su mano.

Muy pronto las viejas animosidades de Saúl
volvieron a él y Jonatán una vez más arriesgó su vida
para ayudar a su querido amigo. Jonatán se mantuvo fiel
a su camarada hasta la muerte.

¿Tienes a alguien que «te da fuerzas en Dios»? Todos
los líderes necesitan amigos reales que les puedan ayudar
a perseverar a través de los tiempos difíciles.

Biblia de liderazgo con notas de John C. Maxwell

LO QUE UN LÍDER DEBE VER

*Y dije al rey: Si le place al rey, y tu siervo ha hallado
gracia delante de ti, envíame a Judá, a la ciudad de los
sepulcros de mis padres, y la reedificaré*

NEHEMÍAS 2.5

Los líderes que guían hacen más que controlar la dirección en la cual ellos y su gente viajan. Ellos ven en su mente toda la travesía aún antes de que salgan del embarcadero. Pareciera extraordinario, pero Nehemías pudo ver el problema y la solución aún cuando nunca había visitado Jerusalén. Esa es una característica increíble de todos los grandes líderes: Ellos tienen una visión poco común. Un líder ve...

Más allá de lo que otros ven. Nehemías pudo ver el problema y el pudo visualizar la solución en su cabeza.

Más de lo que otros ven. Nehemías sabía que el muro podía y debía ser reedificado y él sabía lo que se necesitaba para lograrlo.

Antes de que otros vean. Ninguno de los pueblos vecinos de Jerusalén quería ver a los judíos reconstruir su muro. Varios líderes enemigos conspiraron contra Nehemías y su gente, pero él vio el peligro e hizo planes basándose en ello. Él rehusó caer en las trampas de sus enemigos.

Biblia de liderazgo con notas de John C. Maxwell

BENDECIDO POR EL ÉXITO

Y bendijo a José, diciendo:
" ... el Ángel que me liberta de todo mal,
bendiga a estos jóvenes; y sea perpetuado en ellos mi
nombre, y el nombre de mis padres Abraham e Isaac,
y multiplíquense en gran manera en medio de la tierra."
GÉNESIS 48.15-16

No todos los que influyas pensarán igual que tú. Tienes que ayudar a otros a creer que pueden alcanzar el éxito y mostrarles que quieres que lo logren. ¿Cómo puedes hacerlo?

Espéralo. Las personas pueden sentir tu actitud subyacente pese a lo que digas o hagas. Si esperas que tu gente sea triunfadora, lo sabrán.

Exprésalo verbalmente. A las personas les hace falta escuchar que crees en ellas y quieres que tengan éxito. Conviértete en un profeta positivo de su triunfo.

Refuérzalo. Jamás podrás hacer lo suficiente en cuanto a creer en las personas.

Una vez que las personas reconozcan y entiendan que verdaderamente deseas verlas alcanzar el éxito y que estás comprometido a ayudarlos, comenzarán a creer que pueden alcanzar lo que les des por hacer.

Seamos personas de influencia

COMPROMETIÉNDOSE
CON EL LÍDER

Entonces le respondió: Ah, señor mío, ¿con qué salvaré yo
a Israel? He aquí que mi familia es pobre en Manasés,
y yo el menor en la casa de mi padre.
Jehová le dijo: Ciertamente yo estaré contigo,
y derrotarás a los madianitas como a un solo hombre.

JUECES 6.15-16

¿Quién hubiera escogido a Gedeón como líder? Gedeón mismo no lo hubiera hecho; a pesar de las dudas de Gedeón, Dios lo usó. Él se desarrolló como líder a través de varias etapas:

Empezó en su casa con sus siervos cuando destruyó un altar a Baal y construyó un nuevo altar para Dios.

Se ganó a su padre quien tenía una influencia clave, y la vida de Gedeón fue preservada cuando vinieron los hombres de Ofar.

Gedeón extendió su círculo al ganarse la influencia de Joás, la del clan de Abiezer y la de otras tribus más allá de sus fronteras.

Se movió en el momento exacto con el número exacto de personas y obtuvieron una gran victoria.

La gente no se compromete automáticamente con una buena causa, tal como lo vemos con Gedeón. Una vez que los seguidores le tengan confianza al líder, entonces confiarán en la visión.

Biblia de liderazgo con notas de John C. Maxwell

LOS BUENOS LÍDERES
SABEN ESCUCHAR

Oye ahora mi voz; yo te aconsejaré,
y Dios estará contigo. Está tú por el pueblo
delante de Dios, y somete tú los asuntos a Dios.
ÉXODO 18.19

Como líder de un equipo o una organización, tú marcas el tono para la comunicación. La comunicación de un líder debe ser constante, clara y cortés Pero los líderes también deben ser muy buenos escuchadores. Cuando los líderes no escuchan...

Dejan de adquirir sabiduría.

Dejan de «escuchar» lo que no está siendo dicho.

Los miembros del equipo dejan de comunicarse.

Su indiferencia comienza a esparcirse en otras áreas.

Finalmente, no escuchar lleva a la hostilidad, a una mala comunicación y a un resquebrajamiento de la cohesión del equipo.

¿Cómo están tus habilidades para escuchar? Analízate totalmente. Pregúntale a tu jefe, a tu mentor, a tus colegas y a tus subordinados respecto a tu capacidad y disposición para escuchar. Si no obtienes buenas calificaciones con todos ellos, entonces tranquilízate, escucha y trabaja para convertirte en un mejor comunicador.

Las 17 leyes incuestionables del trabajo en equipo.

FEBRERO

Liderazgo eficaz, que refleja a Dios,
significa dar lo que tienes para
que Él sea glorificado
en lo todo que hagas.

ESCOGER
EL CÍRCULO PERFECTO

Mas él, dejando el consejo que le dieron los ancianos,
tomó consejo con los jóvenes que se habían criado con él,
y que estaban a su servicio.

2 CRÓNICAS 10.8

¡Ten cuidado con la clase de círculo íntimo que escoges! El rey Roboám tenía el beneficio del círculo íntimo de su padre, hombres que le dieron un consejo sabio. Sin embargo, el iluso joven rey rechazó su consejo y más bien buscó un consejo que estuviera de acuerdo con su propia opinión. ¡Una movida terrible! Él debió haber seguido a un verdadero equipo que poseyera las cualidades de un círculo íntimo sólido:

1. *Experiencia*: personas que han vivido y comprendido la vida.

2. *Un corazón devoto a Dios*: personas que pusieran a Dios primero y se apegaran a Sus valores.

3. *Objetividad*: personas que vean pro y contra en todos los asuntos.

4. *Amor por las personas*: personas que amen a los demás y los valoren más que a las cosas.

5. *Dones complementarios*: personas que traigan diversos dones a una relación.

6. *Lealtad a un líder*: personas que verdaderamente amen y se preocupen por el líder.

La Biblia de liderazgo con notas de John C. Maxwell

AMPLIANDO TU INFLUENCIA

Después subió al monte, y llamó a sí a los que él quiso; y vinieron a él. Y estableció a doce, para que estuviesen con él, y para enviarlos a predicar, y que tuviesen autoridad para sanar enfermedades y para echar fuera demonios.

MARCOS 3.13-15

A través del tiempo he aprendido esta significativa lección: Las personas más cercanas a mí determinan mi nivel de éxito o fracaso. Descubrí esta verdad cuando estaba por cumplir cuarenta años. Los únicos lugares donde mi influencia y productividad estaban creciendo eran donde había identificado y desarrollado líderes potenciales.

Mi intención al desarrollar líderes era ayudarles a mejorar, pero descubrí que yo también me beneficiaba. Pasar el tiempo con ellos había sido como invertir dinero. Habían crecido, y al mismo tiempo yo había cosechado increíbles dividendos. Allí fue cuando entendí que si quería alcanzar el próximo nivel, tendría que extenderme por medio de otros. Debía encontrar líderes y derramar mi vida en ellos, dando lo mejor de mí para llevarlos a un nuevo nivel. Y según ellos fueran mejorando, yo lo haría también.

El mapa para alcanzar el éxito

CEDER

Hermanos míos, tened por sumo gozo cuando os halléis en diversas pruebas.

SANTIAGO 1.2

¿Cuál precio estás dispuesto a pagar por ser un líder más eficiente?

Uno de los mejores ejemplos de sacrificio por un líder en la Biblia es la vida de Moisés, el más grande profeta del Antiguo Testamento. Bien podría ser el modelo del sacrificio en el liderazgo. Creció como hijo de Faraón, un príncipe. Como niño, disfrutó todos los placeres del palacio.

Sin embargo, Moisés estuvo dispuesto a arriesgarlo todo por tratar de ayudar a su pueblo. Y lo perdió todo. Después de matar a un egipcio, enfrentó un exilio de cuarenta años en el desierto de Madián. Durante cuarenta años vivió con el sacrificio que había hecho antes de conocer que Dios tenía el propósito de usarlo como líder. Para esa época ya Moisés había sufrido el proceso de quebrantamiento y reestructuración necesarios para ser usado por Dios.

Para ser líder quizás no se te pida dejar tu país ni renunciar a todas tus posesiones, como en el caso de Moisés. Pero puedes estar seguro que dirigir a otros tendrá su precio.

Los 21 minutos más poderosos en el día de un líder

UN LÍDER NO CALLA

*Pero cuando vi que no andaban rectamente conforme a
la verdad del evangelio, dije a Pedro delante de todos: Si
tú, siendo judío, vives como los gentiles y no como judío,
¿por qué obligas a los gentiles a judaizar?*

GÁLATAS 2.14

La integridad de Pablo lo llevó a enfrentar a
Pedro, su colega líder, enfrente de varios
creyentes judíos y gentiles. Él criticó la hipocresía de
Pedro y demandó que todos los líderes cristianos se
mantuvieran constantes, sin importar con quien
estuvieran. Considera su lista de revisión:

- Analiza tu motivo, tu objetivo debe ser ayudar,
  no humillar.
- Asegúrate que el asunto valga la pena criticarlo.
  ¿De verdad importa?
- Sé específico, no andes con rodeos, define
  claramente el problema.
- No subestimes la confianza que la persona tiene
  en sí misma o en su identidad. Que sea obvio
  que tú valoras a la persona.
- No pospongas una crítica necesaria. Si el asunto
  es grande, actúa ahora.
- Mírate a ti mismo cuando ves a los demás, saca
  la viga de tu propio ojo.
- Termina la crítica con una palabra de ánimo,
  finaliza con una nota positiva.

La Biblia de liderazgo con notas de John C. Maxwell

El equipo mantiene vivo el sueño

En la alegría del rostro del rey está la vida, y su benevolencia es como nube de lluvia tardía.

Proverbios 16.15

Uno de los errores que comete la gente es que dedican demasiada atención a su sueño y muy poca a su equipo. Pero la verdad es que si consigues el equipo correcto, el sueño no requerirá mayor atención de tu parte.

Si quieres alcanzar tu sueño, es decir, hacerlo una realidad y no solo imaginártelo ya alcanzado, entonces trabaja en tu equipo, pero al hacerlo, asegúrate que tus motivos sean los correctos. Algunas personas forman un equipo solo para beneficiarse ellos. Otros lo hacen porque disfrutan la experiencia y quieren crear un sentido de comunidad. Y otros lo hacen porque quieren constituir una organización. Lo divertido en estas razones es que si estás motivado por todas ellas, tu deseo de formar un equipo probablemente surja de tu deseo de valorizar a cada uno de los miembros. Pero si tu deseo de formar un equipo tiene su origen en solo una de estas razones, probablemente necesites examinar tus motivos.

Las 17 leyes incuestionables del trabajo en equipo.

GANARSE LA CONFIANZA
HACIENDO LO CORRECTO

*Porque Esdras había preparado su corazón para inquirir
la ley de Jehová y para cumplirla, y para enseñar en Israel
sus estatutos y decretos.*

ESDRAS 7.10

Aún siendo joven, Esdras estudió diligentemente
y aprendió a ser un erudito. Se ganó el respeto de
muchos, incluyendo el líder político de la tierra de su
exilio, el rey Atajerjes. Él estableció sus conexiones y su
influencia con el tiempo, un paso necesario si el sueño
de restaurar a Jerusalén se iba a cumplir.

Como resultado de muchos años de hacer
constantemente lo correcto, el rey finalmente confió a
Esdras con autoridad y recursos, reconociendo sus
cualidades de carácter por escrito. Él le proveyó todo lo
que Esdras necesitaba para hacer su trabajo.

Esdras llevó a muchos israelitas de regreso a
Jerusalén durante este tiempo de restauración. Como
un líder espiritual, Esdras se había preparado, estudiado
y relacionado con muchos judíos comunes, y su gran
influencia impulsó muchos para seguirle a Jerusalén.
Esdras no utilizó su autoridad, intelecto e influencia
para ganancia personal, sino más bien para restaurar a
Jerusalén.

Durante toda su vida, Esdras ejerció las mejores
cualidades de un líder con celo y pasión.

La Biblia de liderazgo con notas de John C. Maxwell

NEGOCIAR PARA
OBTENER ALGO MEJOR

Vio también a una viuda muy pobre,
que echaba allí dos blancas. Y dijo:
En verdad os digo, que esta viuda
pobre echó más que todos.

LUCAS 21.2-3

El autor Rudyard Kipling escribió: «Si no logras lo que deseas, es señal de que no lo deseas en serio, o que has tratado de regatear el precio». ¿Hasta qué punto deseas alcanzar tu potencial y cumplir el propósito en la vida? Se necesita pasión de tu parte para seguir creciendo, aprendiendo y negociando. Con el paso de los años he descubierto que durante toda la vida tenemos que negociar para tener éxito, y solo por medio de intercambios sabios podemos alcanzar nuestro potencial.

El problema de muchas personas sin éxito es que no han trabajado para desarrollar lo que se necesita para negociar. Tú puedes negociar solo cuando tienes algo que vale la pena cambiar. Y cuando haces la negociación, no cambias lo más pequeño por lo más grande, sin pasar todos los niveles intermedios. Usualmente, puedes moverte solo un nivel a la vez, sea hacia arriba o hacia abajo.

El mapa para alcanzar el éxito

DA LO MEJOR DE TI

*Y el rey Salomón dio a la reina de Sabá todo lo que ella
quiso y le pidió, más de lo que ella había traído al rey.
Después ella se volvió y se fue a su tierra con sus siervos.*

2 CRÓNICAS 9.12

Antes de que se saliera de curso, Salomón
empezó a cumplir el sueño de Dios de bendecir
las naciones a través de la nación de Israel. La reina de
Sabá habló en representación de esos visitantes cuando
dijo: «Bendito sea Jehová tu Dios, el cual se ha agradado
de ti para ponerte sobre su trono como rey para Jehová
tu Dios». (2 Crónicas 9.8)

Siglos después, el señor Jesucristo le diría a sus
seguidores que lo que habían recibido de gracia, de
gracia lo deberían dar (Mateo 10.8). Salomón había
pedido sabiduría para que pudiera gobernar de tal
forma que complaciera a Dios. El Señor le dio de gracia
esa sabiduría, de tal forma que él pudiera compartirla
con los demás, en sus palabras, en su música y en sus
escritos.

Liderazgo eficaz, que refleja a Dios, significa dar lo
que tienes para que Él sea glorificado en todo lo que
haces. Lo que de gracia has recibido, dalo de gracia, y así
bendice a los demás.

La Biblia de liderazgo con notas de John C. Maxwell

EL CAMINO MÁS LARGO
ES EL ATAJO

*Y él esperó siete días, conforme al plazo que Samuel
había dicho; pero Samuel no venía... Entonces Saúl...
ofreció el holocausto. Y cuando él acababa de ofrecer el
holocausto, he aquí Samuel que venía.... Entonces
Samuel dijo: ¿Qué has hecho?*

1 SAMUEL 13.8-11

Un obstáculo bastante común para tener éxito es
el deseo de cortar camino y tomar la vía más
corta para lograrlo. Pero a la larga, esta actitud no paga
bien.

Si acostumbras a rendirte ante tus estados de ánimo
o tus impulsos, entonces necesitas cambiar tu actitud
ante las cosas que hay que hacer. Acortar camino es en
realidad una señal de impaciencia y una autodisciplina
muy pobre. Pero si estás dispuesto a seguir adelante,
podrás abrir camino allí donde no haya. El mejor
método es fijarse normas que demanden responsabilidad. Soportar las consecuencias por algún error te
ayudará a mantenerte en movimiento hacia adelante.
Una vez que hayas fijado las nuevas normas, trabaja
según ellas, no según tu estado de ánimo. Eso te
mantendrá en la dirección correcta. La autodisciplina es
una cualidad que se obtiene a través de la práctica.

El lado positivo del fracaso

Capacita a tu gente

*Y entrando Pablo en la sinagoga, habló con denuedo por
espacio de tres meses, discutiendo y persuadiendo acerca
del reino de Dios. Pero endureciéndose algunos y no
creyendo, maldiciendo el Camino delante de la multitud,
se apartó Pablo de ellos y separó a los discípulos,
discutiendo cada día en la escuela de uno llamado
Tiranno. Así continuó por espacio de dos años, de manera
que todos los que habitaban en Asia, judíos y griegos,
oyeron la palabra del Señor Jesús.*

Hechos 19.8-10

Pablo comenzó un seminario en miniatura en
Éfeso donde enseñó a sus estudiantes todo sobre
el evangelio. Por dos años, él formó y capacitó hombres
en el salón de conferencias de Tiranno. Mientras
capacitaba a los estudiantes, Pablo se mantuvo
comprometido a su gente, al proceso y al propósito.
Piensa cómo podemos hacer lo mismo cuando
desarrollamos a los demás:

Conoce tus puntos fuertes y débiles.

Conoce a las personas a quienes deseas desarrollar.

Define claramente los objetivos y las tareas.

Permíteles que te vean servir y dirigir.

Responsabilízalos por su trabajo.

Permíteles equivocarse.

La Biblia de liderazgo con notas de John C. Maxwell

CEDE TUS DERECHOS

Haya, pues, en vosotros este sentir que hubo también en Cristo Jesús, el cual, siendo en forma de Dios, no estimó el ser igual a Dios como cosa a que aferrarse, sino que se despojó a sí mismo, tomando forma de siervo.

FILIPENSES 2.5-7

¿Has sido alguna vez tratado injustamente? Por lo tanto, tienes que tomar una decisión. ¿Vas a desperdiciar tiempo y energía en lo que pudo haber sido, o vas a enfocarse en lo que puede ser? Aun cuando la verdad y la justicia estén de tu lado, quizás nunca puedas rectificar las injusticias que has padecido. El luchar continuamente por tus derechos en un mundo imperfecto puede convertirte en un hombre resentido, irritado, rencoroso y amargado. Estas emociones destructivas agotan tus energías y te vuelven negativo. Además, cuando te enfocas en tus derechos, tú miras hacia atrás y no hacia adelante. Cuando dejas de preocuparse por tus derechos, vas en la dirección correcta y puedes continuar con tu viaje.

Reconoces los errores pero los perdonas y te preocupas por lo que puedes controlar: tus responsabilidades. Hacer esto aumenta tu energía, edifica tu potencial y mejora tus perspectivas.

El mapa para alcanzar el éxito

NO ES SOLO LO QUE HACES SINO TAMBIÉN CUÁNDO LO HACES

Me dijo el rey: ¿Qué cosa pides?

Entonces oré al Dios de los cielos.

NEHEMÍAS 2.4

Los buenos líderes comprenden que conocer el tiempo correcto lo es todo. Nehemías le habló al rey acerca de Jerusalén, pero no lo hizo hasta cuatro meses después de que él supo que el muro estaba destruido. Comenzó a orar por el muro arruinado en diciembre, pero no fue hasta abril que le habló al rey sobre la idea de reconstruirlo. ¿Qué estaba esperando?

Nadie lo sabe con seguridad, pero Nehemías quizás estaba esperando...

1. Sentirse parte de la carga y la visión.
2. Que se pusiera un cimiento de oración.
3. Pensar en un plan.
4. La mejor actitud emocional y mental del rey.
5. El momento cuando él pudiera moverse rápidamente.
6. Que hubiera una confianza más profunda entre él y el rey.

¿Cómo sabes cuándo moverte a una posición de liderazgo? ¿De qué manera pedir las cosas en el momento oportuno aumenta tu capacidad para triunfar?

La Biblia de liderazgo con notas de John C. Maxwel

UN TRABAJO DE VERDADERO VALOR

*Y santificaré el tabernáculo de reunión y el altar;
santificaré asimismo a Aarón y a sus hijos, para que sean
mis sacerdotes. Y habitaré entre los hijos de Israel, y seré
su Dios...Y entraron Moisés y Aarón en el tabernáculo de
reunión, y salieron y bendijeron al pueblo.*

ÉXODO 29.44-45, LEVÍTICO 9.23

A lo largo de su vida demasiadas personas caen simplemente en un tranquilo nicho y permanecen allí en vez de perseguir metas de importancia. Los líderes no se pueden dar el lujo de hacer eso. Cada uno debe preguntarse: «¿Quiero la supervivencia, el éxito o la importancia?» Los mejores líderes desean importancia y emplean su tiempo y energía en la persecución de sus sueños.

Moishe Rosen enseña un ejercicio mental de una frase que se ha vuelto una herramienta eficaz para ayudar a una persona a identificar su sueño. Él le pide que llene los espacios en blanco:

Si yo tuviera

_____ ,

haría

_____ .

La idea es que si deseas cualquier cosa: suficiente tiempo, suficiente dinero, suficiente información, suficiente personal (todos los recursos que puedas pedir), etc. ¿Qué harías? Tu respuesta a esta pregunta es tu sueño. Trabajar en tu sueño añade importancia a tu vida.

Desarrolle a los líderes que están alrededor de usted

TOMA EL CAMINO HACIA UN NIVEL ALTO

Y quitó Jehová la aflicción de Job, cuando él hubo orado por sus amigos; y aumentó al doble todas las cosas que habían sido de Job.

JOB 42.10

Después de aguantar casi 40 capítulos de crítica y condena de parte de Eliú, Bildad y Elifaz, Job tiene la oportunidad de vengarse. Dios anuncia su descontento con ellos, aparentemente dándole a Job una maravillosa oportunidad para decir «se los dije». En vez de eso, Job ora por sus ingenuos amigos.

Al igual que los grandes líderes, Job rehúsa vengarse o guardar rencor. Mas bien, él tomó el camino hacia un nivel más alto. Él perdonó a sus amigos, intercedió por ellos y los despidió. Recuerda las diferencias entre el camino hacia un nivel bajo y el camino hacia un nivel alto:

CAMINO HACIA UN NIVEL BAJO

1. Venganza y represalia cuando nos han dañado
2. Jugar el mismo juego que los demás
3. Seguir las emociones adonde nos lleven
4. Reaccionario: vivir igual que los demás

CAMINO HACIA UN NIVEL ALTO

1. Amor incondicional y perdón
2. Rehusar jugar juegos; vivir según tus principios
3. Ser guiado por el carácter y los valores
4. Pro activo: vivir por encima de los simples parámetros humanos

La Biblia de liderazgo con notas de John C. Maxwell

CONTRA VIENTO Y MAREA

Y perseguiréis a vuestros enemigos,
y caerán a espada delante de vosotros.
Cinco de vosotros perseguirán a ciento,
y ciento de vosotros perseguirán a diez mil,
y vuestros enemigos caerán a filo de espada
delante de vosotros.

LEVÍTICO 26.7-8

Sin un desafío muchas personas tienden a caer o consumirse. Charles Noble observó: «Usted debe tener una visión de gran alcance para evitar frustrarse por los fracasos de poco alcance». La visión ayuda a la gente con motivación. Eso puede ser de suma importancia para individuos verdaderamente talentosos. Ellos a veces luchan con la falta de deseos. Por eso es que un gran artista como Miguel Ángel oró: «Señor, concédeme que siempre desee más de lo que puedo lograr». Una brújula visionaria responde esa oración.

Alguien dijo que solamente las personas que pueden ver lo invisible logran hacer lo imposible. Eso muestra el valor de la visión. Pero también indica que la visión puede ser una cualidad difícil de alcanzar. Si puedes medir con confianza la visión de tu equipo, entonces tu equipo posee muy buenas posibilidades de tener éxito, y de no equivocarte. La visión da confianza y dirección a los miembros del equipo, dos cosas que no pueden tener sin ella.

Las 17 leyes incuestionables del trabajo en equipo

PERMÍTELES A LOS DEMÁS ARRIESGARSE

Y dieron dinero a los albañiles y carpinteros; asimismo
comida, bebida y aceite a los sidonios y tirios para que
trajesen madera de cedro desde el Líbano por mar a Jope,
conforme a la voluntad de Ciro rey de Persia acerca de
esto.

ESDRAS 3.7

La mayoría de las personas necesitan permiso para arriesgarse. Al hacer su proclama, el rey Ciro ejemplificó otro principio de liderazgo.

Ciro promulgó un decreto anunciando que todos los judíos podían regresar a su hogar y empezar su vida de nuevo. Es probable que pienses que cada judío saltaría de alegría con esta oportunidad de dejar el cautiverio y volver a casa, pero de los cientos de miles de judíos que habían (538 A.C.) solamente 49,897 aceptaron la oferta. Aquellos que regresaron abandonaron una vida de comodidad y familiaridad para seguir una vida de reconstrucción.

Un riesgo así es difícil para la mayoría de la gente. La mayoría de las personas generalmente siguen la senda de la menor dificultad y se mantienen en zonas de comodidad. Es por eso que los líderes deben dar el ejemplo de valor y pedirle a los demás que sean valientes.

La Biblia de liderazgo con notas de John C. Maxwell

COMIENZA EL LIDERAZGO
CON AMOR

Oráculo hay en los labios del rey;
en juicio no prevaricará su boca.

PROVERBIOS 16.10

Si deseas convertirte en alguien que influye otras vidas, comienza nutriéndolas. Lo que el clérigo John Knox dijo hace más de cuatrocientos años aún es cierto: «Uno no puede competir e influir al mismo tiempo».

El centro del proceso nutritivo es el interés genuino por otros. Cuando tratas de ayudar e influir a las personas alrededor, debes tener sentimientos positivos e interés por ellos. Si deseas impactarlos de manera positiva, no puedes despreciarlos, aborrecerlos, o ridiculizarlos. Debes amarlos y respetarlos.

Podrás preguntarte por qué debes adoptar una función sustentadora con las personas que deseas influir, sobre todo si son empleados, colegas, o amistades, y no familiares. Podrías decir: ¿Acaso eso no es algo que pueden conseguir en otra parte, por ejemplo, en el hogar? La desafortunada verdad es que la mayoría de las personas están desesperadas por ánimo. Si te transformas en un gran sustentador de los demás, tendrás la oportunidad de impactar bastante en ellos.

Seamos personas de influencia

ESCOGE BIEN A TU MENTOR

*Cuando habían pasado, Elías dijo a Eliseo: Pide lo que
quieras que haga por ti, antes que yo sea quitado de ti.
Y dijo Eliseo: Te ruego que una doble porción de tu
espíritu sea sobre mí. Él le dijo:
Cosa difícil has pedido. Si me vieres cuando fuere
quitado de ti, te será hecho así; mas si no, no.*

2 REYES 2.9-10

Cada líder necesita un mentor, especialmente los
líderes que van emergiendo. Dios hizo que Eliseo
fuera preparado bajo la protección de Elías. Nota varios
principios desglosados en 1 Reyes 19 y 2 Reyes 2 que
hablan de su preparación:

PREPARACIÓN DE ELISEO	PRINCIPIO DE LIDERAZGO
1. Él estaba ungido para reemplazar a Elías.	1. Los líderes deben comprender su llamado y su papel.
2. Eliseo tocó el manto de Elías mucho antes de que iniciara su ministerio.	2. Los líderes deben esperar pacientemente el momento perfecto de Dios y de su autoridad.
3. Él quemó sus herramientas de agricultura.	3. Los líderes deben deshacerse de sus ambiciones anteriores.
4. Él siguió a Elías donde fuera que iba.	4. Los líderes deben ir tras buenos mentores.
5. Él absorbió todo lo que pudo de Elías.	5. Los líderes deben desear crecer y desarrollarse.

La Biblia de liderazgo con notas de John C. Maxwell

TODOS EN EL MISMO BARCO

Entonces los marineros procuraron huir de la nave...
Pero Pablo dijo al centurión y a los soldados: Si éstos no
permanecen en la nave, vosotros no podéis salvaros.

HECHOS 27.30-31

La cualidad que más se necesita entre los compañeros de equipo en medio de la presión de un reto difícil es la colaboración. Convertirse en un jugador que colabore con el equipo requiere un cambio de enfoque en cuatro áreas:

1. *Percepción*: Ve a tus compañeros como colaboradores, no como competidores, ayudarse unos a otros es más importante que competir unos contra otros. Se conciben como una unidad trabajando juntos y no permiten que la competencia entre ellos dañe al equipo entero.

2. *Actitud:* Apoya a tus compañeros en lugar de sospechar de ellos. Si confías en la gente, los vas a tratar mejor. Y si los tratas mejor, ambos estarán en mejores condiciones de crear una relación de colaboración.

3. *Enfoque:* Concéntrate en el equipo, no en ti. El escritor Cavett Roberts lo dice de esta manera: «El verdadero progreso en cualquier campo es una carrera de relevo y no una carrera individual».Si te enfocas en el equipo y no sólo en ti, podrás pasar la barra cuando sea necesario en lugar de tratar de completar la carrera solo.

4. *Resultados:* Crea la victoria a través de la multiplicación, la colaboración tiene un efecto multiplicador en todo lo que haces porque libera y perfecciona no sólo tus habilidades sino las de los miembros de tu equipo.

Las 17 cualidades esenciales de un jugador de equipo

DIFERENCIAS QUE
MARCAN LA DIFERENCIA

Añadió David: Jehová, que me ha librado de las garras
del león y de las garras del oso, él también me librará de
la mano de este filisteo..

1 SAMUEL 17.37

Considera a David en su batalla contra Goliat. ¿Por qué pudo mantenerse firme contra el gigante cuando todo Israel se replegó en temor? Fue por esto:

1. Su *perspectiva* era diferente a la de los demás. Él vio una oportunidad.
2. Sus *métodos* eran diferentes a los de los demás. Él decidió usar armas ya comprobadas que él sabía usar.
3. Su *convicción* era diferente a la de los demás. Él sabía de las amenazas de Goliat contra Dios y sabía que Dios lo vencería.
4. Su *visión* era diferente a la de los demás. Él deseaba que todo el mundo conociera que Jehová era el Dios más poderoso de la Tierra.
5. Su *experiencia* era diferente a la de los demás. Él trajo al campo de batalla sus victorias pasadas con leones y osos, no meses de un temor paralizante.
6. Su *actitud* era diferente a la de los demás. Él veía a Goliat no como una amenaza muy grande, sino como un blanco difícil de fallar.

La Biblia de liderazgo con notas de John C. Maxwell

CRECIMIENTO = CAMBIO

Transformaos por medio de la renovación de vuestro entendimiento.

ROMANOS 12.2

Casi todo el mundo coincide en que crecer es bueno, pero muy pocos se dedican a este proceso. ¿Por qué? Porque requiere cambio, y la mayoría de las personas no quiere cambiar. Pero la verdad es que sin cambio el crecimiento es imposible.

La mayoría de la gente lucha contra el cambio, especialmente cuando los afecta personalmente. Como lo dijo el novelista León Tolstoy: «Todos quieren cambiar el mundo, pero nadie piensa en cambiarse a sí mismo». Lo irónico es que el cambio es inevitable. Todos tenemos que tratar con él. Por otra parte, el cambio es optativo. Tú decides crecer o luchar en contra, pero entiende esto: La gente que no está dispuesta a crecer nunca alcanzará su potencial.

Hacer el cambio de ser alguien que aprende ocasionalmente a convertirse en alguien que se dedica al crecimiento personal va en contra del modo de vivir de la mayoría de la gente. La mayoría de las personas celebran cuando han recibido su diploma o grado y se dicen: «¡Al fin se acabó!» Pero ese pensamiento no te lleva más allá que al promedio.

El mapa para alcanzar el éxito

PERFECCIONA LA COMUNICACIÓN Y RESOLVERÁS EL CONFLICTO

*La blanda respuesta quita la ira; mas la palabra áspera
hace subir el furor. La lengua de los sabios adornará la
sabiduría; mas la boca de los necios hablará sandeces...
La lengua apacible es árbol de vida; mas la perversidad
de ella es quebrantamiento de espíritu. El necio
menosprecia el consejo de su padre; mas el que guarda la
corrección vendrá a ser prudente. En la casa del justo hay
gran provisión; pero turbación en las ganancias del impío.
La boca de los sabios esparce sabiduría; no así el corazón
de los necios.*

PROVERBIOS 15.1-7

Dios espera que los líderes sepan manejar un conflicto dentro de sus organizaciones, pero ¿de qué manera puedes lograr esto? Un buen lugar para empezar es leyendo Proverbios 15.1.

Aún cuando este versículo es muy conocido, algunos líderes rara vez escuchan su consejo. Algunas veces son los líderes los que expresan el enojo y tarde o temprano esta clase de ambiente poco saludable se vuelve contra ellos.

Los líderes deben crear lugares seguros para la comunicación, así como el ambiente descrito en los primeros siete versículos de Proverbios 15. Perfecciona la comunicación y así podrás resolver un conflicto.

La Biblia de liderazgo con notas de John C. Maxwell

¿CÓMO RECIBIRÁN EL CAMBIO?

Entonces Caleb… dijo: Subamos luego, y tomemos
posesión de ella; porque más podremos nosotros que ellos.
Mas los varones que subieron con él, dijeron:
No podremos subir contra aquel pueblo.

NÚMEROS 13.30-31

Es más fácil presentar al cambio como un simple refinamiento de «la forma como lo hemos estado haciendo», que como algo grande, nuevo y completamente diferente. Cuando se plantea una propuesta de cambio a la organización, la gente cae en cinco categorías en término de su respuesta:

Los innovadores son los que originan las nuevas ideas y generalmente no son reconocidos como líderes o responsables.

Los adoptadores tempranos son los que reconocen una buena idea cuando la ven.

Los adoptadores medios son la mayoría. Responderán a las opiniones de los otros.

Los adoptadores tardíos son el último grupo en apoyar una idea. A menudo hablan contra los cambios propuestos y tal vez nunca expresen verbalmente su aceptación.

Los rezagados están siempre contra el cambio. Su compromiso es con el «statu quo» y con el pasado. A menudo tratan de crear división dentro de la organización.

Desarrolle el líder que está en usted

LOS BENEFICIOS DE LA HUMILDAD, LA RESPONSABILIDAD DEL ORGULLO

¡Ay de los que dictan leyes injustas, y prescriben tiranía,
para apartar del juicio a los pobres, y para quitar
el derecho a los afligidos de mi pueblo;
para despojar a las viudas,
y robar a los huérfanos!

ISAÍAS 10.1-2

¡Ten cuidado en tratar a tus seguidores de manera injusta! Dios reserva una condenación severa para los líderes opresivos. En Isaías 10, Dios le habla a Asiria y a Israel sobre los beneficios de la humildad y la responsabilidad del orgullo. Más adelante, Dios mismo ejemplifica el estilo de liderazgo que desea que cada líder tenga al enviar al Siervo Sufriente. El Mesías vendría a servir, no a ser servido. Dios se ilustra perfectamente en el liderazgo de servicio. Los seguidores vienen cuando los líderes sirven. Fíjate cómo Dios, con frecuencia, llama a sus líderes «siervos»:

1. Abraham (Génesis 26.24)
2. Moisés (Éxodo 14.31)
3. Caleb (Números 14.24)
4. Samuel (1 Samuel 3.9)
5. Elías (2 Reyes 9.36)
6. Isaías (Isaías 20.3)

La Biblia de liderazgo con notas de John C. Maxwell

PODER PARA CAMBIAR EL MUNDO

Por tanto, id, y haced discípulos a todas las naciones...
MATEO 28.19

Todo el entrenamiento del mundo tendrá un éxito limitado si no dejas a tu gente en libertad de hacer el trabajo. La manera de hacerlo es dándoles: responsabilidad, autoridad y rendimiento de cuentas.

Para algunos, la responsabilidad es la más fácil de dar. Lo más difícil para algunos líderes es hacer que su gente mantenga la responsabilidad después de que se las has dado. Los malos administradores quieren controlar cada detalle del trabajo de sus empleados. Cuando esto sucede, los líderes potenciales que trabajan para ellos se frustran y no se desarrollan. En vez de querer más responsabilidad, se vuelven indiferentes o la evitan. Si quieres que tu personal tome responsabilidad, dásela verdaderamente.

De la mano de la responsabilidad debe ir la autoridad. Winston Churchill dijo ante la Casa de los Comunes durante la Segunda Guerra Mundial: «Soy vuestro siervo. Tenéis el derecho de destituirme cuando lo deseéis. De lo que no tenéis derecho es de darme responsabilidad sin darme el poder de actuar».

Una vez que se han dado a las personas, responsabilidad y autoridad, estas tienen el poder de hacer que sucedan los acontecimientos. Pero también tenemos que estar seguros de que estos sean los adecuados. Aquí es donde rendir cuentas entra en escena.

Desarrolle a los líderes que están alrededor de usted

La intuición de Isacar

De los hijos de Isacar, doscientos principales,
entendidos en los tiempos, y que sabía lo que
Israel debía hacer, cuyo dicho seguían
todos sus hermanos.

1 Crónicas 12.32

Uno de los pasajes más populares en 1 Crónicas se encuentra en el capítulo 12. Los hijos de Isacar son descritos como hombres que «conocían los tiempos y lo que Israel debía hacer». ¡Qué gran descripción de la ley de la intuición! Antes que Israel tomara una decisión, ellos ya tenían discernimiento. Los hijos de Isacar comprendían tres factores claves:

1. La cultura: Comprendían la población y el lugar donde vivían.
2. El momento: Comprendían el tiempo y discernían cuando debían actuar.
3. La estrategia: Sabían lo que Israel debía hacer, los pasos que debían tomar.

¿Y tú? ¿Eres un «hijo de Isacar»? ¿Entiendes tu cultura, la tendencia, los mitos, sus puntos fuertes y sus peligros? ¿Comprendes el momento en el que vives, su tenor y su movimiento general? Y ¿tienes la estrategia para lidiar con la cultura y los tiempos?

La Biblia de liderazgo con notas de John C. Maxwell

El valor de un líder

«Esfuérzate y anímate...»

Deuteronomio 31.7

Cada vez que veas un progreso significativo en una organización, sabrás que el líder tomó decisiones valientes. La posición de líder no da a la persona valentía, pero la valentía le puede dar una posición de líder. Al enfrentar las decisiones difíciles que te desafíen, reconoce tres verdades sobre la valentía:

1. *La valentía comienza con una batalla interior.* La valentía no es la ausencia de temor, es hacer lo que se teme hacer.

2. *Valentía es hacer las cosas correctas, no simplemente mejorarlas.* Martin Luther King, dijo: «La medida suprema de un hombre no es dónde se encuentra en momentos de comodidad y conveniencia sino dónde se encuentra en momentos de reto y polémica».

3. *La valentía en un líder inspira el compromiso de los seguidores.* «La valentía es contagiosa» afirma el evangelista Billy Graham. «Cuando un hombre valiente asume una posición, los demás lo siguen». Cuando una persona muestra valentía, los demás se sienten estimulados. Cuando un líder muestra valentía, los demás se inspiran. Esto es lo que hace que la gente quiera seguirlos.

4. *Tu vida se expande en proporción a tu valentía.* El historiador romano Tácito escribió: «El deseo de seguridad se levanta contra cualquier empresa grande y noble». Pero la valentía abre puertas y este es uno de sus beneficios más maravillosos.

Las 21 cualidades indispensables de un líder

El corazón de un líder

*Y Jehová respondió a Samuel: No mires a su parecer, ni a
lo grande de su estatura, porque yo lo desecho; porque
Jehová no mira lo que mira el hombre; pues el hombre
mira lo que está delante de sus ojos, pero Jehová mira el
corazón.*

1 Samuel 16.7

La selección de David como el rey de Israel
ilustra cómo Dios no se fija en las costumbres y
las tradiciones humanas para lograr sus propósitos.
Según los parámetros humanos, David, siendo el hijo
más joven de Isaí, parecía ser la última opción para
ocupar la posición de liderazgo. Pero Dios vio el
corazón de este joven y supo que su pueblo necesitaba
un líder con ternura de espíritu. Aunque David era un
guerrero, su gentileza era su característica principal.

David comenzó su jornada de liderazgo como el
personaje más bajo en jerarquía. Hizo lo que le
pidieron con una gran actitud. Aún cuando sus
hermanos lo menospreciaron, Dios lo ensalzó.

La vida de David ilustra que la fidelidad en las cosas
pequeñas con frecuencia resulta en tareas y
responsabilidades más grandes con el tiempo. David
amaba al Señor y vivió su vida como un hombre que
buscaba de Dios.

La Biblia de liderazgo con notas de John C. Maxwell

MARZO

Lo que eres precede a lo que haces...
El liderazgo comienza en el corazón.

MANTÉN EL CURSO

No te apartes de ella ni a diestra ni a siniestra, para que seas prosperado en todas las cosas que emprendas.

JOSUÉ 1.7

¿Qué significa ser intencionado? Significa trabajar con un propósito. Las personas que triunfan son intencionadas. Saben lo que están haciendo y por qué lo están haciendo. Cualquier persona que desee vivir con intencionalidad deberá hacer lo siguiente:

1. *Tener un propósito por el que valga la pena vivir.* Willis R. Whitney, el primer director del laboratorio de investigación de la General Electric, dijo: «Algunos hombres tienen miles de razones por las que no pueden hacer lo que les gustaría hacer cuando todo lo que necesitan es una razón del porqué sí pueden».

2. *Conoce tus fortalezas y tus debilidades.* Trabajar sobre tus puntos fuertes fortalece tus pasiones y renueva tu energía.

3. *Fija un orden de prioridad en tus responsabilidades.* Una vez que conozcas el *porqué* de tu vida, será mucho más fácil descubrir el *qué* y el *cuándo.*

4. *Aprende a decir no.* No puedes lograr mucho si no te enfocas. Si tratas de hacer todo lo que te aparece en el camino no vas a sobresalir en aquello para lo que fuiste hecho.

5. *Comprométete con los logros a largo plazo.* La mayoría de los éxitos en la vida se alcanzan con pequeñas victorias que van creciendo y se mantienen con el tiempo.

Las 17 cualidades esenciales de un jugador de equipo

DEBES TENER COMPASIÓN

Ahora, he aquí, ligado yo en espíritu, voy a Jerusalén, sin saber lo que allá me ha de acontecer, salvo que el Espíritu Santo por todas las ciudades me da testimonio, diciendo que me esperan prisiones y tribulaciones. Pero de ninguna cosa hago caso, ni estimo preciosa mi vida para mí mismo, con tal que acabe mi carrera con gozo, y el ministerio que recibí del Señor Jesús, para dar testimonio del evangelio de la gracia de Dios.

HECHOS 20.22-24

Lo que eres siempre precede a lo que haces. Mientras le hablaba a los efesios, Pablo describía los ingredientes de un líder eficiente. Aún cuando tenía que tomar decisiones difíciles y ser firme con ellos, muchas veces derramó lágrimas enfrente de su gente. Una cosa es segura: el liderazgo empieza en el corazón. Pablo tenía un corazón que era...

Constante- él se mantenía estable cuando estaba con ellos.

Contrito- él actuaba con humildad y estaba dispuesto a mostrar su debilidad.

Valeroso- él no temía hacer lo correcto.

De convicción- él comunicaba sus convicciones abiertamente.

Comprometido- él fue a Jerusalén, dispuesto a morir por Jesús.

Cautivo- él mostró que un hombre rendido no tiene que sobrevivir.

La Biblia de liderazgo con notas de John C. Maxwell

SI TE CAES, LEVÁNTATE

*Hicieron, pues, los hijos de Israel lo malo ante los ojos de
Jehová, y olvidaron a Jehová su Dios... Y la ira de Jehová
se encendió contra Israel, y los vendió en manos de
Cusan-risataim rey de Mesopotamia; y sirvieron los hijos
de Israel a Cusan-risataim ocho años. Entonces clamaron
los hijos de Israel a Jehová; y Jehová levantó un libertador
a los hijos de Israel y los libró.*

JUECES 3.7-9

Austin O'Malley afirmó: «El hecho de haber sido
tirado al suelo es interesante, pero el tiempo que
permanece ahí es importante». Mientras vas en tu viaje
del éxito, tendrás problemas. ¿Vas a renunciar y a
quedarte en el suelo, revolcándote en tu derrota, o vas a
ponerte de pie tan rápidamente como puedas?

Cuando te caigas, haz lo mejor posible y ponte de
pie. Aprende lo que puedas de tus errores, y luego entra
nuevamente en el juego. Mira los errores como los veía
Henry Ford. Él decía: «El fracaso es la oportunidad de
comenzar de nuevo con más inteligencia».

El mapa para alcanzar el éxito

LA ACTITUD CORRECTA ES
LO PRIMERO

Entonces Caleb hizo callar al pueblo delante de Moisés, y
dijo: Subamos luego, y tomemos posesión de ella, porque
más podremos nosotros que ellos. Mas los varones que
subieron con él, dijeron: No podremos subir contra aquel
pueblo, porque es más fuerte que nosotros.

NÚMEROS 13.30-31

¿Cómo pudo haber una diferencia tan grande si estaba hablando del mismo tema? Porque esa diferencia radicaba en la actitud. La actitud hace la diferencia. . El desarrollo de una actitud positiva es el primer paso consciente para convertirse en un líder efectivo. El liderazgo exitoso no puede ser edificado sin este fundamento crucial. Analiza los siguientes axiomas de actitud sugeridos por las palabras y las acciones de Josué y Caleb:

1. Nuestra actitud determina nuestra perspectiva de la vida.
2. Nuestra actitud determina nuestras relaciones con las personas.
3. Nuestra actitud es muchas veces la única diferencia entre el éxito y el fracaso.
4. Nuestra actitud al empezar una tarea afectará su resultado más que cualquier otra cosa.
5. Nuestra actitud puede convertir los problemas en bendiciones.
6. Nuestra actitud no se hace buena automáticamente sólo porque le pertenecemos a Dios.

La Biblia de liderazgo con notas de John C. Maxwell

ESPACIO PARA CRECER

Y el joven Samuel ministraba en la presencia de Jehová, vestido de un efod de lino… Y el joven Samuel iba creciendo, y era acepto delante de Dios y delante de los hombres... El joven Samuel ministraba a Jehová en presencia de Elí... Jehová estaba con él.

1 SAMUEL 2.18, 26, 3.1, 19

Los líderes de algunas organizaciones no reconocen la importancia de crear un clima propicio para desarrollar líderes potenciales. Observa la naturaleza para que aprecies la relación entre ambiente y crecimiento. Uno de los peces más populares en los acuarios es el tiburón. Es que los tiburones se adaptan a su ambiente. Si atrapas un tiburoncito y lo confinas, permanecerá de un tamaño proporcional al acuario donde vive. Los tiburones pueden medir quince centímetros de largo y ser completamente adultos. Sin embargo, devuélvelos al océano y crecerán hasta su tamaño normal.

Lo mismo se aplica a los líderes potenciales. A algunos se les coloca en una organización en la que permanecen pequeños, y el ambiente en que se encuentran confinados les obliga a mantenerse diminutos y subdesarrollados. Solamente los líderes pueden controlar el medio en su organización. Pueden ser los agentes de cambio que crean un clima propicio para crecer.

Desarrolle los líderes que están alrededor de usted

PERSISTENCIA: LA MEDIDA FUNDAMENTAL DEL LIDERAZGO

Y cuando oyeron nuestros enemigos que lo habíamos entendido, y que Dios había desbaratado el consejo de ellos, nos volvimos todos al muro, cada uno a su tarea.

NEHEMÍAS 4.15

Una de las mejores pruebas de liderazgo es saber cómo enfrentas la oposición. Nehemías enfrentó las tácticas usuales de la oposición: el ridículo, la resistencia y el rumor. Nehemías ejemplificó la respuesta correcta ante esos tres desafíos al...

Apoyarse en Dios.

Respetar la oposición.

Reforzar sus puntos débiles.

Tranquilizar a su gente.

No renunciar.

Renovar continuamente la fortaleza de su gente.

Nehemías tenía que lidiar con problemas externos, el ridículo, la resistencia y el rumor, y con problemas internos, disputas acerca de la comida, la propiedad y los impuestos.

La persistencia es el mejor indicador de nuestro liderazgo; el secreto es mantenernos firmes ante la crítica. Nehemías nos enseñó esta lección al mantenerse comprometido a su llamado.

La Biblia de liderazgo con notas de John C. Maxwell

PREPARACION PARA DIRIGIR

Vosotros pensasteis mal contra mí, mas Dios lo encaminó a bien, para hacer lo que vemos hoy, para mantener en vida a mucho pueblo.

GÉNESIS 50.20

Como la mayoría de los líderes, José trabajó en las sombras durante una temporada de su vida antes de estar en condiciones para dirigir a otros. Transcurrieron casi veintitrés años desde el fondo del pozo hasta el palacio antes que José se reuniera con sus hermanos y se cumpliera su visión.

Pero para ese entonces ya había aprendido que el verdadero progreso ocurre cuando Dios lo organiza. Entendió que la autopromoción no puede reemplazar la promoción divina. Su autopromoción entre sus hermanos fracasó miserablemente. Solo cuando aprendió sumisión—como esclavo—, y decidió trabajar para Potifar con fidelidad, se le hizo evidente que Jehová estaba con él. En la prisión, sirvió como carcelero, y otra vez Dios le mostró su favor y misericordia. Cuando José intentó tomar de vuelta la autopromoción—recomendándose ante el copero de Faraón—, pasaron dos años antes de tener una audiencia con el monarca. Para ese tiempo, José había aprendido la lección. Estaba contento de reconocer que Dios estaba a cargo de su situación... Reconoció que estaba creciendo como líder para un objetivo mayor que lo imaginable.

Los 21 minutos más poderosos en el día de un líder

¿TIENES HIJOS?
¡ENTONCES GUÍALOS!

Instruye al niño en su camino,
Y aun cuando fuere viejo no se apartará de él..

PROVERBIOS 22.6

Dios llama a los padres para que dirijan a sus hijos. ¿Cómo puede un padre convertirse en un buen líder de su hijo? Enfocándose en tres palabras claves:

Ejemplo: Abraham Lincoln dijo: «sólo hay una manera de criar un hijo de la forma correcta y es viviendo esa forma primero». Un buen ejemplo vale más que mil sermones. Lo que hagas tendrá más impacto en tu hijo que todo lo que le hables.

Administración: la buena administración es la capacidad para discernir lo especial de un niño y enseñarle de acuerdo a ello. Nosotros debemos criar un niño de la manera correcta. Eso significa que debemos adaptar nuestro estilo, dependiendo del temperamento y el carácter de nuestro hijo.

Recuerdos: los recuerdos son más importantes que las cosas. Nota lo que dice el versículo «cuando fuere viejo, no se apartará...» esto implica que el hijo tendrá recuerdos de sus experiencias y se apegará a ellas en su edad adulta.

La Biblia de liderazgo con notas de John C. Maxwell

COMUNICA EL PLAN DE JUEGO

Y les dijo: Id por todo el mundo
y predicad el evangelio a toda criatura.

MARCOS 16.15

Todo buen entrenador que conozco ha desarrollado un plan de acción. Tiene no sólo uno para cada partido, sino también uno para el desarrollo del equipo completo durante la presente temporada y la próxima. Una vez que ha trazado el plan de juego se lo comunica a su equipo casi continuamente.

Paul «Bear» Bryant, antiguo entrenador de fútbol de la Universidad de Alabama, explicaba en cinco puntos lo que debería hacer un entrenador:

1. Hablarles de lo que espera de ellos.
2. Darles una oportunidad de actuar.
3. Hacerles saber cómo lo están haciendo.
4. Enseñarles y entusiasmarlos cuando lo necesitan.
5. Recompensarlos de acuerdo a su colaboración.

El proceso se debe iniciar con la comunicación del plan de acción. Esa es la clave de la productividad. Pero debe continuar con el intercambio de información. O como lo dice Sydney J. Harris, la información se distribuye mientras la comunicación se utiliza. Se obtiene el poder para triunfar cuando existe una comunicación interactiva entre el líder del equipo y su personal.

Desarrolle los líderes que están alrededor de usted

LOS LÍDERES ORGANIZAN, Y ASÍ NO AGONIZAN

Seguid el amor; y procurad los bienes espirituales, pero sobre todo que profeticéis. El que habla en lengua extraña, a sí mismo se edifica; pero el que profetiza, edifica a la iglesia. Y si la trompeta diere sonido incierto, ¿quién se preparará para la batalla?
Pero si todos profetizan, y entra algún incrédulo o indocto, por todos es convencido, por todos es juzgado.
Pues Dios no es Dios de confusión, sino de paz, como en todas las iglesias de los santos.
Pero hágase todo decentemente y con orden..

1 Corintios 14.1, 4, 8, 24, 33, 40

Pablo escribió para traer orden a una iglesia en caos. Los corintios estaban abusando de sus dones y poniendo atención en ellos mismos en vez de en Cristo. Como líder, Pablo tenía que cambiar esto, ¿Qué es lo que podemos aprender acerca de la organización con esto?

Identifica y sigue tus prioridades principales.
Busca practicar lo que beneficiará a la mayoría de las personas.
Ten una comunicación clara.
Mira las cosas a través de los ojos de los demás.
Ordena actividades que sirvan para darles valor a los demás.
Asegúrate que todo sea hecho de la manera correcta.

La Biblia de liderazgo con notas de John C. Maxwell

AQUELLOS QUE ESTÁN
SIEMPRE A TU LADO. . .

*Cuando sus hermanos y toda la casa de su padre
lo supieron, vinieron allí a él. Y se juntaron con
él todos los afligidos, y todo el que estaba endeudado,
y todos los que se hallaban en amargura de espíritu,
y fue hecho jefe de ellos.*

1 SAMUEL 22.1-2

David tenía muchas cosas que lo favorecían, pero
estoy seguro que después de su deseo de amar y
servir a Dios estaba su capacidad de rodearse de
personas fuertes y formar equipo con ellos para alcanzar
la grandeza.

David no esperó a estar en la posición de liderazgo
para comenzar a edificar su círculo íntimo. Y se
juntaron con él gente inadaptada. Sin embargo, David
transformó a la gente que le llegó en un equipo ganador.
A medida que David ganó experiencia y creció en su
liderazgo, continuó atrayendo a personas cada vez más
poderosas. Además moldeó a quienes se acercaron a él y
los convirtió en grandes guerreros y líderes.

David fue un increíble líder y formador de equipo,
pero en muchos sentidos era una persona ordinaria con
tachas, problemas y fracasos. Gracias a su círculo
íntimo, se convirtió en un notable rey y gobernante.
Hizo grande su círculo íntimo, y su círculo íntimo lo
hizo grande a él.

Los 21 minutos más poderosos en el día de un líder

UN LIDERAZGO INTERNO, LUEGO EXTERNO

*Y la ira de Jehová se encendió contra Israel,
y los hizo andar errantes cuarenta años por el desierto,
hasta que fue acabada toda aquella generación
que había hecho mal delante de Jehová.*

NÚMEROS 32.13

La primer persona que debes dirigir eres *tú*, y tú no puedes dirigir con efectividad si no tienes autodisciplina.

¡Si tan sólo los israelitas se hubieran acordado de esta lección!

¿Por qué los israelitas no entraron a la Tierra Prometida más rápidamente? No fue por la distancia, pues pudieron haber completado el viaje en dos semanas. La verdadera razón tiene que ver con la preparación. El pueblo simplemente no estuvo listo para la bendición de Dios sino hasta cuarenta años después de que iniciaron su viaje.

¿Y tú? ¿Qué hay de tu autodisciplina? Platón dijo: "La primer y mejor victoria que podemos tener es conquistarnos a nosotros mismos." Si quieres ser un líder con autodisciplina, sigue estos puntos:

1. Desarrolla y sigue tus prioridades.
2. Que tu objetivo sea tener una vida de autodisciplina.
3. Desafía tus excusas.
4. Deshazte de la recompensa hasta que hayas terminado el trabajo.
5. Mantén tu enfoque en los resultados.

Nunca cambies lo que más deseas por algo temporal.

La Biblia de liderazgo con notas de John C. Maxwell

Sacando lo mejor de sí mismo

Y fue llamado amigo de Dios.

Santiago 2.23

Hoy día muchas organizaciones fallan en aprovechar todo su potencial. «¿Por qué?» Porque la única recompensa que dan a sus empleados es el salario. La relación entre el empleador y el empleado nunca se desarrolla más allá. Las organizaciones de éxito usan un enfoque diferente. En compensación por el trabajo que una persona hace, recibe no sólo su salario sino también el cuidado de las personas para quienes trabaja. El cuidado e interés en otros tiene la ventaja de transformar la vida de los individuos.

Yo uso la fórmula CRAC como recordatorio de lo que los demás necesitan cuando empiezan con mi organización. De mí necesitan:

C reer en ellos

R elacionarme con ellos

A nimarlos

C onfiar en ellos

El cuidado e interés benefician a todos. ¿Quién no sería más estable y motivado si su líder *creyera* en él, se *relacionara* con él, lo *animara* y *confiara* en él? Las personas son más productivas cuando se cuida de ellas. Aún más importante, el cuidado crea una sólida base emocional y profesional entre los trabajadores que tienen liderazgo potencial. Después, mediante el entrenamiento y desarrollo, se puede edificar un líder.

Desarrolle los líderes que están alrededor de usted

UNA VISION MAS GRANDE, MOTIVA A LOS LIDERES DE DIOS

*Dios tenga misericordia de nosotros, y nos bendiga, haga
resplandecer su rostro sobre nosotros, para que sea
conocido en la tierra tu camino,
en todas las naciones tu salvación.*

SALMO 67.1-2

Las bendiciones de Dios siguen a los líderes que adoptan su visión para las naciones del mundo. El Salmo 67 contiene la causa y el efecto del pacto al que Dios nos invita a participar. La causa representa las bendiciones de Dios para su pueblo; el efecto representa la respuesta natural de esa bendición. Cuando Dios nos bendice, nosotros debemos volvernos y bendecir a todas las naciones de la Tierra que no han sido bendecidas. La «causa» es que Dios nos bendice, y el «efecto» es que Dios hará que su nombre se conozca por toda la Tierra.

Dios bendice a su pueblo para que ellos puedan bendecir a los que todavía no han sido bendecidos. Los líderes que reflejan a Dios se sienten motivados con esta visión. El mantenimiento no es la meta. Ser bendecido no es la meta. La conquista del mundo motiva el corazón de Dios y Él logra esta visión a través de líderes que la desarrollan mediante una vida efectiva.

La Biblia de liderazgo con notas de John C. Maxwel

Explicación y motivación

*Y dijo David aquel día: Todo el que hiera a los jebuseos,
suba por el canal y hiera a los cojos y ciegos aborrecidos
del alma de David... Y David moró en la fortaleza, y le
puso por nombre la Ciudad de David.*

2 Samuel 5.8-9

En este mundo de cambios rápidos y disconti-
nuidades, el líder debe estar al frente para
propiciar el cambio y el crecimiento, y mostrar la
manera de lograrlo.

Un administrador, por lo general, estará más
capacitado para los requerimientos técnicos del cambio,
mientras que el líder conocerá mejor las demandas de
motivación y de actitud que necesitan los seguidores.
Observa la diferencia: Al comienzo, las habilidades del
líder son esenciales. Ningún cambio ocurrirá si no se
llenan las necesidades psicológicas. Una vez que
comienza el cambio, se necesita la capacidad del
administrador para mantener el cambio que se necesita.

Un buen ejercicio, cuando nos enfrentamos al
cambio, es hacer una lista de las ventajas y desventajas
lógicas que este producirá, y después hacer otra lista
indicando el impacto psicológico. El simple hecho de
ver esto puede ser esclarecedor.

Desarrolle el líder que está en usted

SE NECESITA UN EQUIPO

*No puedo yo solo soportar a todo este pueblo, que me es
pesado en demasía.*

NÚMEROS 11.14

La respuesta que Dios le dio a Moisés cuando él
clamó por ayuda fue que Moisés debía compartir
sus responsabilidades de liderazgo con un grupo selecto.
Nosotros no sabemos mucho acerca de los setenta
ancianos que Moisés llamó para que le ayudaran. El
Antiguo Testamento los menciona sólo dos veces y en
ambas es para que sean testigos de la presencia de Dios,
de su poder y su gloria (Éxodo 24). Pero la segunda vez
que los ancianos son llamados a servir, Dios les dio un
mayor trabajo. Esta vez, ellos fueron llamados a
participar (revelando algo notable acerca de cómo Dios
trabaja con los líderes). «Y tomaré del espíritu que está
en ti», Dios le dijo a Moisés, «y lo pondré en ellos; y
llevarán contigo la carga del pueblo, y no la llevarás tú
solo (Números 11.17).

Cuando un líder, que es llamado por Dios, tiene
una carga que se hace demasiado grande, Dios le provee
ayuda... si el líder se la pide. No solamente el Señor te
proveerá ayudantes con quienes compartir tu carga, sino
que también los ungirá con Su poder, tal como lo hizo
con los setenta ancianos de Israel.

La Biblia de liderazgo con notas de John C. Maxwell

Cuídate del haragán

El perezoso no ara a causa del invierno;
Pedirá, pues, en la siega, y no hallará.

PROVERBIOS 20.4

El rey Salomón tenía mucho que decir acerca del «perezoso», o haragán. El perezoso sólo hace un compromiso: tener su tiempo libre. Él buscará cualquier excusa para hacer una labor honesta.

El perezoso en el sentido físico no hace nada por su mundo alrededor; lo deja igual, excepto por sacar provecho de algunos de sus recursos. El perezoso en el sentido espiritual es un poco diferente; él deja al mundo igual que como lo encontró, quizás un poco peor. Cuando los líderes se vuelven haraganes y pierden su diligencia en hacer lo bueno para Dios, ellos se vuelven perezosos espirituales e indignos del reino.

Los líderes sabios saben que su tiempo es limitado. Ellos saben que no hay forma de recuperar el tiempo perdido. Jesús enfatizó esto cuando dijo: «Me es necesario hacer las obras del que me envió, entre tanto que el día dura; la noche viene, cuando nadie puede trabajar». Los líderes en el cuerpo de Cristo deben mantenerse diligentes haciendo la buena obra y animar a los demás para que hagan lo mismo.

La Biblia de liderazgo con notas de John C. Maxwell

EL DESEO DE HACER LO CORRECTO

Y estando en agonía, [Jesús] oraba más intensamente; y era su sudor como grandes gotas de sangre..

LUCAS 22.44

Disciplina es hacer lo que realmente no deseas hacer para poder hacer lo que realmente quieres hacer. Es pagar el precio en las cosas pequeñas para poder comprar la grande. Los líderes disciplinados deben tener...

1. *Una mente disciplinada.* No llegarás lejos en la vida si no usas la cabeza. Si mantienes tu mente activa, si aceptas con regularidad desafíos mentales y estás pensando permanentemente en cosas buenas, desarrollarás una mente disciplinada que te ayudará en lo que sea que intentes hacer.

2. *Emociones disciplinadas.* Las personas tienen sólo dos alternativas cuando se trata de sus emociones: las controlan o éstas les controlan. Esto significa que no vas a permitir que tus sentimientos te impidan hacer lo que debes hacer o te lleven a hacer cosas que no deberías hacer.

3. *Acciones disciplinadas.* Agudizar la mente y controlar las emociones es importante, pero éstas te llevarán sólo hasta ahí. La acción separa a los ganadores de los perdedores. Tus acciones siempre reflejan tu nivel de disciplina.

Las 17 cualidades esenciales de un jugador de equipo

El compromiso
precede los recursos

Respondió Rut: No me ruegues que te deje, y me aparte de ti; porque a dondequiera que tú fueres, iré yo, y dondequiera que vivieres, viviré. Tu pueblo será mi pueblo, y tu Dios mi Dios.

Ruth 1.16

Aún cuando todo líder necesita recursos humanos y financieros para lograr sus propósitos, el compromiso debe siempre preceder esos recursos. Cuando un líder demuestra un compromiso a la misión y a las metas de su organización, entonces Dios se mueve y una gran cantidad de eventos empiezan a surgir.

En el primer capítulo del libro que lleva su nombre, Rut escoge quedarse con Noemí, su suegra, después de que pierde a su esposo. Ella no lo sabía, pero su compromiso le abriría una gran cantidad de puertas. Rut encuentra trabajo durante una época difícil, hizo amigos en tierra extranjera y eventualmente consigue un nuevo esposo, Booz. Lo más impresionante es que Dios la incluye a ella, una moabita adoptada en la familia de Israel, en el linaje de Cristo. El hijo que tuvo fue parte del linaje del Mesías.

¿Cuál fue la clave? Su compromiso. Una vez que un líder se compromete, Dios se mueve y una gran cantidad de incidentes imprevistos, reuniones, personas y asistencia material empiezan a fluir.

La Biblia de liderazgo con notas de John C. Maxwell

LÍDERES QUE ATRAEN LÍDERES

Y para oír la sabiduría de Salomón venían de todos los
pueblos y de todos los reyes de la tierra, adonde había
llegado la fama de su sabiduría.

1 REYES 4.34

Mientras buscas líderes potenciales para llevar contigo en el viaje del éxito, necesitas darte cuenta que realmente hay dos clases de líderes: los que atraen seguidores y los que atraen otros líderes. La gente que solo atrae y forma un equipo de seguidores nunca podrá hacer nada que esté más allá de lo que pueda tocar o supervisar en forma personal. Busca líderes que atraigan otros líderes. Ellos serán capaces de multiplicar su éxito.

LOS LÍDERES QUE ATRAEN SEGUIDORES ...	LOS LÍDERES QUE ATRAEN LÍDERES ...
Necesitan ser necesitados.	Quieren ser sucedidos.
Necesitan reconocimiento.	Quieren reproducirse.
Se enfocan en las debilidades de los demás.	Se enfocan en las fortalezas de los demás.
Gastan su tiempo con los demás.	Invierten tiempo en los demás.
Alcanzan algún éxito.	Alcanzan un éxito increíble.

Pero además, sabe esto: A la larga, tú solo puedes dirigir a personas cuya capacidad como líderes es inferior o igual a la tuya. Para continuar atrayendo líderes cada vez mejores, tendrás que seguir desarrollando tu capacidad de liderazgo.

El mapa para alcanzar el éxito

Ejemplo: el liderazgo es acción más que palabras

*Porque según pienso, Dios nos ha exhibido a nosotros los
apóstoles como postreros, como a sentenciados a muerte;
pues hemos llegado a ser espectáculo al mundo,
a los ángeles y a los hombres.*

1 Corintios 4.9

El ingrediente más importante que les falta a los
líderes cristianos de la actualidad es la credibilidad.
Pablo prueba su nivel de credibilidad con sus seguidores
de Corinto recordándoles cómo él ha sido un ejemplo de
lo que es correcto. Él les ruega que lo imiten.

Los líderes le dan un peso infinito a sus palabras al
encarnar los principios que enseñan. Pablo podía
amonestar a la gente que estaba errando y los corregía
firmemente porque nunca les pidió que hicieran algo
que él no había hecho antes. Observa su vida:

Su liderazgo estaba enfrente de todos y podían
ridiculizarlo.

Él estaba dispuesto a hacerse el tonto con tal de dar
un ejemplo de una vida rendida.

Él aceptó que otros se burlaran de él, pero no
desfalleció.

Él sacrificó lujos que otros disfrutaban.

Él invitaba a sus seguidores para qué imitaran su vida.

Él envió a Timoteo para que les ayudara a vivir bajo
parámetros piadosos.

Él les recordó que el reino de Dios no consistía en
palabras sino en poder.

La Biblia de liderazgo con notas de John C. Maxwell

CONVIVE CON TUS MEJORES LÍDERES

*Seis días después, Jesús tomó a Pedro, a Jacobo y a Juan,
y los llevó aparte solos a un monte alto.*
MARCOS 9.2

Hace muchos años, aprendí el Principio de
Pareto y lo empecé a aplicar en mi vida. Es una
herramienta útil para determinar prioridades en la vida
de cualquier persona o de cualquier organización.

EL PRINCIPIO DE PARETO

El 20% de tus prioridades te darán el 80% de tu
producción SI dedicas tu tiempo, energía, dinero y
personal al 20% de las prioridades establecidas a la
cabeza de la lista.

Todo líder necesita entender el Principio de Pareto en
el área de supervisión y liderazgo. Por ejemplo, el 20% de
la gente de una organización será responsable del 80% del
éxito. La siguiente estrategia capacitará a un líder para
aumentar la productividad de una organización.

Determina qué personas son el 20% de los
principales productores.

Emplea el 80% del «tiempo dedicado a tu gente»
con el 20% de los mejores.

Invierte el 80% del dinero dedicado al desarrollo de
personal, en el 20% de los mejores.

Determina cuál 20% del trabajo da el 80% de
retribución, y capacita a un asistente para que haga el
80% del trabajo menos efectivo. Esto libera al
productor para hacer lo que hace mejor.

Pide que el 20% de los mejores capacite ejerciendo
sus funciones al siguiente 20%.

Desarrolle el líder que está en usted

El líder y el estrés

Jehová es mi pastor; nada me faltará.

SALMO 23.1

¿Has descubierto la diferencia entre los problemas y los hechos? Los problemas son cosas que podemos resolver. Los hechos son cosas que no podemos cambiar; por tanto hacemos bien en no preocuparnos por ellos. Debemos usar nuestra energía solamente en esas cosas que podemos cambiar. Cuando lo hacemos, sentimos paz y seguridad porque ya no tenemos que rompernos la cabeza contra un muro irrompible.

El Salmo 23 nos recuerda lo que sólo Dios puede controlar y lo que podemos controlar nosotros. Hace una distinción entre los problemas y los hechos. Define a Dios como...

Nuestra posesión

Nuestra provisión

Nuestra paz

Nuestro perdón

Nuestro compañero

Nuestra preparación

Nuestra alabanza

Nuestro paraíso

La Biblia de liderazgo con notas de John C. Maxwell

CUALIDADES DE LOS INICIADORES

Entonces oré al Dios de los cielos, y dije al rey:
Si le place al rey, y tu siervo ha hallado gracia
delante de ti, envíame a Judá, a la ciudad
de los sepulcros de mis padres, y la reedificaré.

NEHEMÍAS 2.4-5

Nehemías mostró las cualidades que hacen que los líderes tengan iniciativa:

Ellos saben lo que quieren. El deseo es el punto de comienzo de cualquier logro. Nehemías sabía que él quería ese muro reconstruido.

Ellos se obligan a sí mismos a actuar. Al principio, Nehemías actuó solo, Él se obligó a sí mismo a conseguir lo que fuera necesario para hacer que otros actuaran.

Ellos se arriesgan mucho. Nehemías se arriesgó en demasía al buscar el permiso para ir Judá, para conseguir la madera y para evaluar el trabajo.

Ellos están dispuestos a cometer errores. Nehemías no tenía miedo de movilizar a hombres que no fueran profesionales para construir o soldados para luchar.

Ellos se guían por su intuición. Lo que le faltaba a Nehemías en experiencia, le sobraba en pasión.

La Biblia de liderazgo con notas de John C. Maxwell

UTILIZA TODAS LAS HERRAMIENTAS QUE TENGAS

Y dijo Abraham a un criado suyo, el más viejo de su casa…
…irás a mi tierra y a mi parentela, y tomarás mujer para
mi hijo Isaac.

GÉNESIS 24.2, 4

Saber delegar es la herramienta más poderosa que tienen los líderes; esta incrementa tanto su rendimiento individual como el de su departamento u organización. Los líderes que no saben delegar crean embotellamiento en la producción.

Si delegar es tan importante para el éxito de un líder, ¿por qué algunos de ellos fracasan en hacerlo eficazmente?

1. La inseguridad
2. La falta de confianza en otros
3. La falta de habilidad para entrenar a otros
4. El disfrute personal del trabajo
5. La costumbre
6. La incapacidad de encontrar a otro que haga el oficio
7. La falta de tiempo
8. La manera de pensar «Yo lo hago mejor»

Si te ves a ti mismo en cualquiera de las descripciones anteriores, probablemente no estás delegando lo suficiente. Si empiezas a fallar en la entrega de trabajos, y las crisis aumentan con frecuencia, este puede ser un indicador de que necesitas delegar tareas. Mantenerte en la búsqueda de nuevos empleados que estén listos para conquistar nuevos horizontes es primordial para delegar trabajo en ellos.

Desarrolle los líderes que están alrededor de usted

El líder que estropea la confianza

Y vinieron tres mil hombres de Judá a la cueva de la peña de Etam, y dijeron a Sansón: ¿No sabes tú que los filisteos dominan sobre nosotros? ¿Por qué nos has hecho esto? Y él les respondió: Yo les he hecho como ellos me hicieron. Ellos entonces le dijeron: Nosotros hemos venido para prenderte y entregarte en mano de los filisteos.

JUECES 15.11-12

Sansón aprendió por las malas que la confianza provee el cimiento para todo liderazgo genuino. Este hombre impetuoso, volátil, lascivo, caprichoso, emocional e impredecible nos da un buen ejemplo de lo que es ser un mal líder. Ya que nadie confiaba en él, nadie le seguía.

Los líderes que erosionan la tierra firme de un liderazgo confiable generalmente exhiben uno o más de los siguientes síntomas. Líderes en apuros…

1. *No corrigen sus debilidades en el carácter.*
2. *Utilizan el engaño para resguardarse.*
3. *Actúan impulsivamente.*
4. *Son derrotados por un área de debilidad.*
5. *Usan mal los talentos dados por Dios.*

La naturaleza egocéntrica, indisciplinada y arrogante de Sansón hizo de él un líder ineficiente.

La Biblia de liderazgo con notas de John C. Maxwell

SE UN SEGUIDOR VERDADERO

*Entonces la mujer dijo a Elías: Ahora conozco
que tú eres varón de Dios, y que la palabra de
Jehová es verdad en tu boca... Entonces Eliseo...
Después se levantó y fue tras Elías, y le servía.*

1 REYES 17.24, 19.21

Cuando encuentres a alguien que te pueda guiar usa estas directrices para ayudarte a desarrollar una positiva relación con esa persona:

Haz las preguntas correctas. Piensa en las preguntas que harás antes de encontrarte con tu mentor. Haz que sean estratégicas para tu propio crecimiento.

No permitas que tu ego interfiera en tu aprendizaje.

Respeta al guía, pero no lo conviertas en un ídolo. Al colocarlo a nivel de ídolo se pierde la capacidad de ser objetivo y crítico, facultades que necesitamos para adaptar en nosotros el conocimiento y la experiencia del mentor.

Pon inmediatamente en la práctica lo que aprendes.

Sé disciplinado en tu relación con el guía. Dispón regularmente de tiempo suficiente, selecciona de antemano el tema que vas a tratar y realiza en casa tu tarea para sacar ventaja de las sesiones.

No amenaces con irte. Hazle saber a tu guía que tomaste la decisión de progresar y que persistirás, que eres un ganador decidido. Así sabrá él que no está perdiendo su tiempo.

Desarrolle los líderes que están alrededor de usted

LA MARCA DE UN CREYENTE

Un mandamiento nuevo os doy: Que os améis unos a
otros; como yo os he amado, que también os améis unos a
otros. En esto conocerán todos que sois mis discípulos, si
tuviereis amor los unos con los otros.

JUAN 13.34-35

Bud Wilkinson, dijo: «Si un equipo va a desarrollar todo su potencial se requiere que cada jugador esté dispuesto a subordinar sus metas personales al interés del equipo».

Algunos equipos deportivos parecen dejar que cada jugador desarrolle por sí mismo su propia disposición mental. Otros desarrollan una actitud de subordinación y de equipo en todo lo que hacen. Por ejemplo, los equipos de fútbol como Notre Dame y Penn State no ponen los nombres de los jugadores en sus camisetas. Lou Holtz, una vez explicó por qué. Dijo: «En Notre Dame creemos que ND era toda la identificación que se necesitaba... Si la prioridad es el equipo más que la persona misma, ¿qué más se podría necesitar?»

Los equipos triunfadores tienen jugadores que ponen el bien del equipo por sobre el de ellos. Quieren jugar en la posición que les corresponde, pero están dispuestos a hacer lo que sea necesario para el bien del equipo. Incluso están dispuestos a sacrificar su actuación por alcanzar la meta mayor.

Las 17 leyes incuestionables del trabajo en equipo

TUS CONSEJEROS TE IMPULSARÁN O TE HUNDIRÁN

Donde no hay dirección sabia, caerá el pueblo; mas en la multitud de consejeros hay seguridad.

PROVERBIOS 11.14

Todo líder debe edificar un círculo íntimo que le de más valor a él y al liderazgo de su organización, pero escoge bien, porque los miembros de este círculo íntimo se convertirán en tus confidentes más cercanos; tu círculo íntimo te impulsará o te hundirá.

¿Quién pertenece al «consejo» de este círculo íntimo? Esfuérzate por encontrar:

Gente creativa

Gente leal

Gente que comparta tu visión

Gente sabía e inteligente

Gente que tenga dones complementarios

Gente con influencia

Gente de fe

Gente de integridad

¿Qué tal? ¿Las personas más cercanas a ti muestran estas cualidades?

La Biblia de liderazgo con notas de John C. Maxwell

HORA DE CAPACITAR

Además dije al rey: Si le place al rey, que se me den cartas
para los gobernadores al otro lado del río, para que me
franqueen el paso hasta que llegue a Judá, y carta para
Asaf guarda del bosque del rey, para que me dé madera
para enmaderar las puertas del palacio de la casa, y para
el muro de la ciudad, y la casa en que yo estaré. Y me lo
concedió el rey, según la benéfica mano de mi Dios sobre
mí..

NEHEMÍAS 2.7-8

Cuando demos a nuestra gente autoridad y responsabilidad, debemos también darles las herramientas que necesitan. Dar responsabilidad sin recursos es algo ridículo e increíblemente limitante. Si queremos que nuestro personal sea flexible y creativo, debemos proveerle recursos.

No obstante, las herramientas incluyen mucho más que el equipo. Sé generoso en gastar dinero en libros, casetes, seminarios y congresos profesionales. Allí hay riqueza de ideas frescas que pueden estimular el crecimiento de una organización. Sé creativo al suministrar herramientas. Esto mantendrá a tu personal en crecimiento y los equipará para ejecutar bien el trabajo.

Desarrolle los líderes que están alrededor de usted

MAS QUE UN HERMANO DE SANGRE

¿No conozco yo a tu hermano Aarón, levita,
y que él habla bien? Y he aquí que él saldrá
a recibirte, y al verte se alegrará en su corazón.
Tú hablarás a él, y pondrás en su boca las palabras...
Y él hablará por ti al pueblo; él te será a ti en lugar
de boca, y tú serás para él en lugar de Dios.

ÉXODO 4.14 –16

¿Quién no temblaría al recibir un llamado como el que se le dio a Moisés? Desde el principio, los sentimientos de incapacidad de Moisés lo llevaron a construir un «círculo íntimo» de amigos cercanos. Su hermano, Aarón, se convirtió rápidamente en un miembro crucial de su equipo y a través de los años Moisés agregó a su círculo íntimo, individuos que poseían dones diferentes pero una misma visión.

¿Quién se sienta en tu círculo íntimo? ¿Comparten tu visión? ¿Tienen dones complementarios, útiles cuando más los necesitas? Busca Aarones, Jetros y Josués si deseas lograr todo lo que Dios tiene para ti.

La Biblia de liderazgo con notas de John C. Maxwell

ABRIL

*Puedes saber con seguridad en que dirección
va tu vida con solo mirar a la gente
que has elegido tener a tu lado y con quien
compartes tus ideas..*

TRÁGATE EL ORGULLO O ÉL TE CONSUMIRÁ

Y dijo Moisés: En esto conoceréis que Jehová me ha enviado para que hiciese todas estas cosas, y que no las hice de mi propia voluntad. Si como mueren todos los hombres murieren éstos, o si ellos al ser visitados siguen la suerte de todos los hombres, Jehová no me envió. Mas si Jehová hiciere algo nuevo, y la tierra abriere su boca y los tragare con todas sus cosas, y descendieren vivos al Seol, entonces conoceréis que estos hombres irritaron a Jehová.

NÚMEROS 16.28-30

La Escritura es muy clara acerca de cómo Dios pone a personas en autoridad y es peligroso oponerse al ungido de Dios. Coré se rebeló en contra de Moisés y de Dios, sirviéndonos de ilustración acerca del trágico defecto de muchos líderes, un deseo por poder y autoridad más allá de lo que Dios ha ordenado.

Los líderes que reflejan a Dios deben estar dispuestos a someterse a los que se encuentran por encima de ellos en liderazgo. Muchos que poseen posiciones de liderazgo basados en su fuerza y su personalidad tienen dificultad en aceptar esto, no obstante, una subordinación dispuesta puede calificar a una persona para tener mayores responsabilidades de liderazgo más adelante.

La Biblia de liderazgo con notas de John C. Maxwell

ESPERANZA QUE FLOTA

Se alegró por tanto mi corazón, y se gozó mi alma;
Mi carne también reposará confiadamente. .

SALMO 16.9

El escritor Mark Twain advirtió: «Aléjese de los que tratan de menospreciar sus anhelos. Las personas pequeñas siempre hacen eso, pero los que realmente son grandes hacen que uno también se sienta como si pudiera llegar a ser grande». ¿Cómo se siente la mayoría de las personas cuando están a tu alrededor? ¿Se sienten pequeños e insignificantes, o creen en sí mismos y tienen esperanza en lo que pueden llegar a ser?

La clave de cómo *tratar* a las personas yace en la manera en que *piensas* en ellas. Es un asunto de actitud. Tu manera de actuar revela lo que crees. Johann Wolfgang von Goethe enfatizó: «Trata a un hombre como aparenta y lo empeorarás. Pero trátalo como si ya fuera lo que potencialmente pudiera ser, y harás que sea lo que debe ser».

La esperanza es, quizás, el don más grande que puedes darles a otros como resultado de nutrirlos, porque aunque su sentido propio sea débil y no puedan percibir su significado, aun así tienen razón para continuar tratando y luchando para concretar su potencial en el futuro.

Seamos personas de influencia

LA FAMILIA ES PRIMERO

Los hijos de Elí eran hombres impíos,
y no tenían conocimiento de Jehová.

1 SAMUEL 2.12

Como sacerdote, Elí fue un mentor para Samuel; sin embargo, el fracaso de Elí en dirigir a su familia, lo llevó a fracasar eventualmente como un líder religioso. Este reverenciado juez de Israel no disciplinó a sus dos hijos que terminaron siendo unos rebeldes espirituales. Elí perdió su credibilidad, su trabajo y eventualmente, su vida.

La Escritura nos enseña que si no guiamos nuestro propio hogar, no tenemos las capacidades para poder dirigir otra cosa. En otras palabras, si no funciona en la casa, no hay que exportarlo. ¿Cómo pudo un sacerdote como Elí fallar en esto? Cometiendo estos errores cruciales:

1. *Énfasis*: Elí enfatizó su guía en sus colegas y clientes, pero no en su familia.

2. *Expectativas.* Elí pensó que sus hijos lo "captarían" con solo vivir en la casa de Dios.

3. *Ejemplo*: Elí no demostró en su casa lo que enseñaba en su trabajo.

4. *Enredo*: Elí se involucró tanto en su trabajo, que no pudo ver su fracaso.

La Biblia de liderazgo con notas de John C. Maxwell

EL CRISOL DEL COMPROMISO

*Dijo entonces Jesús a los doce: ¿Queréis acaso iros
también vosotros? Le respondió Simón Pedro: Señor,
¿a quién iremos? Tú tienes palabras de vida eterna.*

JUAN 6.67-68

Muchos tienden a asociar el compromiso con sus
emociones. Si les parece que lo que hacen está
saliendo bien, entonces el próximo paso es el
compromiso. Pero el verdadero compromiso no trabaja
así. No es cuestión de emociones; es una cualidad del
carácter que nos capacita para alcanzar nuestras metas.
Las emociones humanas suben y bajan todo el tiempo
pero el compromiso tiene que ser roca sólida.

Hay varias cosas que cada miembro del equipo debe
conocer sobre esto de comprometerse:

1. Por lo general, el compromiso se descubre en medio
   de la adversidad.
2. El compromiso no depende de los dones o
   habilidades.
3. El compromiso viene como resultado de una
   decisión, no de las condiciones.
4. El compromiso perdura cuando los valores lo
   sustentan.

Las 17 cualidades esenciales de un jugador de equipo

Un líder inesperado

Y será la ciudad anatema a Jehová,
con todas las cosas que están en ella;
solamente Rahab la ramera vivirá,
con todos los que estén en casa con ella,
por cuanto escondió a los mensajeros que enviamos.

Josué 6.17

La historia de Rahab prueba que Dios pueda utilizar a cualquiera. La mujer trabajaba como prostituta en Jericó. Aun cuando los espías hebreos necesitaban que alguien les ayudara a encontrar la mejor forma para conquistar la ciudad, no había una razón lógica para que ella fuera considerada un apoyo.

Pero ya que el liderazgo depende más de la influencia que de los títulos, Dios escogió a Rahab. Ella le ayudó a los espías con su conocimiento práctico, sus agallas y su ingenioso plan. No solo salvó su propia vida, sino que también ayudó para que los planes de Dios se cumplieran en Jericó.

Los líderes sabios recuerdan que Dios mira al corazón; mientras que muchos no hubieran confiado nunca en una mujer con un historial como el de Rahab, Dios la eligió. Ya que Rahab sirvió fielmente a Dios, su familia vivió y fue adoptada en la sociedad hebrea. Y se convirtió en un ancestro del mismo Señor Jesús (Mateo 1.5).

La Biblia de liderazgo con notas de John C. Maxwell

LOS LÍDERES ESTÁN DISPUESTOS A APRENDER

Oirá el sabio, y aumentará el saber.

PROVERBIOS 1.5

Si inviertes continuamente en el desarrollo de tu liderazgo, el resultado inevitable es el crecimiento paulatino. Aunque es verdad que alguna gente nace con dones naturales más grandes que otros, la capacidad de dirigir es en realidad una combinación de destrezas, que en su mayor parte pueden ser aprendidas y mejoradas. Pero ese proceso no tiene lugar de la noche a la mañana. El liderazgo es complejo. Tiene muchas facetas: respeto, experiencia, fuerza emocional, destreza en las relaciones con las personas, disciplina, visión, impulso, momento oportuno —y la lista sigue. Como puedes ver, muchos de los factores que entran en juego en el liderazgo son intangibles. Por eso es que los líderes necesitan mucha experiencia para ser eficaces.

En un estudio hecho con noventa líderes principales de varios campos, los expertos en liderazgo Warren Bennis y Burt Nanus hicieron un descubrimiento acerca de la relación entre el crecimiento y el liderazgo: «Es la capacidad de desarrollar y mejorar las destrezas lo que marca la diferencia entre los líderes y sus seguidores». Los líderes exitosos son aprendices. Y el proceso de aprendizaje es continuo, resultado de la autodisciplina y la perseverancia. La meta de cada día debe ser mejorar un poco, edificar sobre el progreso del día anterior.

Las 21 leyes irrefutables del liderazgo

CUANDO EL LÍDER
VERDADERO HABLA

*Entonces dijo Elías a todo el pueblo: Acercaos a mí. Y
todo el pueblo se le acercó; y él arregló el altar de Jehová
que estaba arruinado.*

1 Reyes 18.30

Cuando Elías habló, la gente puso atención. Sin
embargo, lo más asombroso es que al atardecer,
después de todo el teatro que hicieron los profetas de
Baal, Elías volvió su rostro al cielo y clamó:
«Respóndeme, Jehová, respóndeme, para que conozca
este pueblo, que tú, oh Jehová, eres el Dios y que tú
vuelves a ti el corazón de ellos» (1 Reyes 18.37). Y así lo
hizo Dios.

¿Cómo hizo el profeta que todos le escucharan?
Podemos discernir varias razones:

Su valor: Él estaba dispuesto a mantenerse firme
para Dios.

Su convicción: Él tenía una pasión en lo que creía.

Su carácter: Él era honesto y abierto con todos.

Su conexión: Él atraía magnéticamente a las personas
hacia él y hacia Dios.

Su credibilidad: Eventualmente se ganó la atención
de los demás porque obtuvo los resultados que
deseaba.

La Biblia de liderazgo con notas de John C. Maxwell

EXPANDIENDO EL CIRCULO
MÁS ALLÁ DE LOS DOCE

Volvieron los setenta con gozo, diciendo: Señor,
aun los demonios se nos sujetan en tu nombre.
Y les dijo: Yo veía a Satanás caer del cielo
como un rayo. He aquí os doy potestad de hollar
serpientes y escorpiones, y sobre toda fuerza
del enemigo, y nada os dañará.

LUCAS 10.17-19

Si observas la lista de nombres en cualquier equipo triunfador verás que a los iniciadores siempre los superan los demás jugadores en el equipo. En el fútbol americano profesional empiezan veintidós personas en la ofensiva y la defensa, pero a los equipos se les permite tener cincuenta y tres jugadores. (¡Los equipos universitarios tienen más de cien!)

Encuentras situaciones parecidas en todas las esferas. En la industria del entretenimiento a menudo los actores son conocidos, lo que no ocurre con los centenares de miembros de los equipos que hacen una película. Por cada político, ejecutivo empresarial o diseñador famoso que conozcas hay cientos de personas trabajando silenciosamente entre bastidores para hacer posible su labor. Nadie puede descartar a la mayoría del equipo y esperar tener éxito.

Las 17 leyes incuestionables del trabajo en equipo

El corazón de un líder

Ten piedad de mí, oh Dios, conforme a tu misericordia;
Conforme a la multitud de tus piedades borra mis
rebeliones.
Lávame más y más de mi maldad,
Y límpiame de mi pecado.
Porque yo reconozco mis rebeliones,
Y mi pecado está siempre delante de mi.
Crea en mí, oh Dios, un corazón limpio,
Y renueva un espíritu recto dentro de mí.

Salmo 51.1-3, 10

Todos los líderes cometen errores. Es parte de su vida. Los líderes de éxito reconocen sus errores, aprenden de ellos y luchan para corregirlos. Un estudio de 105 ejecutivos determinó muchas de las características comunes en los de más éxito. Se identificó a un rasgo particular como el más valioso: Ellos admitieron sus errores y aceptaron las consecuencias en vez de tratar de culpar a otros.

Vivimos en medio de personas que intentan hacer responsables a los demás de sus acciones o circunstancias, y que no se quieren hacer cargo de las consecuencias. Esta actitud se puede ver en todas partes. Un líder dispuesto a ser responsable de sus acciones, honrado y transparente con sus subalternos es alguien a quien ellos admirarán, respetarán y en quien confiarán. Es también alguien de quien pueden aprender.

Desarrolle los líderes que están alrededor de usted

Invierte en otorgar autoridad

Entonces Bernabé, tomándole, lo trajo a los apóstoles, y les contó cómo Saulo había visto en el camino al Señor, el cual le había hablado, y cómo en Damasco había hablado valerosamente en el nombre de Jesús.

Hechos 9.27

Bernabé no dejaba escapar ninguna oportunidad para darles valor a otros. Su única y más grande contribución en términos de otorgar autoridad se puede ver en su interacción con Pablo.

Él creyó en Pablo antes que los demás lo hicieran.

Él ratificó el liderazgo de Pablo con los otros líderes.

Él le dio autoridad a Pablo para que alcanzara su máximo potencial.

Para ser un líder que otorga autoridad, tú debes hacer algo más que creer en los nuevos líderes. Necesitas dar pasos para ayudarlos a que se conviertan en los líderes que su potencial les llevará a ser. Tú debes invertir en ellos si quieres darles la autoridad para que sean los mejores.

Otorgar autoridad a la gente implica una inversión personal. Se requiere de energía y de tiempo. Pero vale la pena. Si lo haces bien, tendrás el privilegio de ver a alguien subir a un nivel más alto. Y como una bonificación adicional, cuando les das la autoridad a otros creas poder en tu organización.

La Biblia de liderazgo con notas de John C. Maxwell

TAL PARA CUAL

Retén el consejo, no lo dejes;
Guárdalo, porque eso es tu vida.
No entres por la vereda de los impíos,
Ni vayas por el camino de los malos.
Déjala, no pases por ella;
Apártate de ella, pasa.

PROVERBIOS 4.13-15

Otro factor de tu desarrollo personal está en el área de tus relaciones personales. Puedes decir mucho acerca de la dirección de tu vida mirando a las personas con quienes has decidido pasar tu tiempo y compartir tus ideas. Tus valores y prioridades afectan el modo en que piensas y actúas. Si son personas positivas, dedicadas al crecimiento, sus valores y prioridades te estimularán y reforzarán tus deseos de desarrollarse personalmente.

No siempre es cómodo asociarse con personas que van delante de ti en el crecimiento, pero siempre es provechoso. Trata de cultivar relaciones con ellos, pero no pienses solo en función de lo que puedes ganar. Siempre pon algo sobre la mesa. Tienes que hacer que haya ganancia para ambos lados, o no durará.

El mapa para alcanzar el éxito

EL LLAMADO DE UN LÍDER

En el año que murió el rey Uzías,
vi yo al Señor sentado sobre un trono alto
y sublime, y sus faldas llenaban el templo.
Después oí la voz del Señor, que decía:
¿A quién enviaré, y quién irá por nosotros?
Entonces respondí yo: Heme aquí, envíame a mí.

ISAÍAS 6.1, 8

Los primeros ocho versículos de Isaías 6 ilustran como Dios llama a muchos líderes. Cuando Isaías recibe una visión de Dios, el Señor le dice que necesita a alguien que hable por Él. Dios tiene un mensaje y está buscando un mensajero. Dios hizo un llamado general e Isaías lo hizo suyo. Lo hizo porque hubo tres factores que constituyen un llamado divino:

La oportunidad: Vemos un lugar específico donde podemos marcar una diferencia. Esto tiene que ver con el tiempo correcto.

La capacidad: Reconocemos que tenemos dones dados por Dios. Esto tiene que ver con aptitud.

El deseo: Queremos hacer algo para resolver la necesidad; nuestro anhelo nos motiva. Esto tiene que ver con nuestra pasión.

La Biblia de liderazgo con notas de John C. Maxwell

QUEDAR CORTO

Entonces Saúl dijo a Samuel: Yo he pecado; pues he quebrantado el mandamiento de Jehová y tus palabras, porque temí al pueblo y consentí a la voz de ellos.

1 SAMUEL 15.24

Saúl nunca ganó sus batallas internas. Físicamente hablando, era alto, bien parecido y bien formado. Internamente sin embargo, él no valía un pepino. Cuando tuvo que enfrentarse a un desafío, su temor lo dominaba. Saúl no tenía la valentía que se necesitaba para dirigir al pueblo de Israel.

Algunas lecciones de valentía que aprendemos de Saúl son que:

La valentía y la cobardía se contagian. Cuando Goliat retó a los hombres de Saúl, ellos huyeron a sus tiendas.

Sin valentía, no importa cuan buenas sean tus intenciones. Saúl tenía buenas intenciones cuando presentó el holocausto a Dios, pero dejó que el temor que tenía de que su gente lo fuera a abandonar, controlara sus acciones.

Sin valentía, somos esclavos de nuestra propia inseguridad y posesividad. Saúl era cautivo de su temor de ser reemplazado por David.

Un líder sin valentía nunca dejará lo que le es familiar. Saúl empleó a una médium para pedirle consejo al espíritu del finado Samuel. La falta de valentía de un líder eventualmente lo saboteará. La falta de valentía en Saúl hizo que lo perdiera todo.

La Biblia de liderazgo con notas de John C. Maxwell

EL ÉXITO DE EQUIPO TRAE ÉXITO INDIVIDUAL

Pero Dios ordenó el cuerpo, dando más abundante honor al que le faltaba, para que no haya desavenencia en el cuerpo, sino que los miembros todos se preocupen los unos por los otros. De manera que si un miembro padece, todos los miembros se duelen con él, y si un miembro recibe honra, todos los miembros con él se gozan.

1 CORINTIOS 12.24-26

Los miembros del equipo estarán en capacidad de demostrar el verdadero trabajo una vez que crean en las metas comunes y empiecen a desarrollar sincera confianza entre sí. Nota que menciono que los miembros del equipo estarán en *capacidad* de demostrar el verdadero trabajo del grupo. Eso no necesariamente significa que lo harán.

Deben suceder varias cosas para que se realice un trabajo de equipo. Primero, ellos deben creer de corazón que el valor del éxito colectivo es mayor que sus intereses individuales. Segundo, el líder y los demás miembros deben estimular y premiar el sacrificio personal. Cuando esto ocurra, los miembros llegarán a identificarse cada vez más con el equipo. En este punto reconocerán que el individualismo gana trofeos, pero que el trabajo colectivo gana campeonatos.

Desarrolle los líderes que están alrededor de usted

TODOS SON CRITICONES

María y Aarón hablaron contra Moisés
a causa de la mujer cusita que había tomado;
porque él había tomado mujer cusita.

NÚMEROS 12.1

Los líderes pueden estar seguros de dos cosas: primero, serán criticados; segundo, la crítica siempre cambia al líder. La gente infeliz tiende a atacar a la persona principal. La única familia que tenía Moisés lo criticaba. Nota lo que Dios y Moisés nos enseñan acerca de cómo enfrentar la crítica (Números 12):

1. Mantén tu humildad.
2. Enfrenta la crítica abiertamente.
3. Se específico acerca del asunto.
4. Presenta las consecuencias.
5. Ora por los que te critican.
6. Restáuralos cuando sea apropiado.

Es más, considera las maneras en que los líderes deben manejar la crítica:

1. Comprende la diferencia entre la crítica constructiva y la destructiva.
2. Mira más allá de la crítica para conocer al que critica.
3. Cuida tu actitud hacia la crítica.
4. Mantente en forma espiritualmente. Asóciate con gente de fe.
5. Espera el momento para mostrar el error de la crítica.
6. Concéntrate en tu misión; cambia tus errores.

La Biblia de liderazgo con notas de John C. Maxwell

UNA VIDA DE PRIORIDADES

He acabado la obra que me diste que hiciese.

JUAN 17.4

Cuando Pedro era un joven pescador en Galilea, nadie hubiera pensado que estaba destinado a convertirse en un apasionado líder de un movimiento mundial. Después de todo, casi no tenía educación y probablemente habría estado feliz viviendo en el anonimato el resto de su vida. Pero Dios tenía otra cosa en su pensamiento, y en el momento en que Pedro se encontró con Jesús, sus prioridades comenzaron a cambiar.

Como muchos líderes, Pedro tuvo que aprender a poner en primer lugar lo primero, porque las Escrituras revelan bastante sobre las incoherencias de su conducta y sus muchas decisiones irracionales. Pero mientras más tiempo pasó con Jesús, más aprendió la diferencia entre la simple actividad y el logro.

Como Pedro, entre muchas cosas que demandan su atención y tiempo, los grandes líderes eligen y disciernen no solo lo que necesita hacerse primero, sino también lo que no es necesario hacer. Eso se inicia con una pasión por lograr la excelencia. Cuando enfocas tu pasión en lo más importante, tu liderazgo se eleva a nuevas alturas.

Los 21 minutos más poderosos en el día de un líder

Cuenta con el carácter

No aprovecharán las riquezas en el día de la ira;
Mas la justicia librará de muerte.

Proverbios 11.4

La forma en que un líder trata con las circunstancias de la vida dice mucho de su carácter. La
crisis no necesariamente forma el carácter, pero sí lo
revela. La adversidad es el cruce de dos caminos donde
una persona tiene que elegir uno de los dos: carácter o
compromiso. Cada vez que escoge el carácter, la persona
se vuelve más fuerte, aun cuando esa elección traiga
consecuencias negativas. Como escribió el ganador del
Premio Nóbel Alexander Solzhenitsyn: «El sentido de la
existencia terrestre descansa, no en la forma en que
hayamos desarrollado el pensamiento en función de la
prosperidad, sino en el desarrollo del alma». El
desarrollo del carácter es el centro de nuestro desarrollo,
no solo como líderes sino como seres humanos.

¿Qué debemos saber sobre el carácter?
- Carácter es más que hablar
- El talento es un don, pero el carácter es una
  elección
- El carácter produce éxito duradero con las
  personas.

Los líderes no pueden ir más allá de las limitaciones
de su carácter.

Las 21 cualidades indispensables de un líder

Señales de alerta de un líder que se sale de control

…y les refirió Amán la gloria de sus riquezas, y la multitud de sus hijos, y todas las cosas con que el rey le había engrandecido, y con que le había honrado sobre los príncipes y siervos del rey… Pero todo esto de nada me sirve cada vez que veo al judío Mardoqueo sentado a la puerta del rey. Y le dijo Zeres su mujer y todos sus amigos: … y mañana di al rey que cuelguen a Mardoqueo en ella… Y agradó esto a los ojos de Amán, e hizo preparar la horca… Ester dijo: El enemigo y adversario es este malvado Amán. Entonces se turbó Amán delante del rey y de la reina…. Así colgaron a Amán en la horca que él había hecho preparar para Mardoqueo.

ESTHER 5;11, 13-14; 7.6 Y 10

 Amán nos da una imagen clara de un líder fuera de control:

1. Él perdió el gozo debido a los problemas pequeños.
2. Él necesitaba amigos que le desarrollaran su imagen propia.
3. Su ambición lo hizo infeliz.
4. Él escuchó a la gente equivocada.
5. Él pensaba demasiado alto de sí mismo.
6. Él se dispuso al fracaso.
7. Él cosechó lo que sembró.

La Biblia de liderazgo con notas de John C. Maxwell

Considera los sueños de los demás

Y lo llevó (a Abram) fuera, y le dijo: Mira ahora los cielos, y cuenta las estrellas, si las puedes contar. Y le dijo: Así será tu descendencia.

Génesis 15.5

Muchos de los que están insatisfechos y desanimados se sienten así porque no se aferran a la visión para ellos. Tienes que ayudar a otros a descubrir su sueño y entonces movilizarlos hacia él.

Quizás ya reconozcas gran parte del potencial de las personas que tratas de conducir, pero necesitas conocerlas mejor. Para ayudarlas a reconocer la meta por la cual se esforzarán, te hará falta conocer lo que les interesa en verdad, lo que les motiva. Para hacerlo, averigua lo siguiente:

¿Qué los hace llorar? Para saber a dónde verdaderamente desean ir las personas, debes conocer lo que toca sus corazones.

¿Qué los hace cantar? A la larga, las personas tienen que dedicar mucha energía a lo que les da gozo.

¿Qué los hace soñar? Si puedes ayudar a las personas a descubrir sus sueños y creerlos en verdad, puedes ayudarlos a cumplir su objetivo.

Seamos personas de influencia

APRENDIENDO DE TUS
PREDECESORES

*Entonces el rey mandó a Benaía hijo de Joiada, el cual
salió y lo hirió, y murió. Y el reino fue confirmado en la
mano de Salomón.*

1 REYES 2.46

Salomón tuvo que hacer algunas decisiones
difíciles pero cruciales en el liderazgo al principio
de su reinado. Primero, tuvo que lidiar con hombres
que conspiraban por el poder. Hasta su propio hermano
Adonías trató de crear su propio reino. Uno por uno, el
rey Salomón discernió la lealtad de sus socios, para luego
remover a todos los que rehusaban cooperar con él.

Salomón sabía que él no podría trabajar con
renegados, sin importar la influencia o la estrategia que
parecían tener. El joven rey se aseguró que su círculo
íntimo incluyera solamente hombres que quisieran
trabajar con él.

David había visto estos problemas apareciendo en el
horizonte. Él sabía que estaba colocando a su sucesor en
una situación de liderazgo precaria, pero dos veces
declaró que Salomón sabría que hacer. David
comprendió que los más cercanos a Salomón
obstaculizarían o mejorarían su nivel de éxito. Salomón
lo comprendió también, y actuó de manera acorde.

La Biblia de liderazgo con notas de John C. Maxwell

HÁBLALE A TU LÍDER

Los labios justos son el contentamiento de los reyes,
Y éstos aman al que habla lo recto.

PROVERBIOS 16.13

Los buenos líderes de equipo no quieren hombres o mujeres que digan sí a todo. Buscan una comunicación sincera y directa de su gente. Siempre he animado a las personas de mi equipo a hablar franca y directamente conmigo. En nuestras reuniones a menudo nos devanamos los sesos hasta que gana la mejor idea. Con frecuencia los comentarios y observaciones de uno de los miembros de un equipo ayudan realmente al grupo. A veces no estamos de acuerdo. Eso está bien porque hemos desarrollado relaciones lo suficientemente firmes como para sobrevivir a los conflictos. Presentar toda proposición siempre mejora al equipo. Lo único que no quiero escuchar de un compañero de trabajo es: «Te pude haber dicho que eso no resultaría». Si uno lo sabe de antemano, es el momento de manifestarlo.

Además de la franqueza, la otra cualidad que los miembros del equipo deben mostrar cuando se comunican con sus líderes es el respeto. No es fácil dirigir un equipo. Se necesita mucho esfuerzo. Exige sacrificio personal. Requiere tomar decisiones difíciles y a veces impopulares. Debemos respetar a la persona que ha decidido tomar esa responsabilidad, y también debemos mostrarle lealtad.

Las 17 leyes incuestionables del trabajo en equipo

SIGUIENDO
TUS HUELLAS

*Y Aarón y sus hijos hicieron todas las cosas que mandó
Jehová por medio de Moisés.*

LEVÍTICO 8.36

Aarón, al igual que muchos líderes en la historia, recibió un llamado divino. Dios escogió a Aarón y a sus hijos para que sirvieran como sacerdotes en Israel y les encargó que llevaran a cabo los rituales y los sacrificios a favor de los israelitas. La Escritura nos da un detalle minucioso de su ordenación y su llamado. Su conducta tenía que ser irreprochable. Dios dejó muy claro que el resultado de no mantener sus principios establecidos sería la muerte.

A pesar de ese llamado, Aarón luchó algunas veces con su autoridad. Una vez cedió ante los deseos depravados de la gente y dirigió a Israel en servicio de adoración pagana, una abominación que llevó a la muerte a muchos israelitas. Aarón había sido apartado para el servicio de Dios, pero en esa ocasión, él decidió vivir y dirigir de otra manera.

El fracaso de un líder usualmente resulta en consecuencias más graves que la caída de uno que no es líder. El día que Aarón fracasó, « cerca de tres mil hombres murieron » (Éxodo 32. 28) Cuando los líderes fracasan, los seguidores también pagan el precio.

La Biblia de liderazgo con notas de John C. Maxwell

REPARANDO LAS FALLAS DE CARÁCTER

*En aquel mismo tiempo el rey Herodes echó mano a
algunos de la iglesia para maltratarles. Y mató a espada
a Jacobo, hermano de Juan. Y viendo que esto había
agradado a los judíos, procedió a prender también a Pedro.*

HECHOS 12.1-3

Lo que motivaba al rey Herodes del tiempo de Pablo, era su ego. Y eso fue exactamente lo mismo que motivó al padre y al abuelo de Herodes. A ellos les hacía mucha falta el carácter. La falta de carácter de Herodes nos provee de muchos ejemplos de lo que no se debe hacer como líder:

1. Él maltrató a sus propios ciudadanos.
2. Él tomó decisiones basándose en la popularidad.
3. Él actuó irracionalmente en tiempos difíciles.
4. Él tenía rencor hacia los demás.
5. Escondía su propia inseguridad en el poder que su autoridad le daba.
6. Él proyectó una imagen infalible.
7. Él estaba cegado por su ego.

Si quieres mejorar tu carácter y crear un fundamento firme en tu propio liderazgo, debes:

Buscar donde están las fisuras.

Busca los patrones.

Enfrenta los errores.

Mantente deseoso de aprender y de desarrollarte.

La Biblia de liderazgo con notas de John C. Maxwell

Escucha como Samuel

*Y tras el terremoto un fuego; pero Jehová no estaba
en el fuego. Y tras el fuego un silbo apacible
y delicado. Y… lo oyó Elías…*

1 REYES 19.12 Y 13

Una vez oí decir que alguien le preguntó a Juana de Arco por qué Dios le hablaba solo a ella. Se dice que ella respondió: «Señor, usted se equivoca. Dios les habla a todos. Yo solo escucho».

Cuando Dios le habló a Samuel, era un niño acostado en silencio en medio de la noche. Aun entonces, Samuel no reconoció al principio que la voz pertenecía a Dios. Necesitaba el consejo y la sabiduría de su experimentado mentor, Elí, para comprender quién se comunicaba con él. Pero basándonos en las frecuentes ocasiones en que Samuel oyó la voz de Dios como adulto, es claro que aprendió a identificar, escuchar y obedecer la voz de Dios.

Los líderes suelen ser personas muy ocupadas. Pueden verse fácilmente atrapados en la actividad de sus obligaciones. Si usted es un líder, esa es la razón por la que es importante apartar tiempo para callar y escuchar las instrucciones de Dios. Mi amigo Bill Hybels afirma: «Los líderes necesitan pedirle a Dios que les dé el oído de Samuel».

Los 21 minutos más poderosos en el día de un líder

CONFORME CRECEN LAS RESPONSABILIDADES, DECRECEN LOS DERECHOS

Porque a todo aquel a quien se haya dado mucho, mucho se le demandará; y al que mucho se le haya confiado, más se le pedirá.

Lucas 12.48

Los líderes deben regir sus vidas por patrones más elevados que los de sus seguidores. Esta realidad es exactamente opuesta a los pensamientos de la mayoría de las personas en cuanto al liderazgo. En el mundo de la petulancia y los privilegios que acompañan al éxito, se piensa poco en las responsabilidades que conlleva el ascenso. Los líderes pueden renunciar a todo, excepto a la responsabilidad, bien sea la propia o la de sus organizaciones. John D. Rockefeller Jr., dijo: «Creo que cada derecho implica una responsabilidad; cada oportunidad, una obligación; cada posesión, un deber».

Un gran número de personas están listas para reclamar sus derechos, pero no para asumir sus responsabilidades. Richard L. Evans, en su libro *An Open Road* , dijo: «No tiene precio encontrar a una persona que acepte una responsabilidad... y saber que alguien acepte una tarea que terminará de una manera efectiva y concienzuda. Pero cuando recibimos tareas a medio terminar—es necesario revisar, verificar, editar, interrumpir el pensamiento, y darle atención una y otra vez—, obviamente alguien no se apegó a la doctrina del trabajo completo».

Desarrolle el líder que está en usted

RECONOCE LA NECESIDAD
DE TRANSICIÓN

*Luego que el muro fue edificado, y colocadas las puertas,
y fueron señalados porteros y cantores y levitas, mandé a
mi hermano Hanani, y a Hananías, jefe de la fortaleza
de Jerusalén (porque éste era varón de verdad y temeroso
de Dios, más que muchos).*

NEHEMÍAS 7.1-2

Dos emociones generalmente siguen un gran
logro: Un signo de alivio y celebración y un
sentido de... ¿Ahora qué? El período después de un
triunfo puede ser un tiempo peligroso. Algunas veces
nos sentimos tentados a sentirnos satisfechos,
especialmente si no tenemos otra meta. Podemos
sentirnos contentos con lo que logramos y bajar la
guardia. El ímpetu se nos resbala de las manos.

El momento de la victoria es un tiempo crucial para
cualquier organización. Un problema de transición
ocurre cuando el líder no sabe cómo crecer con su
organización. La vida de Nehemías nos ilustra la
diferencia entre un catalizador y alguien que consolida:

DOS TIPOS DE TEMPORADAS EN EL
LIDERAZGO

1. Catalizador: Hace que
   las cosas empiecen

1. El que consolida:
   Mantiene las cosas en
   movimiento

2. Diseñador: Piensa en
   las cosas.

2. El que desarrolla: Les da
   seguimiento.

3. Motivador: Anima

3. Administrador: Organiza

4. Emprendedor:
   Se apoya en sí mismo

4. Ejecutivo: Se apoya
   en los demás.

La Biblia de liderazgo con notas de John C. Maxwell

UNA EMOCION INADVERTIDA— UN LIDERAZGO DEFECTUOSO

Pero Jonadab, hijo de Simea hermano de David,
habló y dijo: No diga mi señor que han dado
muerte a todos los jóvenes hijos del rey, pues sólo
Amnón ha sido muerto; porque por mandato
de Absalón esto había sido determinado desde
el día en que Amnón forzó a Tamar su hermana.

2 SAMUEL 13. 32

Después de que David pecara con Betsabé, el profeta Natán le previno diciendo que la espada nunca se apartaría de su casa. Tal como fue predicho, desde ese día en adelante tuvo problemas domésticos. Nadie vio esto tan claramente como su hijo Absalón. Cuando Amnón violó a su hermana Tamar, David no hizo nada, y Absalón se irritó. Absalón intentó tener una audiencia con su padre y se la negaron. Finalmente, Absalón no aguantó más. Todo el mundo le puso atención cuando cometió dos crímenes. Primero, vengó a su hermana Tamar matando a Amnón, lo cual causó que su padre lo desterrara. Luego, cuando se le permitió volver, Absalón se enojó con el general Joab y le incendió su campo.

A pesar de sus acciones, Absalón no obtuvo la atención de su padre que tan desesperadamente quería. Él usó su pasión para sabotear el liderazgo de su padre. Absalón murió como un líder disidente, con una pasión mal lograda.

La Biblia de liderazgo con notas de John C. Maxwell

UN ENFOQUE DEFINIDO
REFINA EL LIDERAZGO

Entonces los doce convocaron a la multitud de los
discípulos, y dijeron: No es justo que nosotros dejemos
la palabra de Dios, para servir a las mesas....
Y nosotros persistiremos en la oración y
en el ministerio de la palabra.

HECHOS 6.2-4

¿Qué tiempo toma la concentración requerida para ser un líder verdaderamente efectivo? La clave son las prioridades y la concentración.

¿Cómo debes aprovechar tu tiempo y energía? Las siguientes indicaciones te pueden ayudar:

Concéntrate un 70% en tu lado fuerte: Los líderes efectivos que alcanzan su potencial invierten más tiempo concentrados en lo que hacen bien que en lo que hacen mal.

Concéntrate un 25% en cosas nuevas: Si quieres ser mejor, tienes que mantenerte cambiando y mejorando. Esto significa entrar a nuevas áreas. Si dedicas tiempo a cosas nuevas relacionadas con áreas fuertes, entonces crecerás como líder.

Concéntrate un 5% en tus áreas débiles: Nadie puede evitar completamente trabajar en sus áreas débiles. La clave es minimizarlas tanto como sea posible, y los líderes lo logran delegando.

Las 21 cualidades indispensables de un líder

El motivo cuenta

Como rugido de cachorro de león es la ira del rey,
Y su favor como el rocío sobre la hierba.
PROVERBIOS 19.12

En una cultura que canta alabanzas a las medallas de oro individuales y donde una persona pelea por sus derechos en lugar de tratar de asumir sus responsabilidades, la gente tiende a perder de vista el cuadro completo. De hecho, algunos parecen creer que ellos *son* el cuadro completo: Todo gira en torno a sus necesidades, sus metas y sus deseos. Una vez vi un mensaje en una camiseta que expresa muy bien esta actitud. Decía: «Mi idea de un equipo es un montón de gente haciendo lo que yo les digo que hagan».

Pero se supone que un equipo no es un grupo de personas usadas como instrumentos por alguien para su propio beneficio egoísta. Los miembros de un equipo deben beneficiarse mutuamente al compartir sus metas. Deben ser motivados para que trabajen juntos, no manipulados por alguien para alcanzar gloria individual. Cualquiera que esté acostumbrado a reunir personas y usarlas para beneficio propio no es un formador de equipos; es un dictador.

Las 17 leyes incuestionables del trabajo en equipo

DIOS CONCEDE EL DESCANSO

*Jehová habló a Moisés en el monte de Sinaí, diciendo:
Habla a los hijos de Israel y diles: Cuando hayáis entrado
en la tierra que yo os doy, la tierra guardará reposo para
Jehová.*

LEVÍTICO 25.1-2

¿Alguna vez has oído del Año Sabático o del Año
del Jubileo? Esos son los temas de Levítico 25. El
primero ocurría cada siete años, mientras que el
segundo se daba cada cincuenta años.

Estos años especiales requerían un comportamiento
especial. El pueblo de Dios debía dejar de hacer su
trabajo usual, alterar su rutina diaria y cambiar su
existencia normal. Considera algunas de las lecciones
que puedes aprender de estos sabáticos especiales:

Daban al pueblo un tiempo para descansar.
Daban al pueblo una oportunidad de redención.
Daban al pueblo un tiempo para la reflexión.
*Daban al pueblo un tiempo para la recompensa
y la recuperación.*
Daban al pueblo un tiempo para las relaciones.
Daban al pueblo un tiempo para volverse a enfocar.

La Biblia de liderazgo con notas de John C. Maxwell

MAYO

*Tu capacidad de liderazgo
siempre determina tu efectividad
y el impacto potencial de
tu organización.*

¿SE SIENTEN LOS DEMÁS ATRAIDOS POR TI?

Y le siguió gran multitud de Galilea. Y de Judea,
de Jerusalén, de Idumea, del otro lado del Jordán,
y de los alrededores de Tiro y de Sidón, oyendo cuán
grandes cosas hacía, grandes multitudes vinieron a él.

MARCOS 3.7-8

La mayoría de la gente piensa que el carisma es algo místico, casi indefinible. Que es una cualidad que se trae de nacimiento. Pero el carisma es la habilidad de atraer a la gente hacia sí mismo. Y como otras características del carácter, se puede desarrollar.

¿Cómo te evaluarías en cuanto a carisma? ¿Atraes a ti naturalmente a otras personas? Si no, quizás tengas alguno de estos impedimentos:

Orgullo. Nadie quiere seguir a un líder que piensa que él es mejor que todos.

Inseguridad. Si no te aceptas a ti mismo, los demás tampoco te aceptarán.

Reserva. Si la gente nunca sabe qué esperar de ti, dejará de esperar algo.

Perfeccionismo. Las personas respetan el deseo de excelencia pero rechazan totalmente las expectativas irreales.

Cinismo. Las personas no quieren ser influidas por alguien que ve una tormenta detrás de cada nube.

Si puedes mantenerte alejado de estas características, puedes cultivar el carisma.

Las 21 cualidades indispensables de un líder

La comunicación es escuchar

Y tres amigos de Job, Elifaz temanita, Bildad suhita, y
Zofar naamatita, luego que oyeron todo este mal que le
había sobrevenido, vinieron cada uno de su lugar; porque
habían convenido en venir juntos para condolerse de él y
para consolarle. Los cuales, alzando los ojos desde lejos, no
lo conocieron, y lloraron a gritos; y cada uno de ellos rasgó
su manto, y los tres esparcieron polvo sobre sus cabezas
hacia el cielo. Así se sentaron con él en tierra por siete
días y siete noches, y ninguno le hablaba palabra, porque
veían que su dolor era muy grande.

JOB 2.11-13

Los amigos de Job querían ayudarle. Ellos sentían su dolor y estaban aterrorizados de ver a un amigo en tal necesidad. Misericordiosamente, se mantuvieron en silencio durante toda una semana. Se sentaron con su amigo y escucharon.

Estos amigos se dieron cuenta de un principio muy importante: Las personas no pierden intimidad cuando dejan de hablar, sino cuando dejan de escuchar. Los líderes rara vez se dan cuenta de lo beneficioso que es saber escuchar a la otra persona. Por ser líderes, el solo acto de escuchar habla bien de ellos; mucho más que lo que un gran discurso pudiera comunicar.

La Biblia de liderazgo con notas de John C. Maxwell

INTERCAMBIA TUS TEMORES POR LA FE EN DIOS

Viendo Jehová que él iba a ver,
lo llamó Dios de en medio de la zarza.
ÉXODO 3.4

El quebrantamiento implica dos cosas: Deshacerse del orgullo inapropiado y la auto confianza, y edificar una buena confianza en Dios. El Señor domó la auto confianza y el orgullo de Moisés en el desierto, pero para generar confianza en Él, Dios tenía que romper primero los temores de Moisés. Éste tuvo que enfrentarse a diferentes clases de temores en su encuentro con Dios.

Temores concernientes a sí mismo. Dios le respondió asegurándole su propósito.

Temores concernientes a Dios. Dios le respondió al impresionarlo con Su presencia.

Temores concernientes a la gente. Dios le respondió mostrándole su poder y compromiso.

Temores concernientes a su habilidad. Dios le respondió proveyéndole un asistente, su hermano Aarón.

Con su testarudez quebrantada, sus temores se fueron y su propósito quedó reafirmado. Moisés, por fin, se puso en las manos de Dios.

La vida está llena de intercambios. Moisés tuvo que sacrificar su estatus y sus posesiones materiales para prepararse a cumplir su propósito en la vida y luego, para hacerlo, tuvo que volver a sacrificarse de nuevo. La segunda vez, él renunció a la seguridad que la oscuridad del desierto le daba. Si deseas dirigir, entonces debes tener algo qué dar.

La Biblia de liderazgo con notas de John C. Maxwell

DEJA QUE SEA DIOS QUIEN SE PREOCUPE POR TU ASCENSO

No te alabes delante del rey, ni estés en el lugar de los grandes; porque mejor es que se te diga: Sube acá, y no que seas humillado delante del príncipe a quien han mirado tus ojos.

PROVERBIOS 25.6-7

En su primera carta a Timoteo, el apóstol Pablo, nos dice que aspirar a una posición de liderazgo es algo bueno (3.1). Sin embargo, hay una gran diferencia entre pasar al frente para aceptar la responsabilidad del liderazgo y pasar al frente para ponerse en la cima con el deseo de promocionarse a sí mismo.

El camino al liderazgo bíblico viene por el servicio. Los líderes están al frente, pero a la vez son los culpables si algo sale mal. Ellos hablan a favor de la misión, pero también están dispuestos a guardar silencio si es por el bienestar de la organización. Y en cualquier momento, ellos están dispuestos a realizar toda clase de sacrificios por amor a su gente.

Cuando tengas la oportunidad de dirigir, sirve bien. Tú no puedes forzarte a una posición que Dios no desea que tú tengas porque podrías perder la oportunidad de servir donde Dios desee que estés.

SUEÑA

Ve, porque instrumento escogido me es éste, para llevar
mi nombre en presencia de los gentiles, y de reyes, y de los
hijos de Israel.

HECHOS 9.15

Muchas personas descubren su sueño en una idea repentina luego de trabajar en una rama laboral por años. Algunos lo reciben mientras oran. Otros son motivados por algún acontecimiento del pasado. Quizás no hayas descubierto tu sueño. Lee los siguientes cinco pasos que te ayudarán a quitar lo que sobra y a descubrir tu sueño:

1. *Cree en tu capacidad de lograr el éxito.* Si *quieres* tener éxito, debes creer que puedes tenerlo.

2. *Deshazte de tu orgullo.* La persona que está llena de sí misma no tiene espacio para un sueño que le cambie la vida.

3. *Cultiva un descontento constructivo.* El descontento es la fuerza que impulsa a la gente a buscar sus sueños. La complacencia nunca trae el éxito.

4. *Escapa del hábito.* Comienza a aceptar lo que *es* sin considerar lo que podría ser.

5. *Equilibra la creatividad con el carácter*

Cuando se trata de sueños, la gente verdaderamente exitosa tiene suficiente creatividad para *pensarlos* y suficiente carácter para intentarlos.

El mapa para alcanzar el éxito

EL LÍDER TIERNO Y FIRME

> *Porque la tristeza que es según Dios produce*
> *arrepentimiento para salvación, de que no hay que*
> *arrepentirse; pero la tristeza del mundo produce muerte.*
>
> 2 CORINTIOS 7.10

En una carta anterior a la iglesia, Pablo tomó el papel de un líder exigente. En esta carta, él habla más desde un punto de vista personal, más de su corazón. Él exhala ternura.

En 2 Corintios 7, el apóstol comenta como le causó dolor a los corintios, pero distingue entre el buen dolor y el mal dolor. Todo líder encontrará esta distinción muy instructiva. Considera las diferencias:

MAL DOLOR	BUEN DOLOR
1. El dolor se mantiene indefinidamente	1. El dolor es temporal
2. Ejemplo: Judas (Mateo 27. 3-5)	2. Ejemplo: Pedro (Lucas 22. 54-62)
3. Lleva al sufrimiento y a la muerte	3. Lleva al arrepentimiento y a la vida
4. Es sufrimiento está basado en el egoísmo	4. Es sufrimiento está basado en la voluntad de Dios

Los líderes nunca deberían buscar venganza o desear dañar a alguien para vindicar sus acciones. El dolor que traen debe tener el propósito constructivo del arrepentimiento y la recuperación.

La Biblia de liderazgo con notas de John C. Maxwell

SE NECESITA UN MENTOR

*Entonces respondió Moisés a Jehová, diciendo: ponga
Jehová… un varón sobre la congregación… para que la
congregación de Jehová no sea como ovejas sin pastor.
Jehová dijo a Moisés: Toma a Josué hijo de Nun, varón
en el cual hay espíritu.*

NÚMEROS 27.15-18

Josué era un líder impresionante. El otro factor
importante para el aumento de la influencia de
Josué fue el impacto que tuvo Moisés en su vida.
Dondequiera que fuera Moisés, Josué iba con él, fuera
que subiera al Monte Sinaí o que se encontrara con Dios
en el tabernáculo.

Después que los hebreos se negaron a entrar en la
tierra prometida, continuó la relación de mentor a
discípulo entre ellos. El proceso duró cuarenta años y
culminó cuando Moisés impartió su autoridad al joven.
Después de la muerte de Moisés nadie cuestionó la
autoridad de Josué.

A. W. Tozer, predicador y escritor, dijo: «Dios está
buscando personas por medio de las cuales pueda hacer
lo imposible, ¡qué lástima que solo hagamos planes que
podamos ejecutar por nosotros mismos!» La inversión
de Moisés en Josué desató el poder de Dios en él.

Los 21 minutos más poderosos en el día de un líder

LAS PEQUEÑAS DIFERENCIAS IMPIDEN LA VICTORIA

*Ruego a Evodia y a Síntique, que sean de un mismo
sentir en el Señor. Asimismo te ruego también a ti,
compañero fiel, que ayudes a éstas que combatieron
juntamente conmigo en el evangelio, con Clemente
también y los demás colaboradores míos, cuyos nombres
están en el libro de la vida. Regocijaos en el Señor
siempre. Otra vez digo: ¡Regocijaos! Vuestra gentileza sea
conocida de todos los hombres. El Señor está cerca.*

FILIPENSES 4.2-5

Pablo conocía la importancia del trabajo en
equipo, y por eso buscó la paz entre dos mujeres
que habían estado en disputa. Evodia y Síntique,
miembros de la iglesia de Filipos, habían creado división
debido a su desarmonía. Pablo las utiliza como ejemplos
para hablar acerca de la paz en un capítulo completo. Él
no les pide a estas mujeres que actúen de manera
uniforme, sino más bien que tengan el mismo sentir.

El término que él usa trae la connotación de
armonía. Cantar en armonía no significa cantar al
unísono. Los integrantes de un equipo deben ocupar
diferentes posiciones dentro de éste. La armonía
significa que sus esfuerzos complementan los esfuerzos
de los demás, más que entrar en conflicto con ellos.

La Biblia de liderazgo con notas de John C. Maxwell

Trazando el curso para los demás

El que hace errar a los rectos por el mal camino,
El caerá en su misma fosa;
Mas los perfectos heredarán el bien.

PROVERBIOS 28.10

Los líderes que "navegan", que guían hacen aun más que controlar el rumbo en el que ellos y su gente viajan. Visualizan en su mente todo el viaje antes de salir del muelle. Tienen una visión de su destino, saben lo que tomará llegar allá, saben a quién necesitarán en el equipo para tener buen éxito, y reconocen los obstáculos mucho antes de que aparezcan en el horizonte.

Los navegantes de primera categoría siempre tienen presente que otras personas dependen de ellos y de su capacidad de trazar un buen rumbo.

Cuando te preparas bien, infundes confianza y esperanza a tu gente. La falta de preparación produce el efecto opuesto. No es el tamaño del proyecto lo que determina su aceptación, apoyo, y buen éxito, sino el tamaño del líder. Los líderes que son buenos navegantes pueden llevar a su gente casi a cualquier parte.

Las 21 leyes irrefutables del liderazgo

CREA UN CÍRCULO ÍNTIMO

*Estos son los principales de los valientes que David tuvo, y
los que le ayudaron en su reino, con todo Israel, para
hacerle rey sobre Israel, conforme a la palabra de Jehová.*

1 CRÓNICAS 11.10

No existen los líderes tipo «Llanero Solitario»: Si
estás solo no estás dirigiendo a nadie. Examina la
forma en que David reunió a sus hombres principales
quienes fueron los que lo hicieron grande.

1. *Él empezó a crear un círculo íntimo fuerte mucho
   antes de que lo necesitara:* David comenzó a crear a su
   equipo aún antes de ser coronado.

2. *Él atraía gente con varios talentos:* David atraía
   hombres que tuvieran diversas habilidades. Podemos
   leer sobre los guerreros experimentados en una
   variedad de habilidades, hombres de valor y cientos
   de capitanes. Con la ayuda de estos hombres, David
   se sintió preparado para cualquier cosa.

3. *Él suscitaba lealtad:* Los seguidores de David le
   mostraron una lealtad increíble durante toda su
   vida. Esos íntimos de David siempre estuvieron
   dispuestos a dar sus vidas por él.

4. *Él delegó la responsabilidad basándose en las
   capacidades de la gente:* David continuamente les dio
   autoridad a los demás. Él designó a Joab como
   comandante del ejército, y de la misma forma, les
   dio a otros una autoridad civil.

La Biblia de liderazgo con notas de John C. Maxwell

PROMUÉVELOS

Y el varón le dijo: No se dirá más tu nombre Jacob,
sino Israel; porque has luchado con Dios
y con los hombres, y has vencido.
GÉNESIS 32.28

Los miembros de un equipo siempre aprecian y admiran a alguien que es capaz de ayudarles a alcanzar otro nivel, alguien que los haga sentirse importantes y los capacite para alcanzar el éxito. Los jugadores que añaden valor a sus compañeros tienen varias características en común:

1. Valoran a sus compañeros de equipo. El rendimiento de las personas usualmente refleja las expectativas de aquellos a quienes respetan.

2. Realzan los valores que son importantes para sus compañeros. Los jugadores que valoran a otros hacen más que apreciar a sus compañeros de equipo; entienden lo que es importante para ellos. Este tipo de conocimiento, junto con el deseo de relacionarse con sus compañeros, crea una fuerte conexión entre todos.

3. Añaden valor a sus compañeros. Alguien que realza los méritos de otros busca los dones, talentos y la singularidad de los demás y luego les ayuda a aumentar sus habilidades para beneficio personal y de todo el equipo.

4. Hacen de sí mismos personas más valiosas. Nadie puede dar lo que no tiene.   Si quieres aumentar la capacidad de un compañero de equipo, tú mismo debes ser mejor.

Las 17 cualidades esenciales de un jugador de equipo

BALANCEANDO TUS DONES CON EL CARÁCTER

El hombre que reprendido endurece la cerviz,
De repente será quebrantado, y no habrá para él
medicina.

PROVERBIOS 29.1

¿Cuántos líderes han arruinado sus vidas y dañado las vidas de otros por su inmoralidad? El carácter se ha convertido en un asunto crucial precisamente por la gran cantidad de líderes en las áreas políticas, empresariales o religiosas que han caído moralmente. Los líderes necesitan recordar que ellos son una influencia para muchos otros; no están solos. También necesitan darse cuenta que reemplazar a líderes caídos es un proceso lento y difícil.

¿Cómo podemos evitar caer? Primero, debemos tener cuidado de no enfatizar los dones de un líder por encima de su carácter. Tenemos una mala tendencia de ver y recompensar al don más que al carácter; ambos deben ser desarrollados. Debemos lograr el siguiente balance si deseamos acabar bien:

LO QUE SOY	LO QUE HAGO	LO QUE GANO
Humilde	Apoyarme en Dios	Poder de Dios
Visionario	Poner metas	Una moralidad superior
Con convicción	Hacer lo correcto	Credibilidad

La Biblia de liderazgo con notas de John C. Maxwell

No fue algo natural

Y aquel varón Moisés era muy manso, más que todos los hombres que había sobre la tierra.

NÚMEROS 12.3

¿Qué palabras vienen a tu mente cuando piensas en grandes líderes? Dudo, que la palabra "manso" aparezca al principio de tu lista. Sin embargo, esa es, precisamente, la palabra que Dios usó para describir a Moisés.

Moisés tenía varias razones para ser humilde. Él no era un líder por naturaleza. Las Escrituras no nos indican en nada que él atrajera o dirigiera a nadie durante sus primeros 80 años de vida. Por lo que sabemos, su primer intento de ejercer influencia para ayudar a la gente terminó en el asesinato de un egipcio, por lo que tuvo que huir del país. Los siguientes 40 años que Moisés pasó en el exilio en el desierto de Madián, fueron tan poco memorables que las Escrituras los resumen en tres versículos (Ex. 2.21-23).

Para que seas un gran líder, no tienes que ser dotado de ello «por naturaleza», simplemente necesitas un corazón dispuesto para Dios y un espíritu que tenga deseo de aprender. La mayoría de los grandes líderes en las Escrituras se hicieron, no nacieron. Afortunadamente para nosotros, Dios sigue desarrollando grandes líderes. ¿Puedes ser uno de ellos?

La Biblia de liderazgo con notas de John C. Maxwell

Honra a cada integrante
del equipo

Y a aquellos del cuerpo que nos parecen menos dignos,
a éstos vestimos más dignamente.

1 CORINTIOS 12.23

Los que forman equipos triunfadores nunca olvidan que cada persona en un equipo tiene una función que desempeñar, y cada función contribuye al cuadro completo. Uno de los mejores ejemplos de esto tiene que ver con Winston Churchill. Se cuenta que durante la Segunda Guerra Mundial, cuando Gran Bretaña estaba pasando por los días más oscuros, el país tenía serias dificultades en mantener a sus hombres trabajando en las minas de carbón. Muchos querían abandonar sus sucios e ingratos trabajos en las peligrosas minas para unirse a las fuerzas armadas donde podrían tener más reconocimiento público y apoyo. Pero sin carbón, los soldados y la gente en sus casas tendrían serias dificultades. Por eso un día el primer ministro enfrentó a miles de mineros del carbón y les habló de la importancia de su contribución al esfuerzo de la guerra, de cómo sus esfuerzos podrían hacer que la meta de mantener a Inglaterra libre se alcanzara o no.

Dicho lo anterior, las lágrimas empezaron a correr por las mejillas de aquellos hombres endurecidos por el trabajo. Y volvieron a sus poco brillantes trabajos con resolución firme. Esa es la clase de disposición mental que se requiere para establecer un equipo.

Las 17 leyes incuestionables del trabajo en equipo

Yo primero

El que quiera hacerse grande entre vosotros será vuestro
servidor, y el que de vosotros quiera ser el primero, será
siervo de todos.
MARCOS 10. 43-44

La gente siempre proyecta en el exterior la forma en que se sienten en el interior. ¿Has interactuado alguna vez con alguien por primera vez y has sospechado que su actitud era mala, sin embargo, no pudiste señalar exactamente lo que estaba mal? Te comunicaré cinco malas actitudes comunes que arruinan un equipo para que puedas reconocerlas por lo que son cuando las veas:

Una incapacidad de admitir que han obrado mal
Falla en perdonar
Envidia
La enfermedad del yo
Un espíritu crítico
Un deseo de acaparar todo el crédito

Seguramente existen otras malas actitudes que no he nombrado, pero mi intención no es enumerar cada una sino solamente las cinco más comunes. En una palabra, las malas actitudes son consecuencia del egoísmo. Si uno de tus compañeros de equipo aplasta a otros, sabotea el trabajo conjunto, o se cree más importante que el equipo, entonces puedes estar seguro de que has encontrado a alguien con una mala actitud.

Las 17 leyes incuestionables del trabajo en equipo

El doctor está trabajando

Confía en Jehová, y haz el bien;
Y habitarás en la tierra, y te apacentarás de la verdad.
Deléitate asimismo en Jehová,
Y él te concederá las peticiones de tu corazón.
Encomienda a Jehová tu camino,
Y confía en él; y él hará.
Exhibirá tu justicia como la luz,
Y tu derecho como el mediodía.
Guarda silencio ante Jehová, y espera en él.
No te alteres con motivo del que prospera en su camino,
Por el hombre que hace maldades.
Deja la ira, y desecha el enojo;
No te excites en manera alguna a hacer lo malo.
Porque los malignos serán destruidos,
Pero los que esperan en Jehová, ellos heredarán la tierra.

SALMO 37.3-9

¿Alguna vez has sentido que necesitas un terapeuta? Si es así, el salmo 37 es para ti. David lo escribe como un consejero, proveyendo sabios consejos que tomar cuando uno enfrenta la crisis y las decisiones. Sea que sientas la presión de la competencia o la compulsión de actuar, haz una pausa y recuerda las promesas de este pasaje. David trae una perspectiva eterna y una visión a largo plazo que previene los errores en las decisiones a corto plazo.

La Biblia de liderazgo con notas de John C. Maxwell

Guiando detrás de las cámaras

Mas tuve por necesario enviaros a Epafrodito,
mi hermano y colaborador y compañero de milicia,
vuestro mensajero, y ministrador de mis necesidades;
porque él tenía gran deseo de veros a todos vosotros,
y gravemente se angustió porque habíais oído que
había enfermado. Pues en verdad estuvo enfermo,
a punto de morir; pero Dios tuvo misericordia de él,
y no solamente de él, sino también de mí,...
Así que le envío con mayor solicitud, para que al
verle de nuevo, os gocéis, y yo esté con menos tristeza.
Recibidle, pues, en el Señor, con todo gozo, y tened
en estima a los que son como él; porque por la obra de
Cristo estuvo próximo a la muerte, exponiendo su vida
para suplir lo que faltaba en vuestro servicio por mí.

FILIPENSES 2.25-30

Epafrodito nunca fue tan famoso como David o Pablo, más bien se mantuvo al margen, aún cuando él tuvo un papel vital en el reino. Él era un «don nadie» que se convirtió en un «alguien» para Pablo. Nota como Pablo lo describe:

Ama a la gente- ministro.

Se arriesga- camarada.

Trabaja incansablemente- compañero de trabajo.

Líder siervo- mensajero

La Biblia de liderazgo con notas de John C. Maxwell

DESIGUALDAD DE INFLUENCIA

Y todos los que le oían estaban atónitos…
Pero Saulo mucho más se esforzaba,
y confundía a los judíos que moraban en Damasco,
demostrando que Jesús era el Cristo.
Pasados muchos días, los judíos
resolvieron en consejo matarle.

HECHOS 9.21-23

La influencia es algo curioso. Aunque impactamos a casi todos los que nos rodean, no tenemos el mismo nivel con todas las personas. Para ver este principio en acción, trata de ordenarle algo al perro de tu mejor amigo la próxima vez que lo visites.

Quizás no hayas pensado mucho en ello, pero tal vez sepas instintivamente a cuáles personas influyes mucho y a cuáles no. Uno podría pensar que todas tus ideas son inspiradas. Otro podría percibir todo lo que tú dices con escepticismo. Pero a esa misma persona escéptica le podría encantar cada idea presentada por tu jefe o uno de tus colegas. Eso simplemente muestra que tu influencia con ella podría no ser tan fuerte.

Seamos personas de influencia

QUE LO IMPORTANTE SIGA SIENDO LO IMPORTANTE

Y amarás a Jehová tu Dios de todo tu corazón,
y de toda tu alma, y con todas tus fuerzas.
Y estas palabras que yo te mando hoy, estarán
sobre tu corazón; y las repetirás a tus hijos,
y hablarás de ellas estando en tu casa, y andando
por el camino, y al acostarte, y cuando te levantes.

DEUTERONOMIO 6.5-7

Un viejo dicho dice: «el trabajo de un líder es hacer que lo importante siga siendo lo importante». Moisés intenta esto en Deuteronomio 6 al recordarles a los israelitas que su existencia reside en amar a Dios. También les dice a los líderes de las familias como inculcar la verdad a sus hijos. Reggie Joiner observa los principios que Moisés desarrolla:

1. Las relaciones vienen antes que las reglas.
2. La verdad debe estar en ti antes que en ellos.
3. Cada día ofrece oportunidades naturales para la enseñanza.
4. La repetición es el mejor amigo del maestro.

Aprovecha todas estas oportunidades. Decide sobre qué asuntos vas a hablar y haz preguntas. Ora acerca de tus prioridades.

La Biblia de liderazgo con notas de John C. Maxwell

LEVANTA TU TOPE

Cuando los justos dominan, el pueblo se alegra; mas cuando domina el impío, el pueblo gime.

PROVERBIOS 29.2

El buen éxito está al alcance de casi todo el mundo. Pero también creo que el éxito personal sin capacidad de liderazgo sólo produce una eficacia limitada. El impacto de una persona representa sólo una fracción de lo que podría ser si ésta tuviese un buen liderazgo. Cuanto más alto desees escalar, tanto más necesitas el liderazgo. Cuanto más alto sea el impacto que deseas causar, tanto mayor influencia necesitarás. Lo que alcances estará restringido por tu capacidad de dirigir a otros.

La capacidad de liderazgo es el tope que determina el nivel de eficacia de una persona. Cuanto menor es la capacidad de dirigir de un individuo, tanto más bajo está el tope de su potencial. Cuanto más alto esté tu nivel de liderazgo, tanto mayor es tu eficacia. Tu capacidad de liderazgo —para bien o para mal— siempre determina tu eficacia y el impacto potencial de tu organización. Para alcanzar el nivel más alto de eficacia, debes elevar el tope de tu habilidad de liderazgo. La buena noticia es que lo puedes hacer- si estás dispuesto a pagar el precio por cambiar.

Las 21 leyes irrefutables del liderazgo

EL VALOR DE LA VISIÓN

Sin profecía el pueblo se desenfrena.

PROVERBIOS 29.18

¿Has sido alguna vez parte de un equipo que no parecía mostrar algún progreso? Tal vez el grupo estaba lleno de talento, recursos y oportunidades, y sus miembros se llevaban bien, ¡pero sencillamente *no iban* a ninguna parte! Si ese ha sido tu caso, hay una gran posibilidad de que la situación fuera ocasionada por la falta de visión.

Una gran visión antecede a un gran logro. Todo equipo necesita una visión impulsora que le dé dirección. Un equipo sin visión es en el peor de los casos, un equipo sin propósito y en el mejor de los casos, solamente un equipo sujeto a la agenda personal y a veces egoísta de uno o más jugadores del equipo.

El escritor Ezra Earl Jones señala: «Los líderes no tienen que ser los más grandes visionarios. La visión puede venir de cualquiera. Sin embargo, los líderes deben plantear la visión. También deben mantenerla ante las personas y recordarles el progreso que se está haciendo en el logro de la visión. De otra manera las personas podrían suponer que están fallando y renunciar».

Si diriges un equipo, entonces eres responsable de identificar una visión respetable y convincente, y de expresarla a tus integrantes.

Las 17 leyes incuestionables del trabajo en equipo

Tiempo de examen

*Y extendió Abraham su mano y tomó
el cuchillo para degollar a su hijo.
Entonces el ángel de Jehová le dio voces desde el cielo.*

Génesis 22.10-11

¿Sabías que Dios permite pruebas que son para medir el progreso y probar los cimientos de aquellos a quienes Él llama a dirigir? Génesis 22 empieza con una prueba divina. Dios le dice a Abraham que suba al monte Moriah y sacrifique a su hijo amado. Dios sabía que si Abraham decidía ceder a Isaac, eso significaba que él estaría dispuesto a hacer cualquier cosa que Él le pidiera y por consiguiente sería un excelente candidato para convertirse en el padre del pueblo hebreo.

Las pruebas de liderazgo son diferentes para cada persona pero todas tienen algunas cosas en común:

1. Los líderes son probados en cada etapa de su desarrollo.
2. El objetivo de los líderes es pasar la prueba.
3. La prueba siempre precede a la promoción.
4. La promoción personal o la promoción por medio de otros nunca remplazará a la promoción divina.
5. La promoción requiere de sacrificio.

Aún cuando la prueba de Abraham presagiaba lo que Dios iba a hacer con Su Único Hijo miles de años después; también era una prueba de liderazgo.

¿Cuándo fue la última vez que Dios te probó? Si no estás siendo probado, entonces no estás avanzando.

La Biblia de liderazgo con notas de John C. Maxwell

VALORA LOS VALORES

Para que temas a Jehová tu Dios,
guardando todos sus estatutos y sus mandamientos.
Deuteronomio 6.2

Aunque algunos miembros de un equipo no comparten experiencias comunes o no tienen relaciones personales mutuas, poseen sin embargo una coherencia que define la magnitud del equipo. Lo que se necesita es una visión común y compartir los valores. Si todos adoptan los mismos valores, los miembros del equipo pueden incluso tener una conexión de unos con otros y con el equipo mayor.

Si en realidad nunca has pensado en cómo los valores del equipo pueden revelar la identidad del mismo e incrementar su potencial, pasa con tu equipo por el siguiente proceso:

• Expresa los valores.
• Compara valores con prácticas.
• Enseña los valores.
• Practica los valores.
• Institucionaliza los valores.
• Alaba públicamente los valores.

Si eres el líder de tu equipo, y no trabajas en ayudar a que el equipo adopte los valores que sabes que son importantes, los miembros del grupo crearán una identidad de su elección.

Las 17 leyes incuestionables del trabajo en equipo

PREPARA A TU GENTE PARA EL FUTURO

*Por lo demás, hermanos míos, fortaleceos en el Señor,
y en el poder de su fuerza. Vestíos de toda
la armadura de Dios, para que podáis estar
firmes contra las asechanzas del diablo.*

EFESIOS 6.10-11

Al igual que cualquier buen líder, Pablo previene al final de su carta acerca de los tiempos difíciles que su gente va a enfrentar. Ellos tienen como enemigo a Satanás mismo y él hará todo lo que sea posible para detener su progreso.

En vez de andar deprimido por la situación, Pablo presenta un plan específico para sus amigos efesios. No deben luchar con sus propias fuerzas, sino recordar que sólo Dios puede vencer al enemigo. Pablo entonces instruye a sus lectores para que se pongan la armadura de Dios, y así prevalecer. Sirviendo como un soldado bajo el mando de Dios, Pablo les envía órdenes a sus tropas.

Cuando los líderes practican la ley de la intuición, ellos le proveen a su gente:

• Una estrategia para ganar.
• El conocimiento de la oposición.
• Los recursos que necesitan.
• Un plan sobre cómo usarlos.
• Una comunicación detallada.

La Biblia de liderazgo con notas de John C. Maxwell

BUSCA A DIOS CUANDO
ESTABLEZCAS TUS METAS

Muchos buscan el favor del príncipe;
Mas de Jehová viene el juicio de cada uno.
PROVERBIOS 29.26

Es asombrosa la cantidad de personas que carecen de un firme sentido de propósito. La escritora Catherine Anne Porter, ganadora del premio Pulitzer, comentó: «Estoy aterrada por la carencia de objetivos con que vive la mayoría de las personas. El cincuenta por ciento no presta atención al rumbo que lleva; el cuarenta por ciento está indeciso e irá en cualquier dirección. Solo el diez por ciento sabe lo que quiere y ni siquiera todos ellos lo persiguen».

Las metas te dan algo concreto para enfocarte, y eso tiene un impacto positivo en tus acciones. Las metas te ayudan a enfocar tu atención en tu propósito y, ese propósito se convierte en una aspiración dominante. Como dijo el filósofo y poeta Ralph Waldo Emerson: «El mundo le abre camino al hombre que sabe hacia donde se dirige».

Usa las siguientes directrices para mantener las metas en la mira. Las metas deben ser:

- *Escritas*
- *Personales*
- *Específicas*
- *Alcanzables*
- *Medibles*
- *Sensibles al tiempo*

El mapa para alcanzar el éxito

LO QUE ERES DETERMINA
A QUIEN ATRAES

Después se levantó y fue tras Elías, y le servía.

1 REYES 19.21

Los líderes efectivos están siempre en busca de buenos elementos humanos. Lo creas o no, la persona que contrates no se determina por lo que quieres, sino por quién eres. En la mayoría de las situaciones, tú atraes gente que posee las mismas cualidades que tú tienes.

¿Qué fue lo que hizo que Elías atrajera gente que quisiera estar a su lado? La respuesta: La persona que se siente atraída por ti, lo hace a causa de tu forma de ser.

1. Cada líder tiene una medida de magnetismo.
2. El magnetismo de un líder puede impactar a otros de forma intelectual, emocional y espontánea.
3. El magnetismo en sí mismo no es ni malo ni bueno. Depende de lo que el líder haga con él.
4. Los líderes seguros de sí mismos atraen hacia ellos seguidores similares y complementarios.
5. El magnetismo de un líder nunca se mantiene estático.

Es posible que un líder reclute gente que no tiene ninguna afinidad con él, pero es sumamente crucial reconocer que la gente que piensa diferente no va a ser atraída a él de forma natural. Su calidad depende de ti. Si piensas que la gente que atraes podría ser mejor, entonces es momento de que tú mejores.

La Biblia de liderazgo con notas de John C. Maxwell

PAGA AHORA, JUEGA DESPUÉS

Entrad por la puerta estrecha; porque ancha es la puerta,
y espacioso el camino que lleva a la perdición, y muchos
son los que entran por ella; porque estrecha es la puerta, y
angosto el camino que lleva a la vida, y pocos son los que
la hallan.

MATEO 7.13-14

Los grandes líderes tienen siempre autodisciplina. Así como lo dijo el general Dwight D. Eisenhower: «No hay victorias a precio de ganga».

Cuando de autodisciplina se trata, las personas eligen uno de dos caminos: el dolor de la disciplina que llega del sacrificio y del crecimiento o el dolor del arrepentimiento que viene de la manera fácil y de las oportunidades perdidas. Cada persona elige.

Existen dos aspectos de la autodisciplina que debemos buscar en los líderes potenciales. El primero es en las emociones. Los líderes eficaces reconocen que sus reacciones emocionales son responsabilidad propia. El segundo aspecto se relaciona con el tiempo. A cada persona del planeta se le adjudica la misma cantidad de minutos en un día. No obstante, el nivel de autodisciplina de cada uno dictamina cuán eficazmente se usan esos minutos. Las personas disciplinadas maximizan el uso de su tiempo.

Desarrolle los líderes que están alrededor de usted

LOS LÍDERES TIENEN ALGO
QUE APRENDER

Y Naamán se fue enojado, diciendo: He aquí yo decía
para mí: Saldrá él luego, y estando en pie invocará el
nombre de Jehová su Dios, y alzará su mano y tocará el
lugar, y sanará la lepra.

2 REYES 5.11

Naamán se había ganado el aprecio y el respeto
de su rey. Sin embargo con toda su fuerza y
poderío, Naamán sufrió la terrible enfermedad de la
lepra. Cuando su rey supo que un profeta hebreo
llamado Eliseo podría ayudarle, envió a Naamán con
grandes expectativas.

Pero en lugar de una reunión impresionante con el
profeta, Naamán recibió instrucciones por parte de un
mensajero para qué se lavara siete veces en el río Jordán.
Esto hizo que Naamán se enfurecieran y rehusara seguir
la prescripción. Él luchó con el orgullo, las expectativas
falsas y la inflexibilidad, al igual que muchos líderes en
la actualidad.

No obstante siendo un líder fuerte, Naamán se
había rodeado de individuos que podían hablarle y estar
en desacuerdo con él; y su círculo íntimo le dio un buen
consejo. Naamán cambió su manera de pensar, siguió
las directrices del profeta y fue curado. Los líderes que
se mantienen dispuestos a aprender reciben bendiciones
continuas.

La Biblia de liderazgo con notas de John C. Maxwell

GUÍA EL CAMINO

*Te haré entender, y te enseñaré el camino en que debes
andar;
Sobre ti fijaré mis ojos.*

SALMO 32.8

Dios no espera que los líderes sean perfectos, pero sí que sean completos. Tener integridad significa estar completo, al igual que un número entero (un «íntegro»). A pesar de sus debilidades humanas, los líderes pueden guiar efectivamente a aquellos que los siguen.

La Escritura nos recuerda que los líderes deben observar cuidadosamente al rebaño y ver sus necesidades y sus problemas. Dios espera que los líderes espirituales sirvan de guía. Un guía lleva con seguridad a una persona o grupo a un destino planeado. Las palabras hebreas para «guías» nos dan varias pistas de lo que Dios espera de aquellos que Él utiliza como líderes:

Un guía es la cabeza espiritual que une y dirige al pueblo en su caminar con Dios.

Un guía lleva al pueblo por el sendero recto que lleva a la comunión con Dios.

Un guía da un consejo correcto y que refleja a Dios a esos que lo necesitan.

Un guía dirige con gentileza y confianza, haciendo que los demás se sientan seguros.

Un guía basa su dirección en el Espíritu y la palabra de Dios.

La Biblia de liderazgo con notas de John C. Maxwell

EL DESARROLLO DEL LIDERAZGO
NO ES EN SÍ UNA REALIZACIÓN

No es de los reyes, oh Lemuel,
no es de los reyes beber vino,
Ni de los príncipes la sidra; no sea que
bebiendo olviden la ley,
Y perviertan el derecho de todos los afligidos.

PROVERBIOS 31.4-5

A fines de la década del sesenta y a principio de la del setenta, la gente comenzó a hablar de «encontrarse a sí mismos», queriendo decir que buscaban un camino hacia una plena realización personal. Esto es como hacer de la felicidad una meta pues la realización personal se relaciona con sentirse bien.

Pero el desarrollo personal es diferente. Es cierto que gran parte del tiempo le hará sentirse bien, pero ese es un beneficio marginal, no la meta. El desarrollo personal es un llamado superior; es el desarrollo de su potencial de modo que pueda alcanzar el propósito para el cual fue creado. Hay momentos en que esto es realización, pero hay otros en que no lo es. No importa cómo se sienta, el desarrollo personal tiene siempre un efecto: le lleva hacia su destino. El Rabino Samuel M. Silver enseñaba que «el más grande de todos los milagros es que no necesitamos ser mañana lo que somos hoy, pero podemos mejorar si usamos el potencial que Dios ha puesto en nosotros».

El mapa para alcanzar el éxito

DOBLE VISIÓN

Acontecerá que si oyeres atentamente la voz
de Jehová tu Dios, para guardar y poner por
obra todos sus mandamientos que yo te prescribo hoy,
también Jehová tu Dios te exaltará sobre todas las
naciones de la tierra... Pero acontecerá, si no
oyeres la voz de Jehová tu Dios, para procurar
cumplir todos sus mandamientos y sus estatutos
que yo te intimo hoy, que vendrán sobre ti todas
estas maldiciones, y te alcanzarán.

DEUTERONOMIO 28.1,15

La visión que Moisés dio a la nueva generación de los israelitas era muy diferente de cualquier cosa que la mayoría de los líderes les había comunicado antes: él les dio una visión de lo que la vida sería si el pueblo obedecía a Dios por completo. Pero Moisés también dio una visión de cómo sería la vida si no obedecían. Muchos líderes no hacen esto. De allí en adelante, el pueblo pudo ver claramente las bendiciones de la obediencia y las maldiciones de la desobediencia.

Ese es el poder de una visión, desde los dos ángulos. Tal visión le ayuda a la gente a saber lo que harán ya que tienen en su mente cuál será el final.

La Biblia de liderazgo con notas de John C. Maxwell

JUNIO

*Como líder, tu comunicación
da el tono para la interacción
entre tu gente.*

No intentes volar solo

Mejores son dos que uno… y cordón de tres
dobleces no se rompe pronto.

ECLESIASTÉS 4.9,12

Por más que admiremos a los triunfadores solitarios, la verdad es que nadie ha podido hacer solo algo de valor. La creencia que una persona sola puede hacer algo grande es un mito. Daniel Boone tenía el apoyo de la gente de la Compañía Transilvania mientras se lucía en los caminos solitarios. El jefe Wyatt Earp tuvo a sus dos hermanos y al Doc Holiday velando por él. El aviador Charles Lindbergh tenía el respaldo de nueve comerciantes de St. Louis y los servicios de la Compañía Aeronáutica Ryan que construyó su aeroplano. Incluso Albert Einstein, el científico, no trabajó en aislamiento. La historia de los Estados Unidos, como la de los demás países, está marcada por los logros de muchos dirigentes firmes y personas innovadoras que se arriesgaron. Pero esas personas siempre fueron parte de un equipo.

Un proverbio chino dice que «detrás de un hombre talentoso, siempre hay otro hombre talentoso». La verdad es que en el corazón de toda gran conquista hay un equipo. Uno es demasiado pequeño como para pretender hacer grandes cosas. Solo, tú no puedes hacer nada *realmente* importante.

Las 17 leyes incuestionables del trabajo en equipo

La ventaja más grande

*Después oí la voz del Señor, que decía: ¿A quién enviaré,
y quién irá por nosotros? Entonces respondí yo: Heme
aquí, envíame a mí.*

ISAÍAS 6.8

Los equipos siempre están buscando una ventaja.
Estoy seguro que lo has visto: los comercios
invierten en la tecnología más reciente, esperando
mejorar su productividad. Las compañías despiden a sus
agencias de publicidad y contratan una nueva para
lanzar una campaña. Las corporaciones desechan las
últimas novedades en sistemas administrativos como los
surfistas de canales de televisión desechan los programas
repetidos. Todo el mundo anda en busca de la fórmula
mágica que lo llevará al éxito. Mientras más competitivo
es el mercado, más implacable es la búsqueda.

¿Cuál es la clave del éxito? Un equipo necesita todo
eso para triunfar, pero aun necesita algo más: Liderazgo.
Creo que:

El personal determina el potencial del equipo.

La visión determina la dirección del equipo.

El trabajo ético determina la preparación del equipo.

El liderazgo determina el éxito del equipo.

Todo surge y todo cae en el liderazgo. Si un equipo
tiene un gran liderazgo, entonces puede obtener todo lo
que necesita para subir al más alto nivel.

Las 17 leyes incuestionables del trabajo en equipo

EL PUNTO DÉBIL

Pero los hijos de Israel cometieron una prevaricación en
cuanto al anatema; porque Acán... tomó del anatema;
y la ira de Jehová se encendió contra los hijos de Israel.
JOSUÉ 7.1

Después de una increíble victoria sobre Jericó,
Acán, un soldado israelita, escogió desobedecer
las directivas claras acerca de los tesoros que habían sido
capturados en la guerra. Josué les dijo a sus hombres que
todo el botín de Jericó sería considerado «consagrado»
para el tesoro de Dios. Acán desafió las órdenes de Josué
tomando una parte del botín y escondiéndolo en su
tienda.

En un acto de juicio severo, Acán, su familia
completa, su ganado y sus pertenencias fueron
destruidos por completo. Con este acto temerario, Josué
determinó seguir a Dios y remover a aquellos que
obstruyeran la obra de Dios.

La historia de Acán ilustra el principio de que los
líderes pueden volverse vulnerables una vez que
alcancen el éxito. Aún cuando puede ser muy difícil, los
líderes deben dar pasos apropiados para deshacerse de
aquellos que bloquean las bendiciones y la obra de Dios.
Cuando un miembro del equipo compromete un valor
principal, el efecto reflejo de su acción puede hacer
daño a muchos otros. Los líderes que reflejan a Dios
deben detener las goteras antes de que se conviertan en
una inundación.

La Biblia de liderazgo con notas de John C. Maxwell

LOS LÍDERES HABLAN PARA TRANSFORMAR, NO SOLO PARA INFORMAR

*Entonces Agripa dijo a Pablo: Se te permite hablar por ti
mismo. Pablo entonces, extendiendo la mano,
comenzó así su defensa: Me tengo por dichoso,
oh rey Agripa, de que haya de defenderme hoy delante
de ti de todas las cosas de que soy acusado por los judíos.
Mayormente porque tú conoces todas las costumbres
y cuestiones que hay entre los judíos; por lo cual
te ruego que me oigas con paciencia.*

HECHOS 26.1-3

En un discurso convincente en la corte, Pablo se
dirige al rey Agripa. Intenta comprender la
estrategia de Pablo. Él creía que la mejor defensa es ir a
la ofensiva y por poco convierte al rey Agripa. Observa
cómo este líder intentó persuadir a su audiencia:

Se mostró relajado y a la vez utilizó gestos animados.

Se humilló para agradecerle al rey por permitirle hablar.

Afirmó el conocimiento y la experiencia del rey.

Se identificó con la oposición que ellos tenían de la
vida que el ahora abrazaba.

Describió sus motivos como puros y constructivos.

Explicó que su obediencia a Dios traía persecución.

Los desafió con hechos razonables y verificables.

Les exhortó para que obedecieran a Dios.

La Biblia de liderazgo con notas de John C. Maxwell

CAMBIO DE MÁS

Misericordia y verdad guardan al rey,
Y con clemencia se sustenta su trono.

PROVERBIOS 20.28

La historia de los éxitos y fracasos de un líder marca una gran diferencia en su credibilidad. Es como obtener y gastar el cambio o dinero menudo de su bolsillo. Cada vez que toma una buena decisión como líder, obtiene cambio que guarda en su bolsillo. Cada vez que toma una mala decisión, debe pagar a su gente parte de su cambio.

Cada líder lleva cierta cantidad de cambio en su bolsillo cuando comienza una nueva posición de liderazgo. Desde ese momento, o acumula cambio, o lo paga. Si toma una mala decisión tras otra, se mantiene pagando. Entonces un día, después de tomar una última mala decisión, introduce su mano en su bolsillo y se da cuenta de que no le queda más cambio. El error puede haber sido garrafal o pequeño; pero cuando se le acaba el cambio, su liderazgo termina.

Un líder que toma buenas decisiones y se mantiene registrando victorias para su organización acumula cambio. Y aunque cometa un error garrafal, sigue teniendo mucho cambio porque todavía tiene la confianza de su gente.

Las 21 leyes irrefutables del liderazgo

ELIGE EL LOGRO ANTES
QUE LA AFIRMACIÓN

Y teniendo comezón de oír, se amontonarán maestros
conforme a sus propias concupiscencias.

2 TIMOTEO 4.3

Si quieres impactar con tu vida, tienes que cambiar los elogios que te gustaría recibir de los demás por cosas de valor que tú puedes realizar.

En una ocasión, un amigo me explicó algo que ilustra muy bien este concepto. Me contó que a medida que pescaban los cangrejos los echaban en un canasto o en un balde. Me contó que si tienes un cangrejo en el canasto necesitas taparlo para que no se salga, pero si tienes dos o más, no es necesario. Cuando hay varios cangrejos, unos se paran encima de los otros de modo que ninguno logra escapar.

He descubierto que la gente sin éxito actúa de la misma manera. Hacen todo tipo de cosas para impedir que otros tomen la delantera. Pero la buena noticia es que si la gente trata de hacer esto, tú no tienes porqué entrar en su juego. Puedes quedarte fuera del canasto negándote a ser un cangrejo.

El mapa para alcanzar el éxito

LOS LÍDERES SON ADMINISTRADORES DE DONES

De manera que, teniendo diferentes dones, según la gracia que nos es dada, … úsese conforme a la medida de la fe.

ROMANOS 12.6

Pablo describe siete dones espirituales, distribuidos a miembros diferentes en el cuerpo de Cristo. Y cada creyente es un mayordomo de las capacidades que se le han dado. Cada líder es un administrador cuyo objetivo debe ser extender al máximo los dones de los demás.

Los dones en Romanos 12 son llamados comúnmente «dones motivadores», lo cual significa que son centrales en nuestra vida. La lista de los dones de Pablo incluye:

Profecía: desafiar a los demás declarando la verdad de Dios e incitándolos a actuar.

Servicio o ministerio: servir y resolver las necesidades de los demás.

Enseñanza: explicar la verdad para qué otros puedan comprenderla y aplicarla.

Exhortación: animar, fortalecer e inspirar a los demás para que sean lo mejor.

Dar: compartir generosamente lo que Dios nos ha dado.

Liderazgo: gobernar y supervisar a los demás de tal forma que el grupo camine hacia delante.

Misericordia: sentir empatía, animar y mostrar compasión por aquellos que sufren.

La Biblia de liderazgo con notas de John C. Maxwell

En manos del artista

Ahora pues, Jehová, tú eres nuestro padre; nosotros barro,
y tú el que nos formaste; así que obra de tus manos somos
todos nosotros.

Isaías 64.8

Un artista inglés llamado William Wolcott fue a Nueva York en 1924 para registrar sus impresiones sobre esa fascinante ciudad. Una mañana andaba de visita en la oficina de un antiguo colega cuando la urgencia de escribir le sobrevino. Al ver papel sobre el escritorio de su amigo, le preguntó: «¿Podrías dármelo?»

Su amigo le respondió: «No es papel para dibujar. Es papel común y corriente para envolver».

Sin querer perder ese destello de inspiración, Wolcott agarró el papel de envolver, y dijo: «Nada es ordinario si se sabe cómo usarlo». En ese papel ordinario Wolcott trazó dos dibujos. Ese mismo año, uno de ellos se vendió por quinientos dólares y el otro por mil, una suma bastante importante en 1924.

Aquellos bajo la influencia de una persona que otorga poder y facultades son como el papel en las manos de un artista talentoso. No importa de qué estén hechos, pueden convertirse en tesoros.

Seamos personas de influencia

¿Dónde está la seguridad?

Cuando salgas a la guerra contra tus enemigos, si vieres caballos y carros, y un pueblo más grande que tú, no tengas temor de ellos, porque Jehová tu Dios está contigo, el cual te sacó de tierra de Egipto.

Deuteronomio 20.1

Siempre es bueno tener un plan de batalla si intentas dirigir a un ejército a la guerra. Moisés poseía un plan para el ejército de Israel, un conjunto de instrucciones que venían directamente desde arriba, del mismo general. Imagina la confianza que un comandante puede inculcar en sus tropas cuando sabe que no va a perder. Esa fue la clase de garantía que Dios le dio a Moisés y al pueblo de Israel. Dios les aseguró que no tenían nada que temer, siempre y cuando recordarán que Él estaría con ellos.

Los líderes cristianos de la actualidad pueden estar seguros de la misma promesa que le dio ánimo a Moisés: «porque Jehová vuestro Dios va con vosotros, para pelear por vosotros contra vuestros enemigos, para salvaros» (Deuteronomio 20.4). Dios nos da la misma palabra que le dio Moisés: «No temas».

La Biblia de liderazgo con notas de John C. Maxwell

Siembra una semilla, cambia una vida

Y acercándose, vendó sus heridas, echándoles aceite y vino; y poniéndole en su cabalgadura, lo llevó al mesón, y cuidó de él. Otro día al partir, sacó dos denarios, y los dio al mesonero, y le dijo: Cuídamele; y todo lo que gastes de más, yo te lo pagaré cuando regrese.

LUCAS 10.34-35

Se ha dicho que nos ganamos la vida con lo que recibimos, pero hacemos la vida con lo que damos. Ayudar a otros es algo que puedes hacer en tu propia nación, sea pasando más tiempo con tu familia, ayudando al desarrollo de un empleado que muestra potencial, ayudando a personas en tu comunidad, o posponiendo tus deseos por amor a tu equipo de trabajo. La clave es encontrar tu propósito y ayudar a otros mientras procuras cumplirlo. El animador Danny Thomas insistía en que «todos hemos nacido por una razón, pero no todos descubrimos el porqué. El éxito en la vida nada tiene que ver con lo que ganas en ella o logras para ti. Es lo que haces por los demás».

El mapa para alcanzar el éxito

AYUDA A LOS QUE TE
HAN AYUDADO

*El mismo día, el rey Asuero dio a la reina Ester la casa de
Amán enemigo de los judíos; y Mardoqueo vino delante
del rey, porque Ester le declaró lo que él era respecto de
ella. Y se quitó el rey el anillo que recogió de Amán, y lo
dio a Mardoqueo. Y Ester puso a Mardoqueo sobre la
casa de Amán.*

ESTER 8.1-2

Mardoqueo protegió al rey dos veces de líderes
destructivos. Primero, de los hombres que
intentaban matar al rey y luego del hombre que
intentaba matar a la reina y a su pueblo. Y dos veces fue
recompensado. Él cosechó los beneficios de un historial
que lo mostraba como un líder confiable. Él demostró
que un líder no puede ser exitoso si las demás personas
no quieren que lo sea.

¿Quién te ha ayudado a que seas más exitoso como
líder? ¿Cómo los has ayudado y recompensado?

La Biblia de liderazgo con notas de John C. Maxwell

CÓMO AÑADIR VALOR A LOS DEMÁS

Y recorrió Jesús toda Galilea, enseñando en las sinagogas de ellos, y predicando el evangelio del reino, y sanando toda enfermedad y toda dolencia en el pueblo.

MATEO 4.23

Cuando la gente piensa en ti, ¿se dice a sí misma: «Mi vida es mejor gracias a esa persona»? Su opinión probablemente responda la pregunta de si estás añadiendo valor a su vida. Para tener éxito como persona, tienes que tratar de ayudar a otros. Eso es por lo que mi amigo Zig Ziglar dice: «Usted podrá llegar a tener en la vida todo lo que desea si ayuda lo suficiente a otros para que ellos lleguen a tener todo lo que desean». ¿Cómo se logra eso? ¿Cómo dejar de preocuparse por uno mismo para empezar a preocuparse por los demás? Puedes hacerlo:

1. Poniendo a los demás primero en tus pensamientos.
2. Descubriendo lo que los demás necesitan.
3. Satisfaciendo la necesidad con excelencia y generosidad.

El lado positivo del fracaso

VASIJAS DE VICTORIA

Entonces clamaron los hijos de Israel a Jehová; y Jehová levantó un libertador a los hijos de Israel y los libró...

JUECES 3.9, 15

Los verdaderos líderes siempre encuentran una forma para hacer que el equipo triunfe. Otoniel, junto con su pueblo, se vieron rodeados de sus enemigos en Mesopotamia. Él dio un paso al frente, dirigió al ejército de Israel en contra de un rey pagano y prevaleció. Su victoria los condujo a cuarenta años de paz. Más adelante, Moab se unió con los amonitas y los amalecitas para atacar a Israel. Los hebreos fueron vencidos y sirvieron a estos enemigos durante dieciocho años. Cuando la gente clamó al Señor, Aod, se levantó y los llevó a la victoria. Hubo paz por ochenta años. Un tercer juez, Samgar, hirió personalmente a 600 filisteos e hizo que su pueblo los conquistara.

¿Qué podemos aprender de esto? El verdadero liderazgo comienza cuando una persona:

1. *Percibe una necesidad-* ve un problema específico.
2. *Posee un don-* tiene la capacidad para resolver la necesidad.
3. *Demuestra una pasión-* presenta una visión que requiere una pasión para actuar.
4. *Persuade a las personas-* atrae a los demás para que se unan a la causa.
5. *Sigue un propósito-* utiliza medidas para lograr el objetivo deseado.

La Biblia de liderazgo con notas de John C. Maxwell

APROBANDO EL EXAMEN DE CONFIANZA

El príncipe falto de entendimiento multiplicará la extorsión;
Mas el que aborrece la avaricia prolongará sus días.

PROVERBIOS 28.16

Hoy la gente necesita líderes desesperadamente, pero desean ser influidos solo por individuos en los que puedan confiar, personas de buen carácter. Si deseas llegar a ser alguien que pueda influir de manera positiva a otros, necesitas:

Un modelo de carácter coherente. La confianza sólida solo puede desarrollarse cuando las personas puedan confiar en ti *todo el tiempo.*

Una comunicación sincera. Para ser cabal, hay que ser como una buena composición musical; tus palabras y tu música tienen que estar unidas.

Valores transparentes. Si eres franco con las personas y reconoces tus debilidades, apreciarán tu sinceridad e integridad. Así podrán relacionarse mejor contigo.

Ser un modelo de integridad. Las personas no confiarán en ti si te ven motivado por el ego, los celos, o te crees superior a ellos.

Demostrar tu apoyo a otros. Nada desarrolla o despliega tu carácter mejor que tu deseo de poner a otros primero.

Cumplir tus promesas. Una manera segura de quebrantar la confianza de otros es no cumplir tus compromisos.

Seamos personas de influencia

¿QUIÉN MANDA AQUÍ?

Siervos, obedeced a vuestros amos terrenales con temor y temblor, con sencillez de vuestro corazón, como a Cristo; no sirviendo al ojo, como los que quieren agradar a los hombres, sino como siervos de Cristo, de corazón haciendo la voluntad de Dios; sirviendo de buena voluntad, como al Señor y no a los hombres, sabiendo que el bien que cada uno hiciere, ése recibirá del Señor, sea siervo o sea libre. Y vosotros, amos, haced con ellos lo mismo, dejando las amenazas, sabiendo que el Señor de ellos y vuestro está en los cielos, y que para él no hay acepción de personas.

EFESIOS 6.5-9

Los principios que Pablo enseñó a los amos y a los esclavos son aplicables en la actualidad para los empleados y para los jefes. Dos veces él declara que no debemos complacer a la gente. No debemos trabajar mientras otros nos miran y luego dejar de hacerlo cuando estamos solos. Debemos hacer un servicio como si estuviéramos trabajando para Dios. No solamente Dios nos mira, sino que también nos recompensa por lo que hacemos. Puede que la gente olvide lo rápido que hiciste tu última tarea, pero se acordarán lo bien que la hiciste. En última instancia, todos trabajamos para nosotros mismos y para Dios.

La Biblia de liderazgo con notas de John C. Maxwell

RECLUTA GENTE QUE APROVECHE LAS OPORTUNIDADES

Cuando llegó a Jerusalén, trataba de juntarse con los discípulos; pero todos le tenían miedo, no creyendo que fuese discípulo. Entonces Bernabé, tomándole, lo trajo a los apóstoles.

HECHOS 9. 26-27

Muchas personas son capaces de ver las oportunidades cuando ya han pasado. Pero ver las oportunidades venir, es un asunto muy distinto. Las oportunidades raras veces traen etiqueta. Por eso tienes que aprender a reconocerlas y cómo aprovecharlas.

Las mejores personas para llevar contigo en el viaje no se sientan en un sillón y esperan que las oportunidades lleguen. Asumen la responsabilidad de salir a su encuentro.

Los buenos líderes potenciales lo saben y tampoco se apoyan en la suerte. Según Walter P. Chrysler, fundador de la corporación automotriz que lleva su nombre: «La razón por la que tantas personas nunca llegan a ninguna parte en la vida es porque cuando llama la oportunidad, ellos se encuentran en el patio buscando tréboles de cuatro hojas».

Pregúntate: De la gente que te rodea, ¿quién parece capaz de reconocer siempre las oportunidades y aprovecharlas? Las personas con esas cualidades son las que probablemente tú querrás llevar en tu viaje al éxito.

El mapa para alcanzar el éxito

CUMPLIENDO UN DESAFÍO
A LA MEDIDA DE DIOS

*Y cuando lo oyeron todos nuestros enemigos, temieron
todas las naciones que estaban alrededor de nosotros,
y se sintieron humillados, y conocieron que por
nuestro Dios había sido hecha esta obra.*

NEHEMÍAS 6.16

La responsabilidad antecede a cualquier otra cosa
en la vida del líder. Ya que Nehemías la tenía y la
extraía de los demás, el pueblo reconstruyó en muro en
53 días a pesar de mucha adversidad. Este gran logro
emocionó tanto a Nehemías que escribió: «cuando
nuestros enemigos supieron y las naciones de alrededor
vieron estas cosas... se desanimaron porque percibieron
que esta obra había sido hecha por nuestro Dios».

Los líderes que completan una tarea poseen estas
características:

Un propósito convincente: hacen un gran
    compromiso para una gran causa.

Una perspectiva clara: no dejan que el temor opaque
    su perspectiva del futuro.

Una oración continua: oran por todo y obtienen el
    favor de Dios.

Una persistencia valerosa: siguen adelante a pesar de
    todo.

Si estás enfrentando un desafío grande, cultiva estas
características para que así tengas la mejor oportunidad
de triunfar.

La Biblia de liderazgo con notas de John C. Maxwell

UNA INVERSIÓN PARA EL FUTURO

Y (David) fue hecho jefe de ellos;

y tuvo consigo como cuatrocientos hombres.

1 SAMUEL 22.2

Creo que la mayoría de las personas reconocen que invertir en un equipo beneficia a todos los que lo conforman. Permíteme hablarte de diez pasos que puedes tomar para invertir en tu equipo:

1. Tomar la decisión de forjar un equipo

2. Preparar el mejor grupo posible

3. Pagar el precio para desarrollar el equipo

4. Hacer cosas juntos como equipo

5. Facultar a los miembros del equipo con responsabilidad y autoridad

6. Dar crédito al equipo por el éxito

7. Velar porque la inversión en el equipo valga la pena

8. Dejar de invertir en jugadores que no crecen

9. Crear nuevas oportunidades para el equipo

10. Dar al equipo la mejor oportunidad posible para triunfar

Una de las cosas extraordinarias acerca de invertir en un equipo es que el esfuerzo casi asegura grandes dividendos, puesto que un equipo puede hacer mucho más que los individuos. Rex Murphy, uno de los asistentes a mis conferencias, me dijo: «Donde hay una voluntad hay un camino; donde hay un equipo hay más de un camino».

Las 17 leyes incuestionables del trabajo en equipo

Cosechando lo que sembraste

*El que da semilla al que siembra, y pan al que come,
proveerá y multiplicará vuestra sementera, y aumentará
los frutos de vuestra justicia, para que estéis enriquecidos
en todo para toda liberalidad, la cual produce por medio
de nosotros acción de gracias a Dios.*

2 Corintios 9.10-11

Pablo utiliza docenas de metáforas a través de 2
Corintios. En el pasaje, él compara la
administración con la agricultura. Al tratar de animar a
la iglesia de Corinto para que dé generosamente a sus
hermanos y hermanas en Jerusalén, él instruye a la
iglesia para que vean sus recursos de la misma forma que
un granjero ve su siembra. Un buen granjero esparce la
semilla liberalmente, tratando de asegurar una buena
cosecha en el otoño. Entre más siembra, más cosecha.
Tú no puedes cosechar lo que no has plantado.

Algunos líderes, como los corintios, ven difícil
invertir recursos porque se ven ellos mismos deficientes,
pensando que sus comodidades se van a acabar. Los
buenos líderes ven esos mismos recursos como la semilla
suficiente para ser sembrada, sabiendo que la cosecha
vendrá y habrá más. Debemos protegernos contra la
pobreza; deberíamos dar nuestra vida porque es
abundante.

La Biblia de liderazgo con notas de John C. Maxwell

TOMA LA DELANTERA

Barac le respondió:
Si tú fueres conmigo, yo iré;
pero si no fueres conmigo, no iré.

JUECES 4.8

La gente sigue a aquellos cuyo liderazgo es respetado. Los que tienen menos habilidades siguen a los que tiene más habilidades. En general, los seguidores buscan a aquellos que sean mejores líderes que ellos mismos.

Los dones de liderazgo de Débora se ganaron el respeto de los hombres y las mujeres por igual, aún cuando algunas mujeres de su época también llegaron a posiciones de liderazgo. Hasta Barac, el comandante militar de las tribus del norte de Israel buscó su ayuda.

Entre mayor sea la habilidad de liderazgo que una persona tiene, más rápidamente se da cuenta si hay o no hay liderazgo en otros. Observa lo que sucede cuando la gente se reúne por primera vez. Los líderes en los grupos inmediatamente toman el mando. Ellos piensan en la dirección en que quieren ir y a quien quieren llevar. Al principio, los individuos pueden intentar moverse en varias direcciones, pero después que la gente se conoce, no pasa mucho tiempo sin que reconozcan quienes son los líderes más fuertes y que los sigan.

La Biblia de liderazgo con notas de John C. Maxwell

COMUNÍCATE BIEN PARA QUE PUEDAS DIRIGIR

Y cuando terminó Jesús estas palabras, la gente se admiraba de su doctrina; porque les enseñaba como quien tiene autoridad, y no como los escribas.

MATEO 7.28-29

John W. Gardner observó: «Si he de nombrar un solo instrumento multiuso de liderazgo, ese es la comunicación». Si tú no puedes comunicarse, no dirigirás con eficacia a otros.

Si diriges tu equipo, obséquiate tres normas para vivirlas mientras te comunicas con tu gente.

Se coherente. Nada frustra más a los miembros del equipo que los líderes no logren organizar sus mentes.

Se claro. Tu equipo no puede obrar si no sabe lo que quieres. No intentes deslumbrar a nadie con tu inteligencia; impresiónalos con tu simple franqueza.

Se cortés. Todos merecen que se les muestre respeto, no importa cuál sea la posición de ellos o qué clase de historia tengas con ellos. Tú estableces un tono para toda la organización si eres amable con tu personal.

No olvides que como líder, tu comunicación pone el tono para la interacción entre tu gente.

Las 17 leyes incuestionables del trabajo en equipo

EL LÍDER GENEROSO

*Cuando haya en medio de ti menesteroso de alguno
de tus hermanos en alguna de tus ciudades, en la tierra
que Jehová tu Dios te da, no endurecerás tu corazón,
ni cerrarás tu mano contra tu hermano pobre,
sino abrirás a él tu mano liberalmente,
y en efecto le prestarás lo que necesite.*

DEUTERONOMIO 15.7-8

Si los grandes líderes se equivocan, lo hacen por
ser muy generosos. A ellos les gusta dar, no
quitar. Se sienten motivados a:

1. *Servir a los demás-* ayudarles a crecer y prosperar.
2. *Resolver los problemas-* que obstaculizan que su
   potencial sea alcanzado.
3. *Realizan causas-* que benefician a la humanidad.

Dios instruye a sus líderes y a la nación entera de
Israel para que imiten su generosidad y su gracia. Al
final de cada siete años, todo israelita debía cancelar las
deudas que sus conciudadanos habían adquirido con
ellos. Si ellos realmente cancelaban sus deudas,
ejemplificaban la gracia y el perdón y cuidaban del
pobre, Dios bendeciría su tierra con cultivos
abundantes y libertad de la invasión. ¡Imagínate!
Simplemente necesitaban confiar que Dios estaba en
control y dejar que Él se ocupara de la lluvia y el sol y
de las épocas de cosecha fructífera.

La Biblia de liderazgo con notas de John C. Maxwell

COMPARTE LA CARGA

Además escoge tú de entre todo el pueblo varones de virtud,…. Ellos juzgarán al pueblo en todo tiempo; y todo asunto grave lo traerán a ti, y ellos juzgarán todo asunto pequeño. Así aliviarás la carga de sobre ti, y la llevarán ellos contigo.

ÉXODO 18.21-22

Es importante ayudar a las personas delegando en ellas. Tú no puedes aventar tareas simplemente sobre los demás si quieres que triunfen. Yo delego de acuerdo con los pasos siguientes:

Pídeles que sean únicamente investigadores: Esto les da la oportunidad de involucrarse y familiarizarse con los procedimientos y objetivos.

Pídeles que hagan sugerencias: Esto los hace pensar y te proporciona una oportunidad de entender el modo de pensar de ellos.

Pídeles que implementen una de sus recomendaciones: Llévalos al éxito, no al fracaso.

Pídeles que tomen sus propias acciones, pero que informen inmediatamente los resultados: Esto les da confianza, y tú estarás en posición de corregir errores si es necesario.

Dales completa autoridad: Este es el paso final, hacia el que has estado trabajando.

Desarrolle los líderes que están alrededor de usted

Algo para cada quién

*Y David dijo: No hagáis eso, hermanos míos,
de lo que nos ha dado Jehová, quien nos ha guardado,
y ha entregado en nuestra mano a los merodeadores
que vinieron contra nosotros. ¿Y quién os escuchará
en este caso? Porque conforme a la parte del que
desciende a la batalla, así ha de ser la parte del
que queda con el bagaje; les tocará parte igual.*

1 Samuel 30.23-24

Cuando algunos «hombres malos y despreciables» sugirieron que los que se habían quedado rezagados no recibieran nada del botín, David resolvió el conflicto declarando que ya que Dios les había dado la victoria, aún aquellos que habían protegido los suministros fueron parte de la victoria y por lo tanto deberían recibir de la misma forma las ganancias.

Estaba claro que David valoraba el compañerismo. ¿Qué fue lo que hizo por su liderazgo este acto de compañerismo?

1. Ayudó para que los demás vieran la contribución que cada hombre había dado.
2. Les recordó que Dios era la fuente de toda buena dádiva.
3. Promovió la buena voluntad en las alianzas potenciales.
4. Hizo que David se preparara para el futuro e hiciera amigos en todo Israel.
5. Desarrolló un valor de beneficio mutuo y de buena fe a escala nacional.

La Biblia de liderazgo con notas de John C. Maxwell

DATE A TI MISMO

Abre tu boca por el mudo
En el juicio de todos los desvalidos.
Abre tu boca, juzga con justicia,
Y defiende la causa del pobre y del menesteroso.

PROVERBIOS 31.8-9

Nada tiene un impacto más positivo que el dar a otros. Las personas con un espíritu dadivoso son las personas más positivas que conozco, porque dar es el más elevado nivel de vida. Ponen su tiempo y energía en lo que pueden dar a otros y no en lo que pueden obtener de ellos. Mientras más da la persona, mejor su actitud.

La mayoría de la gente que no es exitosa no entiende este concepto. Creen que la cantidad que la gente da y su actitud al respecto se basa en lo mucho que tienen. Pero eso no es así. Conozco a muchas personas que tienen muy poco pero son grandes dadores. Y conozco personas que han sido bendecidas con dinero, buena familia y maravillosas carreras que son tacañas y sospechan de los demás. La diferencia no está en lo que tú tienes. Está en lo que haces con lo que tienes. Esto se basa completamente en la actitud.

El mapa para alcanzar el éxito

El padre sabe lo que es mejor

Si anduviereis en mis decretos y guardareis mis
mandamientos, y los pusiereis por obra, yo daré vuestra
lluvia en su tiempo, y la tierra rendirá sus productos, y el
árbol del campo dará su fruto... y andaré entre vosotros, y
yo seré vuestro Dios, y vosotros seréis mi pueblo.

LEVÍTICO 26.3, 4, 12

¿Has notado que las reglas, los estatutos y las leyes siempre traen la tendencia humana de preguntar?: «Pero, ¿por qué?». Muchos de nuestros problemas surgen al ignorar la palabra de Dios cuando pensamos que sus instrucciones no tienen sentido. Moisés nos dice que las reglas y los estatutos que Dios le dio a su pueblo no solamente los mantuvieron limpios y santos ante Él, sino que también los protegieron de la incomodidad, la enfermedad y una muerte inesperada.

En algún sentido, la ley puede percibirse como Dios resolviendo un problema antes de que ocurra. Moisés nos recuerda que Dios sabe lo que es mejor para nosotros y para nuestra relación con Él.

La Biblia de liderazgo con notas de John C. Maxwell

¿NECESITAS UN EMPUJÓN?

Como los repartimientos de las aguas, así está el corazón del rey en la mano de Jehová; a todo lo que quiere lo inclina.

PROVERBIOS 21.1

Todo mejora con un buen liderazgo. Los líderes son impulsadores. Llevan el pensamiento de sus compañeros de equipo más allá de las antiguas fronteras de la creatividad. Elevan el rendimiento de otros, haciéndolos mejores de lo que eran antes. Mejoran la confianza en ellos mismos y entre ellos. Mientras los administradores pueden a menudo mantener un equipo en su nivel corriente, los líderes pueden impulsarlo a un nivel más alto del que nunca ha alcanzado. La clave para eso es trabajar con las personas y hacer surgir lo mejor de ellas. Por ejemplo:

Los líderes cambian posesión por trabajo a aquellos que lo realizan.

Los líderes crean un ambiente donde cada miembro quiere ser responsable.

Los líderes preparan el desarrollo de capacidades personales.

Los líderes aprenden rápidamente y también animan a otros a aprender rápido.

Si tú quieres impulsar a un equipo, entonces bríndale el mejor liderazgo.

Las 17 leyes incuestionables del trabajo en equipo

EL PODER DE OTORGAR
PODERES Y FACULTADES

Y Jesús se acercó y les habló diciendo: Toda potestad me es
dada en el cielo y en la tierra.

MATEO 28.18

La capacidad de otorgar poderes y facultades a otros es una de las claves para el éxito personal y profesional. John Craig señaló: «No importa cuánto trabajo pueda hacer, ni cuán atractiva sea su personalidad, no podrá llegar muy lejos en los negocios si no puede trabajar con otros».

Cuando uno se convierte en una persona que faculta, hace más que trabajar con y a través de las personas. En términos sencillos, el facultar y otorgar poder es dar tu influencia a otros con el fin de que crezcan de manera personal y organizacional. Es ver el potencial de otros para entonces compartir de ti mismo, tu influencia, posición, poder, y oportunidades con otros, con el propósito de invertir en sus vidas para que puedan operar a capacidad total.

El acto de facultar a otros cambia vidas, y una de las mejores cosas al respecto es que es una situación ideal que te favorece a ti y a aquellos a quienes facultas. Si otorgas poder y facultas a los demás dándoles tu autoridad, esto tiene el mismo efecto que comunicar información: No has perdido nada. Has aumentado la capacidad de los demás sin reducir la tuya.

Seamos personas de influencia

EL CORAZÓN DE UN LÍDER POR LOS NO AMADOS

Por lo cual lamentaré con lloro de Jazer por la viña de Sibma; te regaré con mis lágrimas, oh Hesbón y Eleale; porque sobre tus cosechas y sobre tu siega caerá el grito de guerra.

ISAÍAS 16.9

Alguien debió haber olvidado decirle a Isaías que él vivía en los tiempos del Antiguo Testamento. La imagen de la mayoría de los líderes hebreos antiguos es ira y deseo que el juicio justo de Dios caiga sobre los malvados. Y sin embargo, aquí está Isaías, clamando por los paganos de Moab y llorando por los rebeldes de Hesbón.

Isaías demuestra la actitud de un líder piadoso que ve cómo se acerca el juicio para los incrédulos. Él se duele por lo que ha de venir a esas almas perdidas. El lamento de Isaías sobre el destino de esas naciones antiguas revela la actitud de un verdadero líder que refleja a Dios.

Debemos mantenernos en un asombroso silencio cuando vemos el juicio de Dios cayendo sobre aquellos que han olvidado sus caminos. Y nunca debemos ver su juicio como ocasión para celebrar nuestra propia justicia. Debemos lamentar la pérdida y meditar profundamente en la gracia y la misericordia que Dios nos ha dado.

La Biblia de liderazgo con notas de John C. Maxwell

¿CÓMO ESPERAS QUE LOS DEMÁS RESPONDAN?

La muerte y la vida están en poder de la lengua,
Y el que la ama comerá de sus frutos.

PROVERBIOS 18.21

Pocos músculos en el cuerpo tienen más poder que el músculo que tenemos dentro de la boca. Los líderes que comprenden esto pueden aumentar en gran manera su influencia. Muchos han dicho que la cultura estadounidense ha presenciado cuatro estilos de liderazgo desde 1950, cada uno de ellos con diferentes expectativas acerca de cómo los seguidores deben responder:

Comandante militar- Líderes que salieron del ejército y esperaban una obediencia sin cuestionamientos por parte de sus subordinados.

Ejecutivo en jefe- La mayoría de líderes emigraron a un estilo diferente motivados por la visión que fue compartida por los demás. Sin embargo, seguía siendo de arriba a abajo y posiblemente con una perspectiva muy estrecha.

Entrenador- Los líderes se dirigieron hacia un modelo de entrenador donde veían a sus empleados como jugadores de un equipo, esto produjo mucho mejores resultados, pero seguía limitando las posibilidades a la visión del entrenador.

Poeta- En la actualidad, los líderes ven la necesidad de expresar su corazón al equipo, de la misma forma que un poeta describe palabras al corazón de los lectores. Desarrollan personas mediante el ánimo y la dirección, y reconocen el poder de las palabras y las usan sabiamente.

La Biblia de liderazgo con notas de John C. Maxwell

JULIO

El liderazgo es más un arte que una ciencia.
Los principios del liderazgo son constantes,
pero la forma de aplicarlos cambia con
cada líder y con cada situación.

DIRIGE COMO LO HACE UN PASTOR

*Jehová es mi pastor; nada me faltará. En lugares
de delicados pastos me hará descansar; Junto a aguas
de reposo me pastoreará. Confortará mi alma;
Me guiará por sendas de justicia por amor de su
nombre. Aunque ande en valle de sombra de muerte,
No temeré mal alguno, porque tú estarás conmigo;
Tu vara y tu cayado me infundirán aliento.
Aderezas mesa delante de mí en presencia de mis
angustiadores; Unges mi cabeza con aceite; mi copa está
rebosando. Ciertamente el bien y la misericordia me
seguirán todos los días de mi vida, Y en la casa de Jehová
moraré por largos días.*

SALMO 23.1-6

En el salmo 23, no solamente aprendemos acerca de la naturaleza de Dios, sino también de su liderazgo. En el Antiguo y el Nuevo Testamento se usa el término «pastor» para ilustrar el liderazgo. La palabra comunica el amor, la nutrición y el cuidado espiritual que provee un líder que refleja a Dios. Existen ambas cosas: la vara (corrección) y el cayado (dirección). El salmo 23 describe al Pastor de pastores realizando varias funciones. El Pastor...

Provee cuando hay necesidad	Provee descanso
Dirige confiadamente	Renueva y restaura
Guía y conduce	Protege del peligro
Alimenta y unge	Corrige y conforta
Ama incondicionalmente	Provee un refugio permanente

La Biblia de liderazgo con notas de John C. Maxwell

Ríndete si deseas avanzar

*Esta es la ley del nazareo que hiciere voto de su
ofrenda a Jehová por su nazareato, además de lo
que sus recursos le permitieren; según el voto que
hiciere, así hará, conforme a la ley de su nazareato.*

NÚMEROS 6.21

Por medio del voto nazareo, Dios provee una
forma para que hombres y mujeres se consagren
a Dios por un periodo especial y un propósito. Líderes
como Sansón (y quizás Samuel) hicieron este voto,
comprometiéndose a abstenerse de vino y de bebida
embriagante, a no cortarse el cabello y a evitar el
contacto con cadáveres. Cedieron ciertos derechos u
opciones para vivir en un parámetro más alto, en otras
palabras, practicaron la Ley de Sacrificio. No lo hicieron
para poder juzgar a otros, sino para disciplinarse en
contra de las tentaciones de la época.

¿Cómo pueden los líderes actuales aplicar el
principio detrás del voto nazareo?

DISCIPLINA	APLICACIÓN
Abstinencia de vino/ bebida embriagante	Autocontrol: disciplina para prevenir una adicción
No cortarse el cabello	Imagen: rehusar permitir que la moda se imponga
Evitar la impureza de un cadáver.	Integridad: mantenerse puro; buscar un parámetro santo

La Biblia de liderazgo con notas de John C. Maxwell

DATE A TI MISMO

Y andad en amor, como también Cristo nos amó, y se
entregó a sí mismo por nosotros, ofrenda y sacrificio a
Dios en olor fragante.

EFESIOS 5.2

Como miembro de un equipo ¿Cómo cultivas una actitud desinteresada? Empieza por hacer lo siguiente:

1. *Se generoso:* Si los miembros están dispuestos a darse generosamente al equipo, entonces todo está dispuesto para tener éxito.

2. *Evita las políticas internas:* Los buenos jugadores de un equipo se preocupan por los beneficios que pudieran obtener sus compañeros más que por los propios.

3. *Promueve la lealtad:* Si tú muestras lealtad a sus compañeros, ellos te responderán con lealtad. La lealtad genera unidad y la unidad produce equipos de éxito.

4. *Valora más la interdependencia que la independencia:* En Estados Unidos valoramos mucho la independencia porque a menudo viene acompañada de innovación, trabajo duro y voluntad de defender lo que es correcto. Pero si se lleva la independencia demasiado lejos es una característica del egoísmo, especialmente si daña y obstaculiza a otros. Séneca dijo: «Usted debe vivir para otros si desea vivir para usted».

Las 17 cualidades esenciales de un jugador de equipo

LEYENDO ENTRE LÍNEAS

Por la rebelión de la tierra sus príncipes son muchos;
Mas por el hombre entendido y sabio permanece estable.

PROVERBIOS 28.2

Y la realidad es que la intuición del liderazgo es por lo general el factor que distingue a los líderes más grandes de los que simplemente son buenos líderes.

Otros tienen que hacer un gran esfuerzo para desarrollarla y pulirla. Pero independientemente de cómo se produzca, el resultado es una combinación de habilidad natural y técnicas aprendidas. La mejor forma de describir esta predisposición es la capacidad de percibir los factores intangibles, entenderlos, y usarlos para alcanzar las metas del liderazgo.

Los líderes exitosos ven cada situación en términos de los recursos disponibles: dinero, materia prima, tecnología, y, los más importante, el recurso humano. Pueden percibir lo que sucede entre las personas y conocer sus esperanzas, temores, y preocupaciones. Los líderes tienen la capacidad de apartarse de lo que está pasando en el momento y ver no sólo hasta dónde ellos y su gente han llegado, sino también visualizar hasta dónde se dirigen en el futuro. Es como si pudieran oler en el viento los cambios.

El liderazgo es realmente más arte que ciencia. Los principios del liderazgo son constantes, pero la aplicación de los mismos cambia con cada líder y cada situación. Por eso es necesaria la intuición. Sin ella, uno puede ser tomado por sorpresa, y esa es una de las peores cosas que puede sucederle a un líder.

Las 21 leyes irrefutables del liderazgo

ANTES QUE TODO SE UN BUEN SEGUIDOR

*Y David respondió a Abisai: No le mates;
porque ¿quién extenderá su mano contra
el ungido de Jehová, y será inocente?*

1 SAMUEL 26.9

El liderazgo opera basándose en la confianza. Antes que David se convirtiera en rey, mostró respeto por el rey que le antecedía. Saúl no practicó esta ley, y perdió su reino. La Biblia nos provee un contraste vivido entre el liderazgo de Saúl y el de David:

SAÚL	DAVID
Egocéntrico desde el principio	Mostró confianza en Dios desde el principio
Intentó obtener la posición de sacerdote	Nunca asumió ningún derecho o privilegio
Desobedeció a Dios en las pequeñas cosas	Obedeció a Dios en las pequeñas cosas
Perdió su integridad cubriendo el pecado	Mantuvo su integridad respetando a Saúl
Fracasó en someterse a la autoridad de Dios	Constantemente se sometía a la autoridad
Se preocupó con su propia fama	Deseaba aumentar la reputación de Dios

La Biblia de liderazgo con notas de John C. Maxwell

CONÉCTATE CON LOS DEMÁS
ANTES DE LLAMARLOS

Cuando terminó de hablar, dijo a Simón:
Boga mar adentro, y echad vuestras redes para pescar….
Pero Jesús dijo a Simón: No temas; desde ahora
serás pescador de hombres. Y cuando trajeron
a tierra las barcas, dejándolo todo, le siguieron.

LUCAS 5.4,10-11

Conectarse es absolutamente crítico si deseas influir a las personas de manera positiva. Cuando pensamos en conectarnos con las personas, lo comparamos con los trenes y lo que les sucede en el patio ferroviario. Los vagones que descansan sobre los rieles del estacionamiento tienen valor porque están llenos de carga; tienen un destino; y hasta una ruta mediante la cual llegan a ese destino. Pero no tienen manera de llegar a ninguna parte por su propia cuenta. Tienen que unirse con una locomotora.

¿Has visto cómo las piezas de equipo desconectadas se unen para formar un tren activo? Todo comienza con la locomotora. Primero, cambia al mismo riel del vagón que va a recoger. Luego retrocede, se pone en contacto con el mismo, y se conecta.

Una vez conectados se movilizan a su destino.

Algo parecido debe suceder antes de que puedas lograr que las personas viajen contigo. Tienes que averiguar dónde están, acercárseles, y conectarse con ellas. De poder hacerlo con éxito, puedes llevarlos a nuevas alturas en su relación y en su desarrollo.

Seamos personas de influencia

Un modelo que debe ser imitado

Y sucedía que cuando salía Moisés al tabernáculo, todo el pueblo se levantaba, y cada cual estaba en pie a la puerta de su tienda, y miraban en pos de Moisés, hasta que él entraba en el tabernáculo.

Éxodo 33.8

El ejemplo es la base de todo liderazgo que es verdadero. Los líderes deben de dar el ejemplo a sus seguidores. El principio número uno de la administración en el mundo es: La gente hace lo que ve.

Moisés demostró esta verdad. La gente lo vio pasar tiempo con Dios intercediendo por ellos en una comunión personal e íntima, y eso los cambió más que cualquier sermón que les hubiera dicho. Si deseas disfrutar de una relación íntima con Dios, así como Moisés lo hizo, debes practicar su ejemplo:

1. Apártate de forma regular.
2. Busca a Dios de todo corazón.
3. Que te vea el público
4. Aprende a escuchar y a obedecer la voz de Dios.
5. Entra a un pacto de compañerismo con Dios

La Biblia de liderazgo con notas de John C. Maxwell

¿CÓMO VA LA PUNTUACIÓN?

Yo planté, Apolos regó; pero el crecimiento lo ha dado
Dios. Así que ni el que planta es algo, ni el que riega,
sino Dios, que da el crecimiento.

1 CORINTIOS 3.6-7

Todo «juego» tiene sus propias reglas y su propia definición de lo que significa ganar. Algunos equipos miden su éxito en puntos anotados, otros en utilidades. Aun otros podrían ver la cantidad de personas a las que sirven. Pero no importa de qué se trate el juego, siempre hay un marcador. Y si un equipo ha de lograr sus metas, debe saber dónde está parado.

¿Por qué es esto tan importante? Porque los equipos que triunfan hacen ajustes para constantemente mejorarse tanto ellos mismos como sus situaciones. Antes de iniciar la competencia el equipo pasa enormes cantidades de tiempo planificando. Pero a medida que se desarrolla el partido, el plan de juego significa menos y menos, y el marcador se vuelve más y más importante. ¿Por qué? Porque el partido está cambiando constantemente. Como puedes ver, el plan de juego te dice lo que *quieres* que suceda. Pero el marcador te dice lo que *está* sucediendo.

Las 17 leyes incuestionables del trabajo en equipo

Palabras sabias que salen de un líder

Hay bendiciones sobre la cabeza del justo; pero violencia cubrirá la boca de los impíos. Manantial de vida es la boca del justo; pero violencia cubrirá la boca de los impíos. En los labios del prudente se halla sabiduría; mas la vara es para las espaldas del falto de cordura. Los sabios guardan la sabiduría; mas la boca del necio es calamidad cercana. En las muchas palabras no falta pecado; mas el que refrena sus labios es prudente. Los labios del justo apacientan a muchos, mas los necios mueren por falta de entendimiento.

PROVERBIOS 10.6,11,13-14,19,21

Muchos versículos en Proverbios hablan de la lengua y que cómo usarla como una influencia positiva. Los líderes que usan palabras de manera hábil aumentan su influencia. Los líderes que comprenden el poder de sus palabras logran lo siguiente:

Proclaman justicia y son bendecidos (v.6).

Hablan de esperanza para el futuro, convirtiéndose en fuente de vida para los demás (v. 11).

Hablan sobre el día y rescatan a otros de la ruina (v. 13-14).

Saben cuándo el silencio es más poderoso que las palabras (v.19).

Sus palabras alimentan y nutren a muchos otros (v. 21).

La Biblia de liderazgo con notas de John C. Maxwell

Sigue mejorando

Todo aquel que lucha, de todo se abstiene…
1 Corintios 9.25

Vivimos en una sociedad con una enfermedad de destino. Demasiada gente quiere hacer lo suficiente para «llegar» y luego quieren retirarse. Mi amigo Kevin Myers lo dice de esta manera: «Todo el mundo está buscando una salida rápida pero lo que realmente necesitan es aptitud. La gente que busca salidas deja de hacer lo que debe cuando la presión se alivia. Los que buscan aptitud hacen lo que tienen que hacer sin importar las circunstancias». Las personas que constantemente practican el mejoramiento personal cumplen tres procesos en un ciclo continuo en sus vidas:

1. *Preparación:* Cuando las personas tienen la intención de aprender algo cada día, estarán mejor preparadas para enfrentar los desafíos que se les presenten.

2. *Meditación:* El tiempo a solas es esencial para el mejoramiento personal. Te permite visualizar tus fracasos y tus éxitos de modo que puedas aprender de ellos. Te da el tiempo y el espacio para agudizar tu visión personal y organizacional. Y te capacita para planificar cómo mejorar en el futuro.

3. *Aplicación:* El músico Bruce Springsteen dijo lo siguiente: «Llega el momento en que uno necesita dejar de esperar por el hombre en quien quiere convertirse y empezar a ser el hombre que uno quiere ser». En otras palabras, necesitas aplicar lo que has aprendido.

Las 17 cualidades esenciales de un jugador de equipo

EL VALOR DE LA VISIÓN

Vinieron todas las tribus de Israel a David en Hebrón
y hablaron, diciendo: Henos aquí, hueso tuyo y carne
tuya somos. Y aun antes de ahora, cuando Saúl reinaba
sobre nosotros, eras tú quien sacaba a Israel a la guerra,
y lo volvías a traer. Además Jehová te ha dicho:
Tú apacentarás a mi pueblo Israel, y tú serás príncipe
sobre Israel. Vinieron, pues, todos los ancianos de Israel
al rey en Hebrón, y el rey David hizo pacto con ellos
en Hebrón delante de Jehová… Entonces marchó
el rey con sus hombres a Jerusalén contra los jebuseos
que moraban en aquella tierra….

2 SAMUEL 5.1-3 y 6

La visión de David vigorizó a la nación hebrea más
allá de lo que Saúl hubiera imaginado. Observa lo
que la visión de David hizo por la nación israelita:

1. *La visión unió*: por primera vez en muchos años,
   «todas las tribus» y «todos los ancianos» se unieron.
2. *La visión creó un centro para liderazgo:* David
   comenzó su reino en un Hebrón, pero deseaba unir
   a la tierra dividida y dirigir desde Jerusalén.
3. *La visión dominó las conversaciones internas:* todos
   caemos en «conversaciones internas». La visión de
   David hizo que sus hombres se concentraran
   cuando estaban cerca del Jerusalén.
4. *La visión inspiró grandeza:* el sueño de David para
   Jerusalén le ayudó a él y a su gente a realizar unidos
   una meta más grande.
5. *La visión atrajo a los demás al líder:* una vez que
   David había tomado Jerusalén, los demás se unieron
   a la causa.

La Biblia de liderazgo con notas de John C. Maxwell

RECONOCIENDO EL PAPEL DE DIOS

Cuando veo tus cielos, obra de tus dedos,
La luna y las estrellas que tú formaste, Digo:
¿Qué es el hombre, para que tengas de él memoria,
Y el hijo del hombre, para que lo visites?
Le has hecho poco menor que los ángeles,
Y lo coronaste de gloria y de honra. Le hiciste señorear
sobre las obras de tus manos; Todo lo pusiste debajo
de sus pies... ¡Oh Jehová, Señor nuestro,
Cuán grande es tu nombre en toda la tierra!

SALMO 8.3-6 Y 9

¿Te has preguntado alguna vez cuándo la confianza de un líder se vuelve arrogancia? ¿Cómo es la humildad en la vida de un líder? El salmo 8 nos responde esas preguntas. Les enseña a los líderes cómo equilibrar su identidad con su autoestima. Considera como David percibe su identidad y mantiene su confianza y su humildad:

1. *David ve su propia debilidad y humanidad:* David se da cuenta que en la inmensidad de la galaxia, el hombre es sólo una parte muy pequeña.

2. *David se fija en la posición y los privilegios que Dios le ha dado:* David sabe que Dios ha hecho a la humanidad un poco menos que Él.

3. *David encuentra un balance dándole toda la gloria Dios:* David termina el Salmo de la misma forma que comenzó. Él magnificó al Señor y le da el mérito por su vida y por su liderazgo.

La Biblia de liderazgo con notas de John C. Maxwell

ENCIENDE TU LIDERAZGO
CON VISIÓN

Toda palabra de Dios es limpia;
Él es escudo a los que en él esperan.

PROVERBIOS 30.5

 ¿De dónde viene la visión? Para encontrar la visión tienes que escuchar a...

La voz interior: La visión comienza adentro. ¿Sabes cuál es la misión de tu vida? Si lo que sigues en la vida no viene de las profundidades de lo que eres y de lo que crees, entonces no serás capaz de lograrlo.

La voz de la insatisfacción: ¿De dónde viene la inspiración para las grandes ideas? De saber qué es lo que *no* funciona. Estar descontento con el estado de las cosas es un gran catalítico para la visión. Ningún gran líder en la historia ha luchado para evitar el cambio.

La voz del éxito: Nadie puede lograr grandes cosas solo. Si quieres llevar a otros a la grandeza, búscate un consejero. ¿Tienes un consejero que pueda ayudarte a aguzar tu visión?

La voz más alta: No dejes que tu visión quede confinada por tus capacidades limitadas. Una visión verdaderamente valiosa tiene que tener a Dios en ella. Solo Él conoce todas sus capacidades. ¿Has mirado más allá de ti, incluso más allá del tiempo de tu vida? Si no, puedes estar perdiendo el verdadero potencial de tu vida.

Las 21 cualidades indispensables de un líder

AYUDA A QUE TU GENTE SE DESARROLLE

*Habiendo reunido a sus doce discípulos, les dio poder
y autoridad sobre todos los demonios, y para sanar
enfermedades. Y los envió a predicar el reino de Dios,
y a sanar a los enfermos.*

LUCAS 9.1-2

En una organización, es responsabilidad del líder
organizar el crecimiento de todo el equipo. Él
debe estar seguro de que su gente se desarrolla tanto
personal como profesionalmente, y que lo hacen juntos,
en equipo.

Cuando trabajo en el desarrollo de los miembros de
mi equipo utilizo diferentes enfoques. Primero, todos
aprendemos juntos en una base regular, al menos una
vez al mes. De esta manera *sé* que todos en la
organización comparten la experiencia común de
aprender juntos varios elementos, sin importar su
posición o responsabilidades. Segundo, preparo
regularmente pequeños equipos de aprendizaje.
Periódicamente tengo grupos de tres o cuatro
trabajando juntos en un proyecto que requiere aprender.
Esto establece vínculos de relación entre ellos.

Finalmente a menudo envío personas diferentes a
las conferencias, talleres y seminarios. Cuando regresan
les pido que enseñen a otros de la organización lo que
aprendieron. Participar de experiencias juntos e
intercambiar la comunicación es la mejor forma de
promover el desarrollo del equipo.

Desarrolle los líderes que están alrededor de usted

PRIMERO LEE Y LUEGO DIRIGE

Zorobabel, Jesúa, y los demás jefes de casas paternas de Israel dijeron: No nos conviene edificar con vosotros casa a nuestro Dios, sino que nosotros solos la edificaremos a Jehová Dios de Israel, como nos mandó el rey Ciro, rey de Persia.

ESDRAS 4.3

Los líderes deben practicar el discernimiento. Las relaciones pueden desordenarse; la gente con frecuencia guarda agendas personales e intentan enmascarar sus verdaderos motivos o al menos hacerlos ver más nobles de lo que en realidad serían.

Tal fue el caso cuando un grupo de extranjeros se acercaron a Zorobabel y le ofrecieron ayuda: «Edificaremos con vosotros, porque como vosotros buscamos a vuestro Dios, y a él ofrecemos sacrificios desde los días de Esar-hadón, rey de Asiria, que nos hizo venir aquí». (Esdras 4.2). Zorobabel, se dio cuenta rápidamente que estas personas realmente habían venido para desanimar a los constructores. Su discernimiento relacional logró mantener estas influencias negativas lejos del rebaño.

Los líderes deben analizar a las personas, luego dirigir a la gente. Deben comprender el momento, la gente, la situación y las prioridades para luego actuar de manera acorde. Su acción depende de cómo analicen estos factores. El discernimiento siempre antecede a la decisión. El análisis siempre antecede a la acción.

La Biblia de liderazgo con notas de John C. Maxwell

NO TODOS SEGUIRÁN
LA JORNADA

Al oírlas, muchos de sus discípulos dijeron: Dura es esta
palabra; ¿quién la puede oír? Desde entonces muchos de
sus discípulos volvieron atrás, y ya no andaban con él.

JUAN 6.60, 66

Reunir gente excepcional para que viaje contigo no es algo que ocurre por accidente. Es cierto que mientras más grande sea tu sueño, más grande será la gente que será atraída hacia ti. Pero esto no es suficiente. Tú necesitas saber lo que debes buscar para encontrar la mejor gente posible. Y necesitas comenzar por asegurarte que serán compatibles contigo.

La primera pregunta es: «¿Esa persona quiere ir?» Esa fue una lección que me costó aprender, porque al principio yo quería llevar a todos conmigo. Suponía que todos querían lo mismo que yo. Pero no es así.

La segunda pregunta que necesitas hacerte es: «¿Es esta persona *capaz* para ir?» Debe haber coincidencia entre el viaje que quieres hacer y los dones y talentos de la persona.

La tercera pregunta que te debes hacer es: «¿Puede esta persona hacer el viaje sin mí?» En ese caso, hazte amigo de ellos y trata de mantenerte en contacto con ellos. Aunque no hagan el viaje juntos, quizás puedan ayudarse mutuamente en el camino como colegas.

El mapa para alcanzar el éxito

EMPIEZA USANDO LA INTUICIÓN

*Entonces el rey me dijo (y la reina estaba
sentada junto a él): ¿Cuánto durará tu viaje,
y cuándo volverás? Y agradó al rey enviarme,
después que yo le señalé tiempo.*

NEHEMÍAS 2.6

Nehemías no podía quedarse sin hacer nada cuando oyó que el muro de Jerusalén yacía en ruinas. Él tenía que actuar. De entre todas las cosas que un líder debiera temer, la autocomplacencia debería de encabezar la lista. Ellos no lo saben todo, pero saben lo suficiente como para actuar. Nehemías tenía una visión sobre las siguientes áreas:

1. *Él sabía lo que se tardaría el proyecto.* Nehemías le dijo al rey Artajerjes cuánto tiempo estaría ausente.

2. *Él sabía cómo llegar allá.* Nehemías pidió cartas de permiso para pasar por las provincias que estaban más allá del río hasta Judá.

3. *Él sabía lo que iba a necesitar para hacer el trabajo.* Nehemías solicitó madera a Asaf para hacer las puertas del muro.

4. *Él sabía que la mano de Dios estaba con él.* Nehemías obtuvo todo lo que solicitó porque la mano de Dios se posó sobre él.

¿Qué te está diciendo tu intuición en este momento? ¿Estás escuchando?

La Biblia de liderazgo con notas de John C. Maxwell

ESTIMULA LAS FORTALEZAS
DE LOS OTROS

*Dijo Saúl a David: No podrás tú ir contra aquel filisteo,
para pelear con él; porque tú eres muchacho, y él un
hombre de guerra desde su juventud*

1 SAMUEL 17.33

Cuando algunos individuos comienzan a trabajar con otros en su desarrollo, muchas veces giran alrededor de sus debilidades más que en sus fortalezas. Quizás sea porque es muy fácil ver los problemas de otros y los defectos. Pero si comienzas a concentrar tus energías en la corrección de las debilidades de las personas, las desmoralizarás y, sin advertirlo, sabotearás el proceso de desarrollo.

En lugar de concentrarte en las debilidades, préstale atención a las fortalezas de las personas. Agudiza las destrezas que ya existen. Elogia las cualidades positivas. Sácales los dones inherentes. Las debilidades pueden esperar, a menos que sean defectos de carácter. Sólo después de desarrollar una afinidad fuerte con ellos y que empiecen a adquirir confianza debes ocuparte de las áreas débiles. Y luego trátalas gentilmente, una por una.

Seamos personas de influencia

Señales de victoria

...para que esto sea señal entre vosotros; y cuando vuestros hijos preguntaren a sus padres mañana, diciendo: ¿Qué significan estas piedras? les responderéis: Que las aguas del Jordán fueron divididas delante del arca del pacto de Jehová; cuando ella pasó el Jordán, las aguas del Jordán se dividieron; y estas piedras servirán de monumento conmemorativo a los hijos de Israel para siempre.

Josué 4.6-7

Los líderes eficaces buscan formas de utilizar los triunfos de hoy para capacitar a su gente a enfrentar los desafíos del mañana, Josué hizo exactamente eso.

Aún cuando Dios hizo el milagro de permitir que las personas cruzaran el Jordán, Josué deseaba comunicar la grandeza de Dios a los hijos de Israel que no habían nacido todavía. Para lograr este objetivo, Josué desarrolló un plan llamado «piedras de testimonio». Mandó a que fueran traídas 12 piedras del lecho seco del río, una por cada una de las 12 tribus que lo cruzaron, y que serían erguidas al otro lado en forma de un monumento. Las piedras servían como «recordatorios» para comunicar lo que Dios había hecho.

Los buenos líderes siempre proveen «recordatorios» de tal forma que su gente pueda asirse a la visión. Los líderes eficaces encuentran una forma de comunicar una visión futura y las victorias pasadas, porque su gente necesita estar recordando constantemente ambas cosas.

La Biblia de liderazgo con notas de John C. Maxwell

EL PUESTO NO HACE AL LÍDER

*Entonces todo Israel se juntó a David en Hebrón,
diciendo: He aquí nosotros somos tu hueso y tu carne.
También antes de ahora mientras Saúl reinaba, tú eras
quien sacaba a la guerra a Israel, y lo volvía a traer.
También Jehová tu Dios te ha dicho: Tú apacentarás a
mi pueblo Israel, y tú serás príncipe sobre Israel mi
pueblo.*

1 CRÓNICAS 11.1-2

Siendo el hombre de mayor influencia en la
nación, David estaba dirigiendo mucho antes
que Saúl perdiera su trono.

Nos guste o no, la posición no hace que una persona
sea un líder. El título puede darle a alguien autoridad,
pero no influencia. La influencia surge de la persona;
debe ser adquirida. David se la ganó y Saúl no. ¿Por qué
sucedió esto?

Unidad: David unió a la gente y creó unidad.

Identificación: David se identificó con sus
seguidores como si fueran su familia.

Credibilidad: David dirigió eficazmente campañas
militares.

Unción: David disfrutaba de la mano y el poder de
Dios sobre su vida.

Compañerismo: David cooperó con sus líderes
claves.

La Biblia de liderazgo con notas de John C. Maxwell

DEBES ESTAR REPARANDO

Aquel siervo que conociendo la voluntad de su señor,
no se preparó, ni hizo conforme a su voluntad,
recibirá muchos azotes.

LUCAS 12.47

El novelista español Miguel de Cervantes dijo: «El hombre que está preparado ya tiene peleada la mitad de la batalla». Si quieres prepararte para poder ayudar a tu equipo cuando tenga que enfrentar los desafíos que se le presenten, entonces piensa en lo siguiente:

1. Evaluación: Necesitas determinar hacia dónde te diriges tú y tu equipo. Necesitas examinar las condiciones con las que te encontrarás. Y será necesario determinar el precio que tendrás que pagar para alcanzar la meta.

2. Alineación: Jugar golf me ha enseñado una lección muy importante. Aunque sepas a dónde quieres ir, nunca lograrás llegar a tu destino si no te alineas correctamente. Esto es tan cierto en el golf como en la preparación personal. Una buena alineación hace que alcances el éxito.

3. Actitud: Para triunfar en cualquier intento, debes prepararte para no descuidar ninguno de los aspectos mentales involucrados en la actividad. Debes prepararte físicamente pero también debes tener una actitud positiva hacia ti, tus compañeros de equipo y tu situación.

4. Acción: Estar preparado quiere decir estar listo para dar el primer paso cuando llegue el momento. Recuerda esto: El valor no tiene un mejor aliado que la preparación, ni el miedo tiene un peor enemigo.

Las 17 cualidades esenciales de un jugador de equipo

REPARANDO EL MURO

Les dije… venid, y edifiquemos el muro de Jerusalén,
y no estemos más en oprobio… Y dijeron:
Levantémonos y edifiquemos.
Así esforzaron sus manos para bien.

NEHEMÍAS 2.17-18

El muro de la ciudad en ruinas era un problema en aquellos días. No solo dejaba la ciudad expuesta a los ataques, sino que también suscitaba las burlas de las potencias vecinas. En el caso de Jerusalén, los muros derribados daban a los enemigos una razón para denigrar a Dios puesto que era su ciudad santa. Por eso Nehemías lloró, hizo duelo, ayunó y oró tan pronto supo la noticia de la condición de los muros.

Durante los 120 años transcurridos desde que los caldeos derribaron los muros (2 Crónicas 36.19), decenas de millares de personas los habían visto sin hacer nada por repararlos. Para ellos la reedificación de los muros quizás parecía un desafío imposible, aun en una ciudad con muchos trabajadores. Lo que el pueblo necesitaba era alguien que los reuniera, planificara el curso de acción y los guiara a través del proceso de reedificación. Necesitaban un líder. Necesitaban a Nehemías. Notablemente, el pueblo necesitó solo cincuenta y dos días para reedificar el muro de la ciudad. Y pudieron hacerlo porque tenían un gran líder que los dirigía.

Los 21 minutos más poderosos en el día de un líder

Esperanza de pecho

Enseñadme, y yo callaré;
hacedme entender en qué he errado.

Job 6.24

Todos los amigos de Job presentaron una teoría del porqué de sus problemas, pero Job simplemente les pedía que analizarán su vida y le señalaran algún lugar donde no era íntegro. Él se sentía tan seguro de la inocencia de su corazón que invitó a sus amigos a que lo examinaran. Sólo un líder con un carácter firme y un fuerte sentido de seguridad en sí mismo pueda hacer eso.

C. S. Lewis le llama a esta cualidad «líderes de pecho». Lewis compara el alma correctamente ordenada con el cuerpo humano: la cabeza (la razón) debe dirigir al estómago (los apetitos sensuales) por medio del pecho (carácter y espíritu). El pecho es el enlace indispensable entre la razón y los apetitos. Sin un «pecho» fuerte los hombres sucumbirían a las excusas, al relativismo y al compromiso. Lewis llamaba a los hombres que no tienen carácter o integridad «hombres sin pecho».

¿Qué hizo que Job poseyera tal integridad como líder?

1. *Una seguridad fuerte:* él se sentía tan emocionalmente seguro que podía aceptar la crítica.

2. *Una conciencia clara:* mantuvo una conciencia clara y sensitiva acerca del pecado.

3. *Motivos puros:* rehusó participar en motivos autocomplacientes.

4. *Un carácter sólido*: Estaba comprometido a hacer lo correcto a cualquier costo.

La Biblia de liderazgo con notas de John C. Maxwell

COMO UNA ROCA

Y le trajo a Jesús. Y mirándole Jesús, dijo:
Tú eres Simón, hijo de Jonás; tú serás llamado
Cefas (que quiere decir, Pedro).

JUAN 1.42

La confiabilidad es muy importante en el éxito del
equipo. Tú sabes cuando tienes personas en tu
equipo en las que no puedes confiar y también en quienes
sí *puedes* confiar y depender. Permíteme explicarte lo
que considero es la esencia de la confiabilidad:

1. *Motivos puros:* Si alguien en el equipo está
   constantemente poniéndose él y su agenda antes que
   lo que es mejor para el equipo, estará demostrando
   que no es una persona confiable. Cuando se trata del
   trabajo en equipo, los motivos importan.

2. *Responsabilidad:* Mientras que la motivación se
   enfoca en *por qué* las personas son confiables, la
   responsabilidad indica que *quieren* ser confiables.

3. *Un pensamiento atinado:* La confiabilidad significa
   más que sólo querer ser responsable. Este deseo debe
   complementarse con un buen juicio que permita ser
   de valor real para el equipo.

4. *Contribución consistente:* La última cualidad de un
   jugador de equipo confiable es la consistencia. Si uno
   no puede confiar en sus compañeros todo el tiempo,
   entonces no podrá confiar en ellos nunca. La
   consistencia requiere una profundidad de carácter
   que permita a la gente seguir adelante sin importar lo
   cansado, lo distraído o lo abrumado que se esté.

Las 17 cualidades esenciales de un jugador de equipo

EL PLAN DE UN LÍDER EFECTIVO

Iré a vosotros, cuando haya pasado por Macedonia…
Y podrá ser que me quede con vosotros, o aun pase
el invierno, para que vosotros me encaminéis a donde
haya de ir… Pero estaré en Éfeso hasta Pentecostés;
porque se me ha abierto puerta grande y eficaz,
y muchos son los adversarios.

1 CORINTIOS 16.5-9

Pablo tenía un plan para alcanzar a las ciudades más grandes de su época. De una manera conversacional, describe su plan que comenzaría en Macedonia, luego continuaría hacia el sur a Corinto y finalmente visitaría el Asia Menor y la ciudad portuaria de Éfeso, donde «una puerta grande y eficaz se le había abierto».

Los líderes eficaces no se desvían de un lugar a otro. Pablo tenía un plan para impactar a las ciudades más grandes que asimismo influenciarían a aquellos que visitaran esas ciudades. Él se concentró en las áreas metropolitanas, sabiendo que los seguidores bien entrenados llevarían el mensaje de Dios a los pueblos más pequeños y a las villas de la región.

Los líderes pueden hacer algo, pero no lo pueden hacer todo. Pablo no utilizó su energía de manera descuidada; sino que trazó un mapa para alcanzar al imperio romano mientras viviera. ¿Qué clase de plan tienes tú?

La Biblia de liderazgo con notas de John C. Maxwell

Trazando el curso

E hicieron los hijos de Israel conforme a todas las cosas que Jehová mandó a Moisés; así acamparon por sus banderas, y así marcharon cada uno por sus familias, según las casas de sus padres.

NÚMEROS 2.34

Como todo buen líder, Moisés arregló de manera metódica los campamentos de las tribus en el desierto. Nos haría mucho bien planear y organizar de la misma forma que Moisés lo hizo:

Dedica tiempo para planear y organizar. Determina tu propósito principal.

Comprende dónde estás antes de intentar desarrollar una estrategia.

Analiza las prioridades de las necesidades y los objetivos del equipo haciendo las preguntas adecuadas.

Escribe metas que sean realistas, medibles y de convicción.

Aclara los objetivos y mantén una comunicación con tu equipo.

Identifica los obstáculos posibles. Utiliza un sistema abierto en tu planeamiento.

Haz un presupuesto de costos y tiempo poniendo en una agenda todo lo que puedas al igual que fechas límites.

Estudia los resultados. La evaluación previene el estancamiento y la exageración.

Recuerda, cualquiera puede llevar el timón de un barco, pero se necesita un líder para trazar el rumbo.

La Biblia de liderazgo con notas de John C. Maxwell

NO TIENE QUE VER CON LA POSICIÓN SINO CON LA CREDIBILIDAD

El siervo prudente se enseñoreará del hijo que deshonra, y con los hermanos compartirá la herencia.

PROVERBIOS 17.2

Nuestra influencia no tiene tanto que ver con nuestra posición o el título sino más bien con la vida que vivimos. No tiene que ver con la posición sino con la producción. Lo que marca la diferencia no es la educación que tengamos sino la autoridad que otorgamos.

La palabra clave es credibilidad. Obtenemos credibilidad cuando nuestra vida concuerda con nuestro hablar y cuando les damos valor a los demás. ¿En dónde te encuentras con respecto a la credibilidad? Para averiguarlo contesta las siguientes preguntas vitales:

Constancia: ¿Eres la misma persona sin importar quién esté a tu lado?

Decisiones: ¿Tomas decisiones basado en cómo te beneficias tú o los demás?

Mérito: ¿Reconoces con prontitud a los demás por sus esfuerzos cuando tú triunfas?

Carácter: ¿Te esfuerzas más por mejorar tu imagen o tu integridad?

Credibilidad: ¿Has reconocido que la credibilidad es una victoria y no un don?

La Biblia de liderazgo con notas de John C. Maxwell

SUFICIENTE AMOR COMO PARA CONFRONTAR

Entonces dijo Natán a David: Tú eres aquel hombre.
2 SAMUEL 12.7

Muchas personas evitan la confrontación. Algunos temen ser antipáticos y rechazados. Otros temen que la confrontación empeore las cosas al crear ira y resentimiento en quien confrontan. No obstante, evitar la confrontación siempre empeora la situación. En su mejor forma, la confrontación es una situación de ganador a ganador, una oportunidad de ayudar y desarrollar a tu personal. Hazlo con respeto y con los mejores intereses de la otra persona en tu corazón. He aquí diez pautas que utilizo para asegurarme que soy justo al hacerlo:

1. Confróntalo tan pronto cuando puedas.
2. Separa la persona de la acción errónea.
3. Confronta sólo cuando la persona pueda cambiar.
4. Bríndale el beneficio de la duda.
5. Se específico.
6. Evita el sarcasmo.
7. Evita palabras como *siempre* y *nunca*.
8. Si es apropiado, dile a la persona cómo te sientes acerca de lo que hizo mal.
9. Dale a la persona un plan de acción para solucionar el problema.
10. Ratifica al individuo como persona y amigo.

La confrontación positiva es una señal segura de que te interesas por la persona y que en el fondo te interesa al máximo. Cada vez que edifiques a tu gente e identifiques sus problemas, les das una oportunidad de crecer.

Desarrolle los líderes que están alrededor de usted

CUIDA DE LOS TUYOS

Antes de la fiesta de la pascua, sabiendo Jesús que su hora había llegado para que pasase de este mundo al Padre, como había amado a los suyos que estaban en el mundo, los amó hasta el fin.

JUAN 13.1

Si diriges un equipo, eres responsable de asegurarte que la puerta giratoria se mueva de tal manera que al equipo se estén uniendo mejores jugadores que los que están saliendo. Una de las maneras en que puedes facilitar eso es poniendo altos valores en las personas buenas que ya tienes en el equipo.

Todo equipo tiene tres grupos de jugadores. Los *iniciadores*, quienes añaden directamente valor a la organización o influyen directamente en su curso, los *jugadores del banco*, quienes añaden valor indirectamente a la organización o apoyan a los iniciadores en lo que hacen. El tercer grupo es un núcleo central dentro de los iniciadores, a los que llamo *miembros del círculo íntimo*. Estas son personas sin las cuales el equipo se vendría abajo. Tu trabajo es asegurarte de que cada grupo se esté desarrollando continuamente para que los jugadores de reserva puedan llegar a convertirse en iniciadores, y los iniciadores puedan convertirse en miembros del círculo íntimo.

Si el trato que les das no corresponde a tus valores, estás corriendo el riesgo de perderlos.

Las 17 leyes incuestionables del trabajo en equipo

CONEXIÓN ANTES QUE NADA

*Y Moisés subió a Dios; y Jehová lo llamó desde el monte,
diciendo: Así dirás a la casa de Jacob, y anunciarás a los
hijos de Israel: Vosotros visteis lo que hice a los egipcios, y
cómo os tomé sobre alas de águilas, y os he traído a mí.
Ahora, pues, si diereis oído a mi voz, y guardareis mi
pacto, vosotros seréis mi especial tesoro sobre todos los
pueblos; porque mía es toda la tierra. Y vosotros me seréis
un reino de sacerdotes, y gente santa. Estas son las
palabras que dirás a los hijos de Israel.*

ÉXODO 19.3-6

¿Alguna vez has notado cómo Dios presentó los
diez mandamientos? Antes de que Él le dijera Sus
leyes al pueblo en Éxodo 20, Él se dio tiempo para
recordarles tres verdades vitales:

1. El amor que les tenía.
2. Las victorias que Él había ganado para ellos.
3. El futuro que Él había planeado para ellos.

Dios les habló de cómo quería bendecir al pueblo de
Israel como hijos suyos y les advirtió los límites que
deberían mantener. Fue después de eso que Él les dio
Sus mandamientos para que los obedecieran. ¿Puedes
ver la genialidad de esta secuencia?

Los líderes deben llegar al corazón antes de pedir
ayuda. Antes de que Dios demandara a Su pueblo que
siguiera Sus reglas, Él les recordó Su relación y Sus
bendiciones. ¡Eso les dio todo el incentivo que
necesitaban para llevar a cabo su compromiso!

La Biblia de liderazgo con notas de John C. Maxwell

LA INTEGRIDAD TIENE QUE VER CON LAS PEQUEÑAS COSAS

Abominación es a los reyes hacer impiedad,
porque con justicia será afirmado el trono.

PROVERBIOS 16.12

Pese a lo importante que es la integridad para el éxito de tu negocio, es mucho más crítica si deseas convertirte en alguien influyente. Es el fundamento sobre el que se construyen muchas otras cualidades, como el respeto, la dignidad, y la confianza. Si la base de la integridad es débil o es principalmente defectuosa, ser una persona influyente se convierte en algo imposible.

Debido a eso es crucial mantener la integridad ocupándose de las cosas pequeñas. Los principios éticos no son flexibles. Una mentirilla blanca sigue siendo mentira. El hurto es hurto, sea un dólar, mil, o un millón. La integridad se compromete con el carácter por encima de la ganancia personal, con las personas por sobre las cosas; con el servicio por encima del poder, con el principio por sobre la conveniencia; con la vista panorámica por encima de la inmediata.

Siempre que quebrantes un principio moral, creas una pequeña grieta en la base de tu integridad. Y cuando las cosas se ponen duras, se dificulta y se complica actuar con integridad. El carácter no se crea en una crisis; solo sale a la luz. Todo lo que hiciste en el pasado, y las cosas que dejaste de hacer, llegan a su término al estar bajo presión.

Seamos personas de influencia

AGOSTO

*Uno de los más grandes regalos
que los líderes pueden dar a los
de su alrededor es la esperanza.
Nunca subestimes su poder.*

SI NO ESTÁ ROTO...

Así se quedó Jacob solo; y luchó con él un varón hasta que rayaba el alba. Y cuando el varón vio que no podía con él, tocó en el sitio del encaje de su muslo, y se descoyuntó el muslo de Jacob mientras con él luchaba.

GÉNESIS 32.24-25

Los líderes innatos lo tienen todo, ¿verdad? No siempre. Aún los líderes dotados con un tremendo liderazgo natural pueden tener un tiempo muy difícil, especialmente en asuntos de carácter.

Eso fue una realidad para Jacob. Desde el principio él ejercía una gran influencia. Sin importar lo que hacía o a dónde iba, causaba consternación... Rico, fuerte, con influencia y bendecido con una familia grande, Jacob parecía tenerlo todo. Pero un líder que sólo va por su camino y busca beneficiarse a sí mismo no puede ser un instrumento eficaz en las manos de Dios. Dios tuvo que moldear a Jacob para que le fuera útil. Durante ese proceso, Jacob, el engañador se convirtió en Israel, un «príncipe de Dios» quien tuvo como principal propósito servir a Dios más que a sí mismo.

Los líderes por naturaleza con frecuencia deben ser moderados. Considera tu habilidad natural para dirigir como un regalo de Dios, pero tu carácter como un regalo que debes presentarle a Dios. Recuerda: cada vez que te enfrentes al peso de la adversidad, estás siendo preparado, al igual que Jacob, para servirle mejor a Dios y dirigir a la gente.

La Biblia de liderazgo con notas de John C. Maxwell

No hay amor más grande

Nadie tiene mayor amor que este, que uno ponga su vida
por sus amigos.

JUAN 15.13

No se pueden construir equipos sin vinculación. ¿Por qué? Porque nunca llegarán a tener unidad. ¿Por qué los soldados heridos se esfuerzan por volverse a unir a sus compañeros en el campo de batalla? Porque después que se convive con las personas pronto se aprende que la supervivencia depende de ambos.

Para que un equipo tenga éxito, sus miembros deben saber que se protegen mutuamente. El equipo entero sufre cuando a un miembro no le importa nadie más que él mismo. He notado que una de las mejores maneras de lograr que los miembros de un equipo se interesen entre sí es construyendo relaciones entre ellos al reunirlos fuera del contexto de trabajo. Cada año planeamos en nuestra organización retiros y otras actividades que colocan a nuestro personal en un ambiente social. Durante esos momentos también nos aseguramos que pasen parte de su tiempo con otros miembros del personal que no conocen muy bien. De ese modo no sólo construimos relaciones sino que les evitamos que desarrollen círculos entre ellos.

Desarrolle los líderes que están alrededor de usted

Es tiempo de decidir

*Y Jehová dijo a Moisés y a Aarón: Por cuanto
no creísteis en mí, para santificarme delante
de los hijos de Israel, por tanto, no meteréis esta
congregación en la tierra que les he dado.*

Números 20.12

Aprendemos algo invaluable acerca de liderazgo a
costa de Moisés en Números 20. Para este
momento Moisés se sentía agotado de tanta queja,
estancamiento y falta de progreso entre su gente. Ya no
tenía más fuerzas. Y su condición debilitada lo hizo
tomar una decisión que le costó todo su futuro.

Dirigido por Dios para hablarle a una roca y así
sacar agua para la nación, Moisés enojado la golpeó.
Reaccionó con furia en vez de obedecer la instrucción y
por su desobediencia no se le permitió entrar a la Tierra
Prometida. Este triste incidente nos enseña al menos
dos lecciones. Primero, nunca tomes una gran decisión
durante un momento emocionalmente bajo. Segundo,
decide ser pro activo y no reactivo con respecto a tu
liderazgo. No permitas que tu decisión se de a causa de
las quejas de la multitud. Escucha a Dios y la misión
que te ha dado. Hazte las siguientes preguntas:

1. ¿Soy un reactor o un creador cuando dirijo?
2. ¿Juego a la defensiva o a la ofensiva cuando dirijo?
3. ¿Quiero quedar bien con la gente o con Dios
   cuando dirijo?
4. ¿Estoy a cargo de mi agenda o alguien más decide
   cómo uso mi tiempo?

La Biblia de liderazgo con notas de John C. Maxwell

NO PISOTEES TU LIDERAZGO

*Y (Uzías) persistió en buscar a Dios en los días de
Zacarías, entendido en visiones de Dios; y en estos días en
que buscó a Jehová, él le prosperó… Mas cuando ya era
fuerte, su corazón se enalteció para su ruina; porque se
rebeló contra Jehová su Dios…*

2 CRÓNICAS 26.5,16

Las decisiones que tomamos con frecuencia
reflejan nuestro verdadero carácter. El reinado de
Uzías reflejó los reinados de Asa, Josías y Amasías.
Empezó bien y terminó en desgracia. Durante los
primeros años, Uzías mostró habilidades de liderazgo
fuertes y que reflejaban a Dios. El Señor lo bendijo con
éxito en lo militar. Durante ese tiempo, su círculo
íntimo incluía a un consejero espiritual piadoso llamado
Zacarías, quien ejerció una influencia significativa para
bien. Uzías buscó a Dios y el Señor lo prosperó.

Entre más crecía el reino y la riqueza de Uzías, sus
prioridades se movían más hacia el éxito personal que
hacia las cosas que deleitaban el corazón de Dios. Un
deseo por el poder consumió su alma y el rey
intencionalmente se salió del papel ordenado por su
Dios. Como resultado, Uzías dejó un legado de
desgracia. «Así fue leproso hasta el día de su muerte y
habitó en una casa apartada, porque fue excluido de la
casa de Jehová» (2 Crónicas 26. 21). Un triste final de
un comienzo prometedor.

La Biblia de liderazgo con notas de John C. Maxwell

EL LIDERAZGO COMIENZA EN EL HOGAR

Y si mal os parece servir a Jehová, escogeos hoy a quién
sirváis; si a los dioses a quienes sirvieron vuestros padres,
cuando estuvieron al otro lado del río, o a los dioses
de los amorreos en cuya tierra habitáis; pero yo y mi
casa serviremos a Jehová.

JOSUÉ 24.15

Como líder, ¿Dónde debería comenzar tu influencia? De la vida de Josué se puede obtener una buena respuesta. Para él —como para todos los líderes que quieren impactar más allá de su propia vida— comenzaba en el hogar. Antes de cualquier otra cosa, Josué asumió la responsabilidad de la vida espiritual de su familia. El liderazgo de Josué en su familia era mayor que el liderazgo en su país. Puede resultar irónico, pero cuando un líder pone primero a su familia, la comunidad se beneficia. Cuando el líder pone primero a la comunidad, tanto la familia como la comunidad sufren. La clave para afectar a otros positivamente es comenzar en el hogar. Dado que Josué tenía sus prioridades en el orden correcto y había dirigido bien su hogar, ganó la credibilidad para guiar a toda la casa de Israel.

Si tienes una familia, quiero alentarte a ponerla en primer lugar en tu liderazgo. No hay legado comparable con la influencia positiva que un líder ejerce sobre su familia.

Los 21 minutos más poderosos en el día de un líder

SE NECESITA MÁS QUE POTENCIAL

Quita las escorias de la plata,
y saldrá alhaja al fundidor.
Aparta al impío de la presencia del rey,
y su trono se afirmará en justicia.

PROVERBIOS 25.4-5

Sansón lo tenía todo. Era un niño especial, anunciado por el ángel de Jehová a sus padres. Tenía un destino y propósito divino. La Biblia narra que el ángel dijo: «El niño será nazareo a Dios desde su nacimiento, y él comenzará a salvar a Israel de mano de los filisteos» (Jueces 13.5).

¿Por qué Sansón no llegó a ser el gran líder que su potencial prometía? Su despreciable carácter lo hizo indigno de confianza, y eso destruyó su liderazgo. Era impetuoso, voluble, lascivo, caprichoso, sentimental e imprevisible. Antes de estar acabado, rompió su voto de nazareo. Sansón coqueteó reiteradamente con el desastre, hasta que lo atrapó.

Pienso que muchas personas creen que si reciben un comienzo como el de Sansón, hallarán que es fácil dirigir y terminar bien. Pero Dios nos da a cada uno una salida suficientemente buena como para terminar bien. Depende de nosotros vigilar nuestro carácter y edificar la confianza entre los demás para que Dios pueda usar nuestro liderazgo.

Los 21 minutos más poderosos en el día de un líder

SE NECESITA TIEMPO PARA LEVANTAR A UN LÍDER

Y Jehová dijo a Moisés: Toma a Josué hijo de Nun, varón en el cual hay espíritu, y pondrás tu mano sobre él; y lo pondrás delante del sacerdote Eleazar, y delante de toda la congregación; y le darás el cargo en presencia de ellos. Y pondrás de tu dignidad sobre él, para que toda la congregación de los hijos de Israel le obedezca.
NÚMEROS 27.18-20

De todas las formas maravillosas en que Moisés expresó su liderazgo, la más estratégica fue capacitar a Josué.

Moisés invistió su autoridad, sus habilidades y su unción en Josué. Él le dio a Josué su tiempo, su visión, un ambiente de aprendizaje, una oportunidad para probarse a sí mismo y sobre todo tuvo fe en el futuro de Josué.

La interacción de Moisés y Josué nos demuestra que reproducir líderes no es un proceso rápido o simple. Requiere tiempo, inversión emocional y sacrificio.

Cuando empieces a desarrollar la siguiente generación de líderes, debes reconocer que tus protegidos necesitarán ciertas cosas:

1. *Necesitarán de ellos mismos: La convicción, el valor y la obediencia*
2. *Necesitarán del mentor: Capacitación*
3. *Necesitarán de Dios: Visión*
4. *Necesitarán de la gente: Compromiso*

Con tiempo, inversión y sacrificio, construirás un legado de liderazgo.

La Biblia de liderazgo con notas de John C. Maxwell

CUANDO UN LÍDER HABLA

*Y con otras muchas palabras testificaba y les exhortaba,
diciendo: Sed salvos de esta perversa generación. Así que,
los que recibieron su palabra fueron bautizados; y se
añadieron aquel día como tres mil personas.*

HECHOS 2.40-41

Cuando alguien hace una pregunta ¿a quién mira la gente? ¿A quién esperan escuchar? La persona a la que miran es el verdadero líder.

Cuando se trata de identificar a un líder, la tarea puede ser mucho más fácil —si recuerdas qué cosas estás buscando. No escuches las afirmaciones de la persona que profesa ser el líder. En vez de eso, observa las reacciones de la gente alrededor que rodea a esa persona. La prueba del liderazgo se encuentra en los seguidores. La gente escucha lo que alguien tiene que decir, no necesariamente por la verdad que está siendo comunicada en el mensaje, sino por respeto al orador.

Ahora te pregunto lo siguiente: ¿Cómo reacciona la gente cuando te comunicas? Cuando hablas, ¿la gente escucha —quiero decir, escucha *realmente*? O ¿espera escuchar a otra persona antes de actuar? Puedes descubrir mucho acerca de tu nivel de liderazgo si tienes el valor de hacerte esta pregunta y responderla.

Las 21 leyes irrefutables del liderazgo

LOS PRIMEROS 40 AÑOS DE MOISÉS EN EL DESIERTO

… pero Moisés huyó de delante de Faraón, y habitó en la tierra de Madián… Y Moisés convino en morar con aquel varón; y él dio su hija Séfora por mujer a Moisés.

ÉXODO 2.15,21

¿En qué forma Dios preparó a Moisés para que fuera el hombre que liberara a los hebreos de la esclavitud egipcia? Él no lo preparó de un día para el otro, sino que tomó tiempo. No lo hizo a través de un sólo evento, sino fue todo un proceso. Otros antes de Moisés esperaron años para que Dios cumpliera su proceso de desarrollo de liderazgo:

Noé esperó 120 años antes de que la lluvia predicha cayera.

Abraham esperó 25 años por un hijo prometido.

José se pasó 14 años en prisión por un crimen que no cometió.

Job esperó quizás toda su vida, 60-70 años para que Dios hiciera Su justicia.

Dios prepara líderes en ollas de cocimiento lento, no en hornos de microondas. Algo que es más importante que la meta esperada es lo que Dios hace en nosotros mientras esperamos. La espera nos vuelve maduros y nos da profundidad de pensamiento, nivela nuestra perspectiva y amplía nuestra comprensión. Las pruebas del tiempo determinan si podemos resistir los momentos de preparación infructífera y nos indican si podemos reconocer y aferrarnos a las oportunidades que se nos presentan.

La Biblia de liderazgo con notas de John C. Maxwell

OBSERVA TU INFLUENCIA

... solamente di la palabra, y mi criado sanará. Porque
también yo soy hombre bajo autoridad, y tengo bajo mis
órdenes soldados; y digo a éste: Ve, y va; y al otro: Ven, y
viene; y a mi siervo: Haz esto, y lo hace.

MATEO 8.8-9

Los sociólogos nos dicen que aun el individuo más introvertido influirá en diez mil personas durante toda su vida. Este sorprendente dato me fue aportado por mi socio Tim Elmore. Tim y yo concluimos que cada uno de nosotros influye y recibe influencia de otros. Eso significa que todos nosotros dirigimos en algunas áreas, mientras que en otras nos dirigen. Nadie se exenta de ser líder o seguidor. Hacer efectivo tu potencial de líder es tu responsabilidad. El líder prominente de cualquier grupo puede descubrirse muy fácilmente. Sólo observa a la gente cuando se reúne. Si se decide algo, ¿cuál es la persona cuya opinión parece de mayor valor? ¿A quién observan más cuando se discute un asunto? ¿Con quién se ponen de acuerdo más rápido? Y lo que es más importante: ¿A quién le sigue la gente? Las respuestas a estas preguntas te ayudarán a discernir quién es el verdadero líder de un grupo en particular.

Desarrolle el líder que está en usted

LOS LÍDERES DEBEN SER EJEMPLOS, NO EXCEPCIONES

Y se alegró Ezequías con todo el pueblo, de que Dios hubiese preparado el pueblo; porque la cosa fue hecha rápidamente.

2 CRÓNICAS 29.36

Con mucha frecuencia, los líderes se desvían. Una vez que tienen algo de experiencia bajo sus brazos y un registro de sus logros, con frecuencia abandonan el estilo de vida que los llevó a la cima. Las propias reglas que ellos una vez establecieron o apoyaron ahora los irritan. Tristemente, los líderes así olvidan el principio de administración número uno en el mundo: la gente hace lo que ve. Si desean tener éxito, los líderes deben encarnar la vida que ellos desean en sus seguidores.

Los reyes de Judá se habían desviado terriblemente y cuando Ezequías llegó al trono heredó un desastre de su padre el rey Acaz. Pero Ezequías reparó el Templo, restauró la adoración, se deshizo de los ídolos, se arrepintió por el pueblo y pidió un cambio en la tierra. Una vez que la población vio su ejemplo de adoración, le siguieron. Estos eventos se llevaron a cabo rápidamente, no sólo porque un Dios soberano había reemplazado a Acaz con un hijo piadoso, sino también porque Ezequías había dado el ejemplo de la vida que él esperaba que los demás vivieran.

La Biblia de liderazgo con notas de John C. Maxwell

Preguntar no hace daño

¿Por qué no morí yo en la matriz,
o expiré al salir del vientre?... ¿Hasta cuándo
no apartarás de mí tu mirada, y no me soltarás
siquiera hasta que trague mi saliva?

Job 3.11 y 7.19

Dios no se molesta con las preguntas: es la duda lo que le disgusta.

Durante muchas horas, los tres amigos de Job, Elifaz, Bildad y Zofar, lo acusaron de toda clase de maldad. Usaron la clase de palabras ilusas que por lo general se mencionan a aquellos que están sufriendo. Pero Job quería llevar su caso ante el Señor mismo. Y es hasta el final del libro que Dios rompe su silencio y aún cuando no responde ninguna de las preguntas de Job, no lo castiga por hacerlas. Dios reprende a Job por sólo una cosa: por dudar del carácter de justicia de Dios.

Los líderes nunca deben tener miedo de hacer preguntas difíciles a Dios, pero tampoco deben demandarle que las responda. No importa qué tan difíciles sean las circunstancias, debemos resistir la tentación de dudar de la naturaleza santa de Dios. Cuando nosotros, al igual que Job, confesamos con labios temblorosos la poderosa majestad de Dios, podremos entonces estar listos para la poderosa bendición de Dios.

La Biblia de liderazgo con notas de John C. Maxwell

UTILIZANDO LO MEJOR

Cuando Pedro le vio, dijo a Jesús: Señor,
¿y qué de éste? Jesús le dijo: Si quiero que él
quede hasta que yo venga, ¿qué a ti? Sígueme tú.
Juan 21.21-22

Uno de los más grandes errores que puede cometer un entrenador es creer que debe tratar a todos sus jugadores de igual modo. A los entrenadores se les contrata para ganar, no para hacer feliz a todo el mundo o para repartir de la misma manera el dinero, tiempo o recursos. A cada jugador se le debe brindar apoyo y ánimo. Pero creer que todos deben recibir el mismo trato es no sólo poco realista sino destructivo. Cuando se trata y compensa a todos los jugadores por igual, se está premiando la mediocre actuación del mismo modo que las contribuciones sobresalientes de los mejores jugadores.

Los grandes entrenadores dan oportunidades, recursos y tiempo de juego de acuerdo a la actuación pasada de los jugadores. A mejor actuación, mejor oportunidad. Cuando tienes un jugador como Michael Jordan, le quieres poner el balón en sus manos tan a menudo como sea posible.

Hay ocasiones en que no estás seguro del nivel de desempeño de un jugador porque no has tenido tiempo de observarlo, especialmente cuando tienes un jugador novato. Cuando eso sucede, dale frecuentes pero pequeñas oportunidades para determinar su calibre para jugar. Eso te indicará cómo responder.

Desarrolle los líderes que están alrededor de usted

CONVIÉRTETE EN UN
GENERADOR DE ÍMPETU

*Y todo Israel oyó aquel juicio que había dado el rey; y
temieron al rey, porque vieron que había en él sabiduría
de Dios para juzgar.*

1 REYES 3.28

Se necesita un líder para crear ímpetu. Una vez
que haya sido iniciado, los seguidores lo atrapan y
los directores pueden continuarlo, pero para crearlo se
requiere de alguien que pueda motivar a otros, no
alguien que necesite ser motivado. Así como un
marinero sabe que no se puede timonear un barco que
no se está moviendo hacia delante, los líderes fuertes
comprenden que para cambiar de dirección, deben
primero crear un progreso hacia adelante. Sin el impulso,
hasta las tareas más simples se vuelven imposibles, pero
con él a tu favor, casi cualquier cambio es posible.

Considera las siguientes acciones que el joven rey
Salomón hizo para crear impulso:

1. *Él empezó con lo que David le dio.*
2. *Él tomó decisiones sabias que le dieron
   credibilidad ante los demás.*
3. *Él conservó la paz.*

Ningún líder puede ignorar el impacto del ímpetu.
Si lo tienes, tú y tu gente podrán lograr cosas que nunca
soñaron lograr. Como líder, debes tomar la decisión de
generar ímpetu.

La Biblia de liderazgo con notas de John C. Maxwell

UN COMUNIDAD CRECIENTE

Y perseveraban en la doctrina de los apóstoles, en la comunión unos con otros, en el partimiento del pan y en las oraciones. Y sobrevino temor a toda persona; y muchas maravillas y señales eran hechas por los apóstoles. Todos los que habían creído estaban juntos, y tenían en común todas las cosas... Y el Señor añadía cada día a la iglesia los que habían de ser salvos.

HECHOS 2.42-44, 47

Así como el crecimiento de un pez tropical se limita al tamaño del acuario en que vive, a ti te afecta tu ambiente. Si tus circunstancias presentes no te ayudan a crecer, pasarás muchísimo trabajo al tratar de alcanzar tu potencial. Por eso es fundamental crear una atmósfera de crecimiento a tu alrededor. Ese tipo de lugar debería verse así:

1. Otros van delante de ti.
2. Te sientes desafiado.
3. Tu enfoque está adelante.
4. La atmósfera es positiva.
5. Estás fuera de tu zona de comodidad.
6. Otros están creciendo.
7. Hay disposición para cambiar.
8. Se modela y se espera crecimiento.

La vida de crecimiento continuo no es fácil, pero una buena atmósfera hace que nadar contra la corriente sea menos difícil. Y hace que el viaje sea mucho más agradable.

El mapa para alcanzar el éxito

¿Tienes problemas? busca a Dios

Pacientemente esperé a Jehová,
Y se inclinó a mí, y oyó mi clamor.
Y me hizo sacar del pozo de la desesperación,
del lodo cenagoso;
Puso mis pies sobre peña, y enderezó mis pasos.

SALMO 40.1-2

El rey David sabía de sufrimiento, particularmente de sufrimiento causado por sus propias acciones. Pero también sabía a quien debía dirigirse durante esos tiempos de dificultad.

Qué gran gozo viene a nosotros cuando comprendemos que Dios está lleno de gracia y misericordia, que no sólo nos perdona sino que también nos restaura y nos redime. El Señor nos saca de nuestros abismos personales de desesperación y nos restaura.

Cuando los tiempos de dificultad lleguen, aún las dificultades que nosotros nos causamos, debemos volvernos a Dios y esperar pacientemente en su ayuda. Él nunca nos fallará. Recuerda estas verdades acerca del Dios que sirves y luego proclámalas a los que quieran oírlas.

La Biblia de liderazgo con notas de John C. Maxwell

17 DE AGOSTO

La visión perece sin
un compromiso

*Y el ángel de Jehová se le apareció (a Gedeón), y le dijo:
Jehová está contigo, varón esforzado y valiente.*

JUECES 6.12

Todos los líderes tienen visión. Pero no toda
persona que tiene una visión es líder. Una visión
absorbente por sí misma no convierte a una persona en
líder. Tampoco una gran visión se cumplirá en forma
automática porque es atractiva o valiosa.

Una vez que Gedeón se apoderó de la visión de
liberar a Israel de sus enemigos, todavía necesitaba
conseguir que la gente quisiera ser integrada a su
liderazgo. Aunque Dios ordenó la visión, Gedeón tuvo
que dedicar su tiempo y sus acciones al cumplimiento
de la visión. La verdad del caso es que tanta gente aceptó
el liderazgo de Gedeón que Dios tuvo que enviar a una
buena cantidad de ellos a casa para asegurarse que Él
recibiría la gloria por sus victorias.

El hecho de que una persona tenga una visión y
ocupe un cargo de liderazgo no significa necesariamente
que la gente lo seguirá. Antes de subirse a bordo, tienen
que aceptarlo. Eso no ocurre en un momento. La
aceptación es un proceso continuo.

Los 21 minutos más poderosos en el día de un líder

EL INTERÉS EGOISTA ES
UNA MALDICIÓN

Cuando David supo después esto, dijo:
Inocente soy yo y mi reino, delante de Jehová,
para siempre, de la sangre de Abner hijo de Ner.
Caiga sobre la cabeza de Joab, y sobre toda la casa
de su padre; que nunca falte de la casa de Joab quien
padezca flujo, ni leproso, ni quien ande con báculo, ni
quien muera a espada, ni quien tenga falta de pan.

2 SAMUEL 3.28-29

Cuando olvidas a quien sirves, fácilmente caes presa de los instintos humanos. Los líderes no están exentos de eso.

Joab, un sobrino del rey David y un comandante del ejército exitoso, mostró una gran arrogancia hacia el rey al reprenderlo por negociar con Abner, un antiguo enemigo. Joab, básicamente le dijo a David que era un tonto por dejar que Abner escapara. Joab planeó secretamente matar a Abner, no porque fuera una amenaza para el reino de David, sino más bien por venganza personal. Envió mensajeros para que trajeran a Abner y así matarlo a sangre fría. Cuando David oyó lo que Joab había hecho, elogió al asesinado y maldijo a Joab y a su familia.

Dios nos dice que la venganza le pertenece a Él. Los líderes que no pueden humillarse a servir a Dios y a los que Él ha levantado, eventualmente acatarán sus motivos egoístas y dañarán el reino.

La Biblia de liderazgo con notas de John C. Maxwell

HAZ QUE LA COMUNICACIÓN SEA CLARA

*Le dijeron sus discípulos: He aquí ahora hablas claramente,
y ninguna alegoría dices. Ahora entendemos que sabes
todas las cosas… por esto creemos que has salido de Dios.*

JUAN 16.29-30

El éxito de tu matrimonio, tu trabajo, y tus relaciones personales depende de la comunicación.
La gente no te seguirá si no saben lo que quieres o a
dónde vas.

Tú puedes ser un comunicador efectivo si sigues
cuatro verdades básicas:

1. *Simplifica tu mensaje*: La clave para la comunicación
   efectiva es la simplicidad. Olvídate de impresionar a
   la gente con grandes palabras u oraciones complejas.
   Si quieres relacionarte con las personas sé sencillo.
2. *Mira a la persona:* Cuando te comuniques con las
   personas, ya sean individuos o grupos, hazte estas
   preguntas: ¿Quién es mi audiencia? ¿Cuáles son sus
   preguntas? ¿Cuáles son las necesidades a suplir?
3. *Muestra la verdad:* La credibilidad precede a la gran
   comunicación. Cree en lo que dices. Luego, vive lo
   que dices. No hay mayor credibilidad que la
   convicción en acción.
4. *Busca una respuesta*: Cuando te comuniques nunca
   olvides que el objetivo de toda comunicación es la
   acción. Cada vez que hables a la gente, dales algo
   que sentir, algo que recordar, y algo que hacer.

Las 21 cualidades indispensables de un líder

ESCOGIENDO A TU EQUIPO

Buscad, pues, hermanos, de entre vosotros a siete varones
de buen testimonio, llenos del Espíritu Santo y de
sabiduría, a quienes encarguemos de este trabajo.

HECHOS 6.3

Red Auerbach, por mucho tiempo presidente de los Celtics de Boston dijo: «Seleccionar a tu personal es más importante que dirigirlos una vez que estén en el trabajo. Si empiezas con las personas adecuadas, no tendrás problemas futuros». Se debe empezar con la materia prima adecuada para crear un equipo triunfador.

De mis colaboradores íntimos quiero que:

Conozcan mi corazón: Esto toma tiempo de parte de ellos y mía, y deseos de parte de ellos.

Me sean leales: Ellos son una extensión de mí y de mi trabajo.

Sean confiables: No deben abusar de la autoridad, poder o confianza.

Sepan discernir: Toman decisiones por mí.

Tengan corazón de siervos: Llevan una carga muy pesada debido a mis exigencias.

Sean buenos pensadores: Nuestras dos cabezas son mejores que la mía sola.

Cierren con broche de oro: Pueden tomar autoridad para llevar a cabo la visión.

Tengan un corazón dispuesto para Dios: Mi corazón puesto en Dios es la fuerza que conduce mi vida.

Desarrolle los líderes que están alrededor de usted

EVITA LAS RELACIONES DESTRUCTIVAS

No os unáis en yugo desigual con los incrédulos; porque ¿qué compañerismo tiene la justicia con la injusticia? ¿Y qué comunión la luz con las tinieblas?

2 CORINTIOS 6.14

Un buen líder con frecuencia se asocia a otros para lograr sus objetivos. De hecho, vivimos en la edad de la asociación, tanto en el mundo corporativo como en la iglesia. Pablo nos recuerda que no hay nada más peligroso para un líder que una asociación destructiva o dañina. Nota varias señales de una mala asociación:

- Los socios no comparten los mismos valores.
- Los socios no están de acuerdo en el objetivo
- Uno u ambos socios deben comprometer sus convicciones.
- Un socio demanda egoístamente que el otro se rinda.
- Un socio se beneficia y el otro pierde.

Las buenas asociaciones no fomentan una dependencia insana ni una independencia sino más bien una interdependencia. Cada uno de los socios se siente seguro, abierto y disfruta la sinergia. La asociación multiplica la productividad de ambas partes.

La Biblia de liderazgo con notas de John C. Maxwell

LA ESPERANZA FLUYE ETERNIDAD

*Porque ciertamente hay fin,
y tu esperanza no será cortada.*

La esperanza es uno de los más grandes dones que los líderes pueden dar a quienes los rodean. No se debe subestimar su poder. Un reportero le preguntó a Winston Churchill cuál había sido la más poderosa arma de su país contra el régimen nazi de Hitler. Sin dudar por un instante contestó: «La que siempre ha sido la más poderosa arma de Inglaterra: la esperanza».

Mientras tengan esperanza las personas continúan trabajando, luchando e intentando de nuevo. La esperanza eleva la moral, mejora la imagen propia, devuelve la energía a los individuos, y levanta sus expectativas. El trabajo de un líder es mantener en alto la esperanza para inculcarla en las personas que dirige. Nuestra gente tendrá esperanza sólo si se la damos. Tendremos esperanza para dar si mantenemos la actitud debida. El héroe de la batalla de Verdum, Marshall Foch dijo: «No hay situaciones sin esperanza, hay sólo hombres desesperanzados que han crecido alrededor de ellas». Mantener la esperanza viene de observar el potencial en cada situación y permanecer positivos a pesar de las circunstancias.

Desarrolle los líderes que están alrededor de usted

ACEPTANDO LA RESPONSABILIDAD QUE TIENE LA CONFIANZA DE UN LÍDER

Entonces él tuvo temor; y Josafat humilló su rostro para consultar a Jehová, e hizo pregonar ayuno a todo Judá. Y se reunieron los de Judá para pedir socorro a Jehová; y también de todas las ciudades de Judá vinieron a pedir ayuda a Jehová.

2 CRÓNICAS 20.3-4

Un líder puede delegar cualquier cosa excepto la responsabilidad. Los líderes simplemente no pueden deshacerse de ella. Ellos pueden modelarla, enseñarla y hasta compartirla. Pero tal como dijo el presidente Harry Truman: "Sólo hay un responsable y ese soy yo". Cuando Josafat se convirtió en el rey de Judá, él asumió una confianza. Él tenía que guiar al pueblo, protegerlo y administrar los recursos de la nación.

2 Crónicas 20 nos muestra el desafío más grande que tuvo hasta entonces en su liderazgo. Un ejército de tres países estaba planeando atacar a Judá. Él enfrentó las mismas opciones que todos enfrentamos durante una crisis: Darse por vencido, retroceder o levantarse y luchar. Es en esos momentos en los que podemos saber qué calidad tiene nuestro liderazgo:

1. *Los que abandonan la lucha:* Los líderes que se rinden y no se responsabilizan.
2. *Los que se escabullen de la lucha:* Los líderes que se excusan por no ser responsables.
3. *Los que retrasan la lucha:* Los líderes que posponen el tener una responsabilidad.
4. *Los que van a la lucha:* Los líderes que se responsabilizan y actúan como Josafat.

La Biblia de liderazgo con notas de John C. Maxwell

NO ABANDONES TUS SUEÑOS

Y Josué hijo de Nun y Caleb hijo de Jefone, que eran de
los que habían reconocido la tierra, rompieron
sus vestidos, y hablaron a toda la congregación de
los hijos de Israel, diciendo: La tierra por donde
pasamos para reconocerla, es tierra en gran manera
buena. Si Jehová se agradare de nosotros, él nos
llevará a esta tierra, y nos la entregará…
Entonces toda la multitud habló de apedrearlos.

NÚMEROS 14.6-8, 10

En sus primeras etapas, un sueño es algo increíblemente frágil. Como lo expresa el experto en liderazgo y amigo Bob Biehl: «Los sueños son como burbujas de jabón flotando cerca de rocas afiladas en un día ventoso».

Los sueños nuevos son muy frágiles porque no hemos tenido tiempo todavía de dejarlos crecer ni de desarrollarse. Cuando un árbol de roble tiene apenas un año, hasta un niño puede arrancarlo de raíz. Pero cuando ha pasado un tiempo y se establece con firmeza, ni la fuerza de un huracán puede derribarlo.

Los sueños pueden ser derribados con mayor facilidad en este punto porque si son atacados, los amigos o miembros de la familia son seguramente los atacantes puesto que son los únicos que los conocen. Nuestras esperanzas y deseos pueden superar las críticas de un extraño, pero tienen más dificultad para sobrevivir cuando los mina un ser amado.

El mapa para alcanzar el éxito

Transiciones del liderazgo

Y el rey juró diciendo: Vive Jehová, que ha redimido mi
alma de toda angustia, que como yo te he jurado por
Jehová Dios de Israel, diciendo: Tu hijo Salomón reinará
después de mí, y él se sentará en mi trono en lugar mío;
que así lo haré hoy.

1 Reyes 1.29-30

Dos cosas ayudaron a Salomón en su sucesión al
trono de Israel; ambas le dieron la autoridad que
se necesitaba para gobernar. Primero, Dios lo escogió
para ser el próximo rey. Segundo, David lo escogió
como su sucesor.

Las transiciones en el liderazgo generalmente causan
problemas significativos en los grupos y en las
organizaciones. Nota lo que David hizo para facilitar el
proceso de transición en su reino:

Él hizo un compromiso público.

Trajo a personas claves con influencia al proceso.

Le dio a Salomón algunos de sus propios recursos,
que fueron reconocidos fácilmente por el pueblo.

Dispuso una comisión pública para Salomón.

Públicamente apoyó el liderazgo de Salomón.

Inició una celebración para entregar el liderazgo a su
sucesor.

La Biblia de liderazgo con notas de John C. Maxwell

DEJA QUE DIOS USE
TUS HABILIDADES

Pero Saulo mucho más se esforzaba,
y confundía a los judíos...
demostrando que Jesús era el Cristo.

HECHOS 9.22

El psicólogo Sheldon Kopp dice: «Todas las batallas importantes se libran dentro de uno». Y es verdad. La gente libra las más grandes batallas contra sus propias flaquezas y fracasos. Para contar con una oportunidad de alcanzar tu potencial, debes saber quién eres y enfrentar tus defectos. Para hacer eso:

1. Mírate a ti mismo con claridad
2. Se sincero al admitir tus defectos.
3. Descubre con alegría tus capacidades
4. Desarrolla esas capacidades con pasión.

Tú puedes alcanzar todo tu potencial mañana si te dedicas a crecer hoy. Recuerda que para cambiar tu mundo, primero debes cambiar tú.

El lado positivo del fracaso

DEJA MÁS QUE UNA HERENCIA

Porque cuando muera no llevará nada,
ni descenderá tras él su gloria.

SALMO 49.17

Dios nos invita a poner nuestros ojos en las cosas duraderas. A la luz de la eternidad, los líderes no pueden consumirse con lo temporal. Solamente la visión duradera, una visión conectada a la eternidad, hará que un líder que refleja a Dios, se sienta realizado. En otras palabras, debemos forjar un legado.

Hay una gran diferencia entre un legado y una herencia. Cualquiera puede dejar una herencia. Una herencia es algo que le dejas a tu familia o a tus amados. (Se desvanece). Un legado es algo que tú dejas *en* tu familia o *en* tus amados. Considera estas diferencias:

HERENCIA	LEGADO
1. Algo que le das a otros	1. Algo que dejas en los demás
2. Les trae felicidad temporal	2. Los transforma de manera permanente
3. Con el tiempo se desvanece al utilizarse	3. Se mantiene aún después de que mueres
4. Puede que valga o no valga la pena	4. Se convierte en un logro

La Biblia de liderazgo con notas de John C. Maxwell

MODELA EL CAMINO

El siervo no se corrige con palabras;
Porque entiende, mas no hace caso.

PROVERBIOS 29.19

Al principio las personas son influidas por lo que ven. Si tienes niños, probablemente ya has notado esto. No importa lo que les digas a tus niños que hagan, su inclinación natural es imitar lo que te ven hacer. La mayoría de las personas verán tu influencia en sus vidas si te perciben como alguien positivo, confiable y con cualidades admirables.

Cuando conoces personas, inicialmente careces de influencia sobre ellas. Si las conoces a través de alguien en quien confían y habla bien de ti, puedes «tomar prestada» parte de la influencia de esa persona. Pero tan pronto como tengan la oportunidad de observarte, tus acciones edificarán o destruirán esa influencia.

Seamos personas de influencia

Siguiendo al Líder

Y dijo David a Abigail: Bendito sea Jehová Dios de Israel, que te envió para que hoy me encontrases. Y bendito sea tu razonamiento, y bendita tú, que me has estorbado hoy de ir a derramar sangre, y a vengarme por mi propia mano.

1 Samuel 25.32-33

Después de la muerte de Samuel, David se mudó al desierto de Parán. Allí encontró a unos pastores que cuidaba los rebaños del próspero Nabal, un hombre contencioso, rudo e insolente que estaba casado con una mujer hermosa, inteligente e intuitiva llamada Abigail.

Cuando Nabal ofendió a David, Abigail rápidamente buscó la forma de calmar la situación. Abigail organizó un banquete y fue al encuentro de David y así hizo que él desistiera de vengarse de Nabal. A pesar del mal comportamiento de su esposo, Abigail respondió de manera respetuosa y Dios mismo vengó a David removiendo a Nabal.

David reconocía una mujer de Dios cuando la veía y luego de que Nabal muriera, David la tomó por esposa. David valoró la fuerza de Abigail y se sintió muy atraído a esta líder femenina.

La Biblia de liderazgo con notas de John C. Maxwell

LLAMA A LAS RESERVAS

Después de estas cosas, designó el Señor también a
otros setenta, a quienes envió de dos en dos delante
de él a toda ciudad y lugar adonde él había de ir.

LUCAS 10.1

No es difícil ver en los deportes la importancia de
tener buenos jugadores de reserva sentados en la
banca. En la Liga Mayor de Béisbol, los equipos que
ganan campeonatos lo hacen debido a que tienen más
que una buena rotación de lanzadores y un sólido
bloqueo. Ellos poseen grandes lanzadores de reserva y
jugadores fuertes quienes pueden sustituir o batear de
emergencia saliendo de la banca. En la NBA, los
jugadores y los fanáticos han reconocido desde hace
mucho tiempo el impacto de la banca al hablar de la
importancia total del «sexto hombre»: la persona que
hace una gran contribución al éxito del equipo y que sin
embargo no es uno de los cinco iniciadores en la cancha
de básquetbol. Además, los entrenadores modernos de
fútbol americano profesional manifiestan la necesidad de
tener dos mariscales de campo, sumamente habilidosos
y capaces de hacer ganar partidos a sus equipos.
Sencillamente un gran iniciador por sí solo no es
suficiente si un equipo quiere ir al nivel superior.

Cualquier equipo que desee sobresalir debe tener
tanto buenos sustitutos como buenos iniciadores. Eso es
cierto en cualquier campo, no solo en los deportes.
Quizás puedas hacer algunas cosas maravillosas con solo
un puñado de personas sobresalientes, pero si quieres que
tu equipo triunfe en un largo trayecto, debes formar tu
reserva. Un gran equipo sin reserva finalmente fracasa.

Las 17 leyes incuestionables del trabajo en equipo

¿QUÉ QUIERE TU GENTE?

Me volví y vi todas las violencias que se hacen debajo del sol; y he aquí las lágrimas de los oprimidos, sin tener quien los consuele; y la fuerza estaba en la mano de sus opresores, y para ellos no había consolador. He visto asimismo que todo trabajo y toda excelencia de obras despierta la envidia del hombre contra su prójimo. También esto es vanidad y aflicción de espíritu. El necio cruza sus manos y come su misma carne. Más vale un puño lleno con descanso, que ambos puños llenos con trabajo y aflicción de espíritu. Yo me volví otra vez, y vi vanidad debajo del sol. Está un hombre solo y sin sucesor, que no tiene hijo ni hermano; pero nunca cesa de trabajar, ni sus ojos se sacian de sus riquezas, ni se pregunta: ¿Para quién trabajo yo, y defraudo mi alma del bien? También esto es vanidad, y duro trabajo.

ECLESIASTÉS 4.1, 4-8

Aún cuando Eclesiastés 4 parece continuar el tema del libro acerca de la vanidad, en realidad intenta hablar acerca de la motivación. Salomón dice que él observa a las personas en una variedad de contextos y nada parece satisfacerlas. Como líderes, debemos comprender las necesidades que motivan a las personas. ¿Qué es lo que buscan en la vida? Nota las observaciones de Salomón acerca de lo que motiva a la mayoría de los hombres y las mujeres:

Comodidad y realización (afiliación)

Competencia y triunfo (logro)

Consumo y codicia (influencia)

La Biblia de liderazgo con notas de John C. Maxwell

SEPTIEMBRE

La marca de los grandes líderes

no es lo que logran por sí mismos,

sino lo que logran a través

de los demás..

CONÉCTATE CON LA HERENCIA DE TU LIDERAZGO

Contado todo Israel por sus genealogías, fueron escritos en el libro de los reyes de Israel. Y los de Judá fueron transportados a Babilonia por su rebelión.

1 CRÓNICAS 9.1

Los primeros nueve capítulos de 1 Crónicas nos proporcionan una genealogía de los líderes de Israel, ¡casi un tercio del libro! El enorme espacio dado a esta lista ancestral ilustra la vasta importancia que la herencia tenía para un líder hebreo. Nuestra generación y nuestra cultura parecen darle un menor valor a la tradición y a la familia que otras sociedades en la historia. ¿Qué aprendemos de los linajes de los líderes judíos?

Se mantuvieron vinculados a su herencia.

Vieron su lugar en la historia y así obtuvieron una perspectiva.

Pudieron honrar y rendir homenaje a sus antecesores.

Vieron su linaje como una bendición familiar y pasaron esta bendición.

Usaron su herencia para proveer un sentido de estabilidad a sus hijos.

Descubrieron tendencias de dones y llamados ancestrales.

Pudieron retener su identidad aun cuando estaban exiliados en tierra extranjera.

La Biblia de liderazgo con notas de John C. Maxwell

CUANDO FALLAS, APRENDE DE ESO

*Entonces él comenzó a maldecir, y a jurar:
No conozco al hombre. Y enseguida cantó el gallo.
Entonces Pedro se acordó de las palabras de Jesús, que
le había dicho: Antes que cante el gallo, me negarás
tres veces. Y saliendo fuera, lloró amargamente.*

MATEO 26.74-75

Todos fallamos y cometemos errores. Seguramente has oído aquello de que «errar es humano, perdonar es divino» y que Alexander Pope escribió hace más de doscientos cincuenta años. Lo que él estaba haciendo era nada más que parafraseando un dicho que era muy común dos mil años antes durante el tiempo de los romanos. Hace poco me encontré con algo que se ha dado en llamar "Reglas para ser humano". Creo que la lista describe bien el estado en que nos encontramos como personas:

Regla # 1. Tienes que aprender lecciones.

Regla # 2. No hay faltas, solo lecciones.

Regla # 3. Una lección se repite hasta que se aprende.

Regla # 4. Si no aprendes las lecciones fáciles, se hacen más difíciles.

Regla # 5. Sabrás que has aprendido una lección cuando tus acciones cambien.

Norman Cousins tenía razón cuando dijo: «La esencia del hombre es la imperfección». El fracaso es sólo un precio que pagamos para alcanzar el éxito. Si aprendemos a abrazar la nueva definición de fracaso, entonces estaremos listos para aceptar el lado positivo del fracaso.

El lado positivo del fracaso

LOS LÍDERES LLEGAN AL CORAZÓN ANTES DE PEDIR AYUDA

Cuando todo el pueblo vio que el rey no les había oído, le respondió estas palabras, diciendo: ¿Qué parte tenemos nosotros con David? No tenemos heredad en el hijo de Isaí. ¡Israel, a tus tiendas! ¡Provee ahora en tu casa, David! Entonces Israel se fue a sus tiendas.

1 REYES 12.16

Un líder no se puede conectar con la gente únicamente cuando él se está comunicando con un grupo; él debe conectarse con los individuos. Entre más fuerte sea la relación y la conexión entre los individuos, más fuerte será el deseo del seguidor por ayudar al líder. Los líderes exitosos siempre deben iniciar esa conexión.

Conectarse con la gente no es algo complicado, pero requiere de esfuerzo. Observa cómo Roboam ignoró esta prioridad:

Tu gente está más dispuesta a actuar si tú les llegas al corazón.

Cuando tú des primero, tu gente dará también.

Cuando te conectas con individuos, ganas la atención de multitudes.

Cuando extiendes tu mano para ayudar a tu gente, ellos te ofrecerán su mano también.

Ya sea que acabes de tomar una posición de liderazgo o que estés bien establecido, debes conectarte con tu gente si quieres tener éxito.

La Biblia de liderazgo con notas de John C. Maxwell

¿ERES UNA PERSONA ÍNTEGRA?

El peso falso es abominación a Jehová;
mas la pesa cabal le agrada.

PROVERBIOS 11.1

Una persona con integridad no divide su lealtad (eso es duplicidad), ni finge ser de otra manera (eso es hipocresía). La gente con integridad es gente «completa»; puede identificarse por tener una sola manera de pensar. Las personas con integridad no tienen nada que esconder ni nada que temer. Sus vidas son libros abiertos. V. Gilbert Beers dice: «Una persona con integridad es la que ha establecido un sistema de valores ante el cual se juzga toda la vida».

La integridad no es tanto lo que hacemos sino lo que somos. Y lo que somos, a su vez, determina lo que hacemos.

Todo ser humano experimenta deseos encontrados. Nadie, sin importar cuán «espiritual» sea, puede evitar esta batalla. La integridad es el factor que determina cuál prevalecerá. Luchamos todos los días con situaciones que demandan decisiones entre lo que queremos hacer y lo que debemos hacer. La integridad da origen a las reglas básicas para resolver estas tensiones. La integridad nos permite predeterminar lo que seremos en tiempos de prueba sin importar las circunstancias, las personas involucradas o los lugares. Nos libera para ser personas completas, a pesar de lo que surja en el camino.

Desarrolle el líder que está en usted

NUESTRO CONSUELO NOS PERMITE CONSOLAR A OTROS

Bendito sea el Dios y Padre de nuestro Señor Jesucristo,
Padre de misericordias y Dios de toda consolación,
el cual nos consuela en todas nuestras tribulaciones,
para que podamos también nosotros consolar a los
que están en cualquier tribulación, por medio de la
consolación con que nosotros somos consolados por Dios.

2 CORINTIOS 1.3-4

Dios promete consolarnos en nuestras tribulaciones para poder luego compartir nuestro consuelo con los demás. Debemos otorgar ese poder de Dios a los demás. Los líderes que otorgan poder a los demás ofrecen estos regalos:

Responsabilidad—ayudan a otros a mantener sus compromisos con Dios.

Afirmación—dan palabras de ánimo y de apoyo.

Evaluación—analizan el progreso de los demás, ofreciendo una perspectiva objetiva.

Consejo—ofrecen palabras de consejo sabio y dirección.

Amonestación—dan palabras de precaución, represión o corrección.

Bienes—entregan recursos tangibles que ayudan a otros a alcanzar sus metas.

Aceptación—proveen un amor incondicional sin importar la identidad del receptor.

Aplicación—ayudan a que otros a encontrar lugares donde pueden aplicar y practicar lo que han aprendido.

La Biblia de liderazgo con notas de John C. Maxwell

TOMANDO UNA DECISIÓN DÍFICIL

Pero a Pablo no le parecía bien llevar consigo
al que se había apartado de ellos desde Panfilia,
y no había ido con ellos a la obra.

HECHOS 15.38

Algunas de las más difíciles decisiones que enfrenta un líder dan como resultado un pobre rendimiento. Un líder que no maneja bien las decisiones, dañará:

- La capacidad de la organización de cumplir sus objetivos
- La moral de los directivos
- Su propia credibilidad
- La imagen propia y la eficacia potencial de quienes no rinden

Con el fin de descubrir la acción a seguir en lo relacionado a un pobre desempeño, un líder debe preguntarse: «¿Se debería entrenar, transferir o despedir a este individuo?» La respuesta determinará el adecuado camino de acción. Si el bajo rendimiento se debe a capacidades mediocres o no desarrolladas, el entrenamiento se hace necesario. Algunas veces un empleado tiene bajo rendimiento porque se espera que desarrolle una tarea que no corresponde a sus dones y habilidades. Si tiene una buena actitud y deseos de triunfar, se le puede transferir a un cargo de acuerdo con sus dones. Allí podría desarrollarse. Despedir un empleado es una de las más difíciles decisiones que enfrenta un líder, pero beneficia a la organización y a todos en ella.

Desarrolle los líderes que están alrededor de usted

LA PROPIA PROMOCIÓN ES LA PROPIA DESTRUCCIÓN

Abimelec hijo de Jerobaal fue a Siquem, a los hermanos
de su madre, y habló con ellos, y con toda la familia
de la casa del padre de su madre, diciendo: Yo os ruego
que digáis en oídos de todos los de Siquem: ¿Qué os
parece mejor, que os gobiernen setenta hombres, todos
los hijos de Jerobaal, o que os gobierne un solo hombre?
Acordaos que yo soy hueso vuestro, y carne vuestra.

JUECES 9.1-2

A primera vista, Abimelec parecía ser el candidato ideal para tener el liderazgo. Por ser un comunicador dotado y un estratega habilidoso, decidió en su corazón convertirse en el gobernador del pueblo. Él tenía pasión para dirigir, pero la pasión no significa que él haya sido el adecuado.

Después de la muerte de su padre, Gedeón, el ambicioso Abimelec, puso su mirada en el liderazgo de Israel, pero nunca buscó la perspectiva de Dios acerca de su carrera. Empleó hombres «indignos y descuidados» para imponer su voluntad. Y como líder asesinó a setenta competidores potenciales. Al final, este egocéntrico «busca poder» y sus compinches murieron bajo la ira de Dios.

La propia promoción puede «funcionar» a corto plazo, pero a la larga Dios se asegura que fracase. Los líderes que reflejan a Dios deben recordarse a sí mismos de la instrucción de Dios: «Humillaos, pues, bajo la poderosa mano de Dios para que Él os exalte cuando fuere tiempo» (1 Pedro 5. 6).

La Biblia de liderazgo con notas de John C. Maxwell

Un líder confiable...

*Y Samuel creció, y Jehová estaba con él,
y no dejó caer a tierra ninguna de sus palabras.
Y todo Israel, desde Dan hasta Beerseba, conoció
que Samuel era fiel profeta de Jehová.*

1 Samuel 3.19-20

¿Alguna vez te has preguntado qué fue lo que le dio a Samuel tal credibilidad delante de los demás? Cuando él hablaba la gente lo escuchaba.

El éxito de Samuel comenzó cuando él era sólo un niño, bajo las alas de su mentor Elí. Dios le habló a Samuel una noche, luego Samuel le habló a Elí la palabra que el Señor le envió. A pesar de la dureza del mensaje de Dios para Elí, Samuel habló la verdad en amor. Este encuentro se convertiría en el patrón de conducta de Samuel a lo largo de toda su vida.

No pasó mucho tiempo para que el pueblo de Israel buscara en Samuel las palabras de guía para su futuro. Necesitaban ayuda para recuperar el Arca del Pacto. Necesitaban una buena estrategia contra sus enemigos, los filisteos. Eventualmente pidieron su permiso para coronar un rey viendo que otras naciones tenían rey.

La influencia del profeta siguió en aumento. Fue tan vasta que cuando el rey Saúl fracasó en su liderazgo, Samuel mismo lo derrocó. ¡Imagínate! ¡Tenía la autoridad para poder remover al mismo rey! Samuel exhortó, afirmó, corrigió, profetizó, le recordó y enseñó al pueblo de Israel. Él habló la verdad y la dijo con amor.

La Biblia de liderazgo con notas de John C. Maxwell

VENCIENDO UNA MORAL BAJA

*Entonces el pueblo vino a Moisés y dijo: Hemos pecado…
ruega a Jehová que quite de nosotros estas serpientes. Y
Moisés oró por el pueblo… Moisés hizo una serpiente de
bronce, y la puso sobre un asta; y cuando alguna serpiente
mordía a alguno, miraba a la serpiente de bronce, y
vivía.*

NÚMEROS 21.7, 9

No hay nada más desagradable que estar en un equipo cuando nadie quiere estar en él. Si ese es el caso, el equipo generalmente es negativo, letárgico o desesperanzado. Si te encuentras en tal clase de situación, entonces haz lo siguiente:

Investiga la situación. Lo primero que debes hacer es poner atención a lo que el equipo está haciendo mal. Comienza por arreglar lo que se ha desarreglado.

Inspira confianza. La única manera de que un equipo cambie es que la gente crea en sí misma. Como líder, debes ser el iniciador de esa confianza.

Produce energía. El deseo de cambiar sin la energía para hacerlo frustra a las personas. Para llevar al equipo a un mayor nivel de energía, debes estar lleno de energía. Eventualmente, la energía se extenderá.

Transmite esperanza. La mayor necesidad de los jugadores en esta etapa es la esperanza. Ayuda a tu gente a ver el potencial del equipo.

La única manera de hacer rodar la pelota cuando la moral es baja es que tú mismo comiences a empujarla.

Las 17 leyes incuestionables del trabajo en equipo

LA IRONÍA DEL LIDERAZGO ESPIRITUAL

Fíate de Jehová de todo tu corazón,
Y no te apoyes en tu propia prudencia.
Reconócelo en todos tus caminos,
Y él enderezará tus veredas.

PROVERBIOS 3.5-6

Proverbios capítulos 2 y 3 plantean una paradoja aparente en el liderazgo espiritual. Debemos obtener sabiduría y comprensión, y a la vez no apoyarnos en ellas aparte de Dios. Aún la buena sabiduría lejos de Dios puede convertirse en una trampa. Entonces ¿Cómo deben pensar los líderes que reflejan a Dios? Ellos piensan en:

Grande—deben darse cuenta que la visión de Dios es por lo general más grande que ellos.

Otras personas—siempre debe incluir a otras personas.

Continuamente—no deben estar satisfechos con las respuestas actuales.

Lo principal—quieren ver resultados y fruto.

Un crecimiento continuo—deben seguir mejorando.

Sin límites—permiten que Dios no esté limitado.

Victoria—deben desear ver los mandatos de Dios en la tierra.

Intuitivamente—deben tener un sentido acerca de lo que funciona.

Servir—deben servir y añadir valor a las personas.

Rápidamente—Deben evaluar y ver posibles respuestas con prontitud.

La Biblia de liderazgo con notas de John C. Maxwell

JUNTOS COMO UN EQUIPO

Llegó entonces a Éfeso un judío llamado Apolos, natural de Alejandría… comenzó a hablar con denuedo en la sinagoga; pero cuando le oyeron Priscila y Aquila, le tomaron aparte y le expusieron más exactamente el camino de Dios. Y queriendo él pasar a Acaya, los hermanos le animaron,… y llegado él allá, fue de gran provecho a los que por la gracia habían creído.

HECHOS 18.24, 26-27

Los individuos llegan a conocerse mejor a medida que se interesan mutuamente, crecen juntos y trabajan hacia una meta común. Comienzan a apreciar las fuerzas de cada uno y son conscientes de las debilidades mutuas. Todo eso conduce al desarrollo de un equipo «adecuado».

Un buen equipo requiere actitud de compañerismo. Cada miembro debe respetar a los demás jugadores. Todos deben estar dispuestos a colaborar con el equipo y cada uno debe esperar la colaboración de los demás. Pero sobre todo, deben aprender a confiar unos en otros. La confianza es la que hace posible que dependan entre sí. Les permite compensar las debilidades de los demás en vez de tratar de explotarlas. Capacita a un miembro del equipo a manifestar sin vergüenza o manipulación a otro: «Sigue adelante y haz esta labor porque eres mejor que yo». La confianza hace que los miembros empiecen a trabajar en unidad, para empezar a obtener lo que juntos reconocen como importante.

Desarrolle los líderes alrededor de usted

FLORECE DONDE ERES PLANTADO

*Y hablaba Jehová a Moisés cara a cara, como habla
cualquiera a su compañero. Y él volvía al campamento;
pero el joven Josué hijo de Nun, su servidor, nunca se
apartaba de en medio del tabernáculo.*

ÉXODO 33.11

Raras son las personas que comienzan sus carreras
como estrellas; y quienes lo hacen a veces descubren
que su éxito es como el de algunos niños artistas: Después
de un breve resplandor en el escenario no son capaces de
volver a capturar la atención que una vez tuvieron.

Las personas con mayor éxito pasan por un
aprendizaje o período de maduración. Ten en cuenta a
alguien como Joe Montana, quien ingresó al salón de la
fama de la NFL en el año 2000. Pasó dos años en la
banca como reserva antes de ser nombrado el iniciador
de los 49s de San Francisco. Como estaba rompiendo
marcas y dirigiendo a su equipo a numerosos Súper
Tazones, la persona que se sentó en la banca como su
reserva fue Steve Young, otro gran mariscal de campo.

A algunos miembros talentosos del equipo se les
reconoce muy temprano su gran potencial y se les prepara
para triunfar. Otros trabajan en el anonimato por años,
aprendiendo, creciendo y ganando experiencia. Luego de
una década de ardua labor se convierten en «triunfadores
de la noche a la mañana». Si se da el adecuado incentivo,
entrenamiento y oportunidades, casi cualquiera que
tenga el deseo tiene también el potencial para surgir algún
día como jugador de impacto.

Las 17 leyes incuestionables del trabajo en equipo

Cualidades personales
para el liderazgo

*Ciertamente son necios los príncipes de Zoán; el consejo
de los prudentes consejeros de Faraón se ha desvanecido…
Que te digan o te hagan saber qué es lo que Jehová de los
ejércitos ha determinado sobre Egipto. Se han desvanecido
los príncipes de Zoán, se han engañado los príncipes de
Menfis; engañaron a Egipto los que son la piedra angular
de sus familias.*

Isaías 19.11-13

¿Qué califica a una persona para ser un líder? La
mayoría de los verdaderos líderes no aspiran a ser
grandes líderes; aspiran a ser grandes personas. Las
cualidades personales los llevan a las cualidades de
liderazgo. Cuando un líder lleva bien su vida, los otros
quieren seguirlo naturalmente.

Considera a la madre Teresa de Calcuta. Es muy
dudoso que ella hubiera dicho alguna vez: «¡Me preparé
para ser una gran líder!» Y sin embargo eso fue en lo que
ella se convirtió cuando determinó ser la persona que
Dios quería que ella fuera.

Si queremos que nuestro liderazgo dure, debemos
poner atención en cuatro elementos cruciales:

El carácter nos permite hacer lo correcto aún
cuando parece difícil.

La perspectiva nos permite comprender lo que debe
suceder para alcanzar una meta.

El valor nos permite iniciar y arriesgarnos para
obtener una meta digna.

El favor nos permite atraer y otorgar poder y facultad
a otros que se unen a la causa.

La Biblia de liderazgo con notas de John C. Maxwell

UN SACRIFICIO VIVO

Porque el Hijo del Hombre no vino para ser servido, sino
para servir, y para dar su vida en rescate por muchos.
MARCOS 10.45

La capacidad rara vez es la razón de que un equipo no alcance su potencial. Tampoco es un asunto de recursos. Casi siempre es un problema de pago.

Una de las razones por las que los equipos fracasan en pagar el precio para alcanzar su potencial es que malinterpretan la ley del precio. Una de las cosas difíciles que debes hacer si diriges un equipo es convencer a tus compañeros de sacrificarse por el bien del grupo. Mientras más talentosos sean los miembros del equipo, más difícil quizás es convencerlos de poner al equipo en primer lugar.

Empieza por ejemplarizar el sacrificio. Muestra al equipo que estás…

- Dispuesto a hacer sacrificios económicos por el equipo.
- Dispuesto a mantenerte en crecimiento por el bien del equipo.
- Dispuesto a conferir poder a otros por el bien del equipo.
- Dispuesto a tomar decisiones difíciles por el bien del equipo.

Una vez que has ejemplarizado una disposición de pagar tu propio precio por el potencial del equipo, tienes la credibilidad para pedir a otros que hagan lo mismo. Luego, cuando reconozcas los sacrificios que tus compañeros deben hacer por el equipo, muéstrales por qué y cómo hacerlos. Después alaba en gran manera los sacrificios de tus compañeros.

Las 17 leyes incuestionables del trabajo en equipo

LIDIANDO CON GENTE DIFÍCIL

*Dijo, pues, David a los gabaonitas: ¿Qué haré por
vosotros, o qué satisfacción os daré, para que bendigáis la
heredad de Jehová?*

2 SAMUEL 21.3

Todo líder se enfrenta con personas y circunstancias difíciles. Los gabaonitas fueron eso para David. Los siguientes tipos de personalidad difícil acosan comúnmente a los líderes en la actualidad:

TIPO DE PERSONALIDAD	ESTRATEGIA DE DEFENSA
El tanque de guerra: pasa por encima de la gente	Considera el asunto; se firme si vale la pena
El cadete espacial: vive en otro mundo	Encuentra y desarrolla sus dones especiales
El volcán: explosivo, impredecible	Apártalo del grupo, escúchalo, se directo
El chupa dedos: tiene lástima de sí mismo, hace mohines	No lo recompenses; aclara el verdadero problema
El moja camas: siempre está deprimido	Se honesto, no satisfagas sus caprichos; no lo dejes dirigir
El recolector de basura: atrae lo peor	Desafía sus declaraciones; exige honestidad
El explotador: demanda mucho tiempo y energía	Coloca límites; requiere responsabilidad

La Biblia de liderazgo con notas de John C. Maxwell

DANDO LO MEJOR DE UN TALENTO

*De manera que, teniendo diferentes dones,
según la gracia que nos es dada, si el de profecía,
úsese conforme a la medida de la fe; o si de servicio,
en servir; o el que enseña, en la enseñanza;
el que exhorta, en la exhortación; el que reparte,
con liberalidad; el que preside, con solicitud;
el que hace misericordia, con alegría.*

ROMANOS 12.6-8

Casi todos hemos visto equipos donde las personas tienen que desempeñarse en un lugar que no es para ellos: un contador forzado a trabajar con personas todo el día, un delantero que tiene que jugar de defensa, un guitarrista que ocupa el lugar ante el teclado, un profesor atrapado en hacer trabajo de oficina, una esposa que odia la cocina obligada a cocinar.

¿Qué pasa a un equipo cuando uno o más de sus integrantes juegan constantemente en la posición que no es la de ellos? Primero, baja la moral porque el equipo no está jugando a toda su capacidad; luego vienen los resentimientos. Las personas obligadas a trabajar en una posición extraña para ellos se resienten porque no pueden desarrollar todas sus capacidades. Además, otras personas en el equipo que saben que en la posición correcta podrían rendir mucho más que en la que están ocupando, se resienten de que sus habilidades estén desperdiciándose. Dentro de muy poco, la gente pierde el interés de trabajar como un equipo. Y la situación empieza a empeorar cada día.

Las 17 leyes incuestionables del trabajo en equipo

EL LADRILLO CUBIERTO
DE TERCIOPELO

*Pablo, llamado a ser apóstol de Jesucristo por la voluntad
de Dios, y el hermano Sóstenes, a la iglesia de Dios que
está en Corinto, a los santificados en Cristo Jesús,
llamados a ser santos con todos los que en cualquier lugar
invocan el nombre de nuestro Señor Jesucristo, Señor de
ellos y nuestro: Gracia y paz a vosotros, de Dios nuestro
Padre y del Señor Jesucristo.*

1 CORINTIOS 1.1-3

Como fundador humano de la iglesia de
Corinto, Pablo se enfrentaba a una gran tarea.
Pablo amaba a sus hermanos y hermanas en Cristo, pero
cuando recibió la información de las divisiones, la
inmoralidad y el orgullo que se había inmiscuido en la
iglesia, supo que tenía que confrontar el pecado.

Pablo se sintió dolido, quizás hasta molesto, por los
reportes que recibió acerca de sus colegas corintios.
Podemos ver en su carta la ansiedad que sentía por lo que
estaba pasando en esa iglesia pero también leemos de su
gran amor y preocupación por sus queridos amigos.

Era como si Pablo estuviera pegándole a la iglesia de
Corinto en la cabeza con un ladrillo cubierto de una
capa de terciopelo. El ladrillo representando su
condenación al pecado, y la capa de terciopelo
representando su amor por aquellos a quienes Dios
había separado para buenas obras.

No es fácil corregir a los que sabemos que andan
mal. Mas el Señor utiliza a líderes firmes para corregir a
su pueblo, líderes valerosos que pueden hablar la verdad
en amor.

La Biblia de liderazgo con notas de John C. Maxwell

OBSERVA EL CORAZÓN
Y EL POTENCIAL

*Entonces Abram se postró sobre su rostro, y Dios habló
con él, diciendo: He aquí mi pacto es contigo, y serás
padre de muchedumbre de gentes. Y no se llamará más tu
nombre Abram, sino que será tu nombre Abraham,
porque te he puesto por padre de muchedumbre de gentes.*

GÉNESIS 17.3-5

Creo que cada persona tiene dentro semillas de
éxito. La capacidad de descubrir las semillas del
éxito en otro requiere compromiso, diligencia y un
deseo genuino de enfocarse en los demás. Tienes que
mirar los dones de la persona, su temperamento, sus
pasiones, éxitos, alegrías y oportunidades. Y una vez que
descubres la semilla, necesitas fertilizarla con estímulo y
regarla con oportunidad. Si lo haces, esa persona
florecerá delante de tus ojos. Elevar a una persona a un
nivel superior y ayudarle a tener éxito involucra más que
dar información o habilidades. Sin embargo, el
entendimiento de algunos conceptos básicos le abre la
puerta a tu capacidad de desarrollar a otros. Por
ejemplo, recuerda que:

- Todo el mundo quiere sentirse valioso.
- Todos necesitan y responden al estímulo.
- La gente tiene una motivación natural.
- La gente sigue al individuo antes que al líder.

Mientras mejor entiendas a las personas, mayor es la
posibilidad de tener éxito como mentor.

El mapa para alcanzar el éxito

LIDERAZGO EN EL HOGAR

*Las casadas estén sujetas a sus propios maridos,
como al Señor; Maridos, amad a vuestras mujeres,
así como Cristo amó a la iglesia, y se entregó a sí mismo
por ella, Hijos, obedeced en el Señor a vuestros padres,
porque esto es justo.*

EFESIOS 5.22 Y 25, 6.1

Contrario a lo que muchos enseñan, el liderazgo en el hogar no tiene que ver con poder o control. Pablo requiere una sumisión mutua y le dice a los esposos que sean figuras de Cristo. ¿Cómo dirigió Cristo a la iglesia? Él proveyó, enseñó, lloró, sanó y murió en una cruz. El liderazgo espiritual significa darse por alguien más. Significa asumir la responsabilidad por el bienestar y el desarrollo de sus relaciones. Evalúa el liderazgo en tu hogar con cada una de las siguientes categorías:

Iniciativa—¿Dirijo y me responsabilizo por mis relaciones primordiales?

Intimidad—¿Experimento intimidad con Dios y con los demás a través de conversaciones abiertas?

Influencia—¿Sirvo de influencia bíblica al animar y desarrollar a los demás?

Integridad—¿Vivo una vida honesta, sin vergüenza de quien soy cuando nadie está mirando?

Identidad—¿Estoy seguro de quien soy en Cristo? O ¿estoy a la defensiva?

Círculo íntimo—¿Exhibo el fruto del Espíritu en mi vida, incluyendo la autodisciplina?

La Biblia de liderazgo con notas de John C. Maxwell

SER ANTES QUE HACER

El fruto del justo es árbol de vida;
Y el que gana almas es sabio.

PROVERBIOS 11.30

Creo que la mayoría de las personas tiende a pensar en el liderazgo en términos de acción, pero el liderazgo es mucho más que eso. El liderazgo no es algo que tú haces; es algo que tú eres. Y esa es una razón por la que los buenos líderes tienen un magnetismo tan fuerte. La gente es atraída por quiénes ellos son.

Todo líder desea resultados, pero el *ser* debe preceder al *hacer*. Para lograr metas más elevadas, debes ser un líder más eficiente. Para atraer a mejores personas, debes *ser* una mejor persona. Para lograr mayores resultados, debes *ser* una persona de gran carácter. Un problema común se produce cuando la identidad real de un líder y los resultados que desea no encajan. Por otra parte, el líder que es coherente en carácter, competencia y propósito hace una declaración poderosa a la gente que lo rodea, y atrae gente hacia él.

Si deseas lograr grandes cosas en su vida, procura convertirte en mejor persona y mejor líder. Nada grande se puede lograr solo. Toda tarea digna de hacerse requiere la ayuda de otros. Si quieres atraer a buenas personas, tienes que llegar a ser una mejor persona. Si estás dispuesto a hacerlo, entonces puedes dejarle los resultados a Dios.

Los 21 minutos más poderosos en el día de un líder

EL LIDERAZGO EN LA ECONOMÍA DE DIOS

*Entonces Atalía madre de Ocozías, viendo
que su hijo era muerto, se levantó y exterminó
toda la descendencia real de la casa de Judá.*

2 CRÓNICAS 22.10

Algunos líderes toman posiciones de poder por amor y por un sentido de visión. Otros buscan el liderazgo solamente para obtener poder sobre los demás y para revelar un sentimiento de superioridad. Normalmente no pasa mucho tiempo para que se pueda determinar qué clase de líder tienes. Atalía fue descubierta en poco tiempo. Hizo cualquier cosa para obtener y mantener su título ilegítimo, incluyendo la muerte de su propia sangre.

A los líderes no se les da la autoridad para ser mejores, ampliar su estatus económico o social, o para mejorar su estilo de vida. Son primeramente y siempre siervos de los demás. Este concepto aparece en toda la Escritura. Considera lo que nuestro Señor nos enseña con respecto al liderazgo de servicio:

ECONOMÍA HUMANA	ECONOMÍA DIVINA
1. Busca el poder y el prestigio.	1. Busca amar y servir a los demás.
2. Mejora la riqueza y el estatus del líder.	2. Mejora el bienestar de las personas.
3. Ve a los demás como enemigos y competidores.	3. Ve a los demás como hermanos.
4. Su motivo es remover o deshacerse de la oposición.	4. Su motivo es resolver las necesidades y ayudar a la causa.
5. El resultado: el líder es glorificado	5. El resultado: Dios es glorificado.

La Biblia de liderazgo con notas de John C. Maxwell

CORAZÓN DE CAMPEÓN

Todo aquel que lucha, de todo se abstiene; ellos, a la
verdad, para recibir una corona corruptible, pero
nosotros, una incorruptible. Así que, yo de esta manera
corro, no como a la ventura; de esta manera peleo, no
como quien golpea el aire, sino que golpeo mi cuerpo, y lo
pongo en servidumbre, no sea que habiendo sido heraldo
para otros, yo mismo venga a ser eliminado.

1 CORINTIOS 9.25-27

Hay un viejo refrán que dice: Los campeones no se
convierten en campeones en el cuadrilátero —allí
simplemente se les reconoce. El boxeo es una buena
analogía del desarrollo del liderazgo porque consiste en
una preparación diaria. Aunque la persona tenga talento
natural, debe entrenarse y prepararse para tener buen éxito.

El presidente Theodore Roosevelt, en una de sus
citas más famosas usa una analogía del boxeo: «No es el
crítico lo que cuenta, ni el hombre que señala cómo el
hombre fuerte dio un traspié, ni qué hubiera hecho
mejor el que realizaba el acto. El crédito es del hombre
que se halla en la arena, cuya cara está estropeada por el
polvo, el sudor, y la sangre; que lucha esforzadamente;
que se equivoca y se queda corto una y otra vez; que
conoce los grandes entusiasmos, las grandes devociones,
y se dedica a una buena causa».

Las 21 leyes irrefutables del liderazgo

TRES PREGUNTAS PARA LOS LÍDERES CRISTIANOS

Junto a los ríos de Babilonia,
Allí nos sentábamos, y aun llorábamos,
Acordándonos de Sión. Sobre los sauces en medio de ella
Colgamos nuestras arpas. Y los que nos habían llevado
cautivos nos pedían que cantásemos,
Y los que nos habían desolado nos pedían alegría, diciendo:
"Cantadnos algunos de los cánticos de Sión". ¿Cómo
cantaremos cántico de Jehová En tierra de extraños? Si me
olvidare de ti, oh Jerusalén, Pierda mi diestra su destreza.
Mi lengua se pegue a mi paladar, Si de ti no me
acordare; Si no enalteciere a Jerusalén Como preferente
asunto de mi alegría.

SALMO 137.1-6

Tres cosas sobresalen de la letra de este Salmo: el escritor sueña, el escritor llora, y el escritor canta. No es de extrañarse que la gente llorara, los judíos habían sido exiliados a Babilonia. No es extrañarse que ellos cantaran, no podían olvidar a Sión, la tierra que los vio nacer. No es de extrañarse que ellos soñaran, esperaban y oraban por el día de su regreso a casa.

Estos asuntos plantean grandes preguntas para todo líder:

¿En qué sueñas? ¿Qué harías si no tuvieras temor de fracasar?

¿Por qué lloras? ¿Qué cargas te motivan y te apasionan?

¿De qué cantas? ¿Qué causa que te regocijes?

La Biblia de liderazgo con notas de John C. Maxwell

UN LIDERAZGO CENTRADO EN PRINCIPIOS

Hijo mío, está atento a mis palabras;
Inclina tu oído a mis razones. No se aparten de tus ojos;
Guárdalas en medio de tu corazón; Porque son vida a los
que las hallan, Y medicina a todo su cuerpo. Sobre toda
cosa guardada, guarda tu corazón; Porque de él mana la
vida. Aparta de ti la perversidad de la boca, Y aleja de ti
la iniquidad de los labios. Tus ojos miren lo recto,
Y diríjanse tus párpados hacia lo que tienes delante.
Examina la senda de tus pies, Y todos tus caminos sean
rectos. No te desvíes a la derecha ni a la izquierda;
Aparta tu pie del mal.

PROVERBIOS 4.20-27

Los líderes duraderos no reaccionan simplemente a su cultura; basan su relación en principios universales y eternos. Se mantienen relevantes porque unen el contexto cultural con las verdades eternas. Proverbios 4 anima a los líderes para que se centren en los principios. Los versículos 20 al 27 nos enseñan que los principios de Dios nos proveen tres instrumentos cruciales:

1. Son una guía; nos ayudan a seguir en el camino correcto.
2. Son un guardia; mantienen nuestros corazones y nuestros cuerpos protegidos.
3. Son un indicador; nos permiten evaluar dónde estamos.

Todo líder debería consumir la palabra de Dios, luego poner las verdades que descubre en forma de principios que lo puedan guiar, guardar y ser un indicador de su vida.

La Biblia de liderazgo con notas de John C. Maxwell

DI NO AL STATU QUO

De modo que si alguno está en Cristo, nueva criatura es;
las cosas viejas pasaron; he aquí todas son hechas nuevas.
2 CORINTIOS 5.7

Statu quo es la frase en latín que significa «el desastre en que estamos». Los líderes pueden ver lo que es, pero más importante, tienen una visión de lo que podría ser. Nunca están contentos por cómo está la situación. Por definición, ser líder es permanecer en el frente descubriendo nuevo terreno, conquistando nuevos mundos, retirándose del *statu quo*.

La insatisfacción con la situación existente no significa una actitud negativa o ser gruñón. Tiene que ver con el deseo de ser diferente y tomar riesgos. Una persona que elude el riesgo de cambiar fracasa en crecer. Un líder que adora el *statu quo* pronto se convierte en un seguidor. Raymond Smith, de la corporación Bell Atlantic dijo en una ocasión: «Tomar el camino seguro, hacer su trabajo y no hacer cambios puede que no lo lleven a ser despedido de su empleo (al menos por ahora), pero seguro que a la larga no le ayuda mucho en su carrera o a su empresa. No somos tontos. Sabemos que los administradores son fáciles de conseguir y baratos de mantener. Los líderes, los que toman riesgos, son muy escasos. Además, los que tienen visión son oro puro».

Los riesgos parecen peligrosos a los individuos que están más cómodos con los viejos problemas que con las nuevas soluciones. La diferencia es la actitud. Cuando buscamos líderes potenciales, buscamos personas que a su vez busquen soluciones.

Desarrolle los líderes alrededor de usted

INGREDIENTES DE INFLUENCIA

*Entonces dijeron los hijos de Israel a Samuel: No ceses de
clamar por nosotros a Jehová nuestro Dios, para que nos
guarde de la mano de los filisteos.*

1 SAMUEL 7.8

¿Cómo logró Samuel tal influencia? ¿Qué hizo
que todos le escucharan? Al menos tres
cualidades indispensables le ayudaron:

Capacidad- Dios bendijo a Samuel con muchos
dones. Él escuchaba del Señor, podía conocer el futuro,
y sabiamente conocía que hacer en tiempo de crisis. Sus
capacidades fueron la razón por la cual la gente lo
escuchaba.

Carácter- A diferencia de Elí, la integridad y
honestidad de Samuel se reflejaban en cada área de su
vida. La gente confiaba en él y sabía que él buscaba lo
mejor para Israel. Consideraban que Samuel era
sumamente confiable y dependían de él para que
intercediera por ellos ante Dios.

Conexión- Samuel sabía cómo comunicarse con la
gente; él hablaba su lenguaje. Él expresaba su
compasión por sus dilemas y los animaba en sus deseos.

Afortunadamente para nosotros, la fórmula del
éxito de Samuel todavía funciona en la actualidad:

Capacidad + Carácter+ Conexión= Influencia

La Biblia de liderazgo con notas de John C. Maxwell

COMPARTE EL SUEÑO

Pablo, apóstol de Jesucristo por la voluntad de Dios,
a los santos y fieles en Cristo Jesús…

EFESIOS 1.1

Vale la pena dar a conocer a otros todo sueño que sea digno de vivirse. La persona que comparte su sueño lo verá crecer. La fuerza de las ideas compartidas suele llevarlas a un nivel completamente nuevo. El sueño se hace más grande que lo que la persona que lo lanzó imaginó que podría ser. Y los demás que participan en él suelen adoptarlo como propio.

Mientras das a otros la oportunidad de compartir tu sueño, presenta un cuadro amplio de modo que ellos puedan captar la visión. Incluye lo siguiente:

Un horizonte: para ayudarles a ver las increíbles posibilidades que tienen por delante.

El sol: para darles calor y esperanza.

Montañas: para representar los desafíos que hay por delante.

Aves para inspirarles a levantar alas como águilas.

Flores: Para recordarles que se detengan a oler las rosas; a disfrutar el viaje mientras van de camino.

Un sendero: para ofrecer dirección y seguridad, para dar la garantía de que los llevarás por el camino correcto.

Tú mismo: para demostrar tu compromiso con el sueño y con ellos.

Ellos: Para mostrarles dónde entran en el cuadro y para comunicarles tu confianza en ellos.

Cuando estás dispuesto a compartir tu sueño incluyendo a otros, casi no hay límite de lo que puedas lograr. Lo imposible queda al alcance.

El mapa para alcanzar el éxito

NUNCA TRABAJES SOLO

Y Pablo, escogiendo a Silas, salió encomendado por los hermanos a la gracia del Señor, y pasó por Siria y Cilicia, confirmando a las iglesias.

HECHOS 15.40-41

Quiero compartir un secreto contigo. Es el siguiente: *Nunca trabajes solo.* Sé que suena demasiado simple, pero es el verdadero secreto para desarrollar a otros. Siempre que quieras transmitir algo a otros, lleva a alguien contigo.

El modelo de aprendizaje que la mayoría de las personas usa en Norteamérica para enseñar es el enfoque del aula cognitiva. El líder se pone de pie y habla haciendo preguntas o dictando una conferencia. El seguidor se sienta a sus pies y escucha. Su meta es comprender las ideas del instructor. Los artesanos usan un método de entrenamiento en el trabajo. Toman aprendices que trabajan con ellos hasta que dominan su arte y son capaces de transmitirlo a otros. Su modelo es más o menos como sigue:

Yo lo hago.

Yo lo hago, y tú observas.

Tú lo haces, yo observo.

Tú lo haces.

En todos los años que he estado equipando y desarrollando a otros, no he hallado un mejor modo de hacerlo que así.

El mapa para alcanzar el éxito

DATE A TI MISMO, NO DES SÓLO TU OPINIÓN

Muchas veces he oído cosas como estas; consoladores molestos sois todos vosotros.

JOB 16.2

Elifaz, Bildad y Zofar acusaron a Job de actuar tontamente, de hablar incorrectamente y de dirigir impíamente. Pero él nunca les puso atención por dos razones: primero, ellos no conocían todos los hechos; y segundo, no practicaban la ley de la conexión.

Muchos líderes están tentados a cometer los mismos errores. Damos nuestra opinión aun cuando no conocemos toda la información y no nos hemos conectado emocionalmente con nuestra audiencia. Job llamó a sus amigos «consoladores molestos». Todo buen comunicador busca primero comprender antes de ser comprendido. Nota la diferencia entre un comunicador y un orador:

ORADOR	COMUNICADOR
1. Busca ser comprendido y querido	1. Busca comprender y comunicarse
2. Se pregunta: ¿Qué tengo?	2. Se pregunta: ¿Qué necesitan?
3. Se enfoca en las técnicas	3. Se enfoca en la atmósfera
4. Piensa en sí mismo	4. Piensa en la audiencia
5. Quiere completar el discurso	5. Quiere completar a a las personas
6. Su orientación está en el contenido	6. Su orientación está en el cambio

La Biblia de liderazgo con notas de John C. Maxwell

Se alguien con propósito

*Porque somos hechura suya, creados en Cristo Jesús
para buenas obras, las cuales Dios preparó
de antemano para que anduviésemos en ellas.*
EFESIOS 2.10

Nada puede tomar el lugar del conocimiento del propósito. Si no tratas activamente de descubrir tu propósito, posiblemente te pasarás el resto de tu vida cometiendo errores.

Creo que Dios hizo a cada persona con un propósito. Según el psiquiatra Víctor Frankl: «Cada uno tiene su vocación o misión específica en la vida. Cada cual tiene que llevar a cabo una tarea concreta que exige cumplimiento. En esto la persona no puede ser reemplazada ni se puede repetir su vida. Por lo tanto, la tarea de cada uno es tan única como específica la oportunidad para realizarla». Cada uno tiene un propósito para el cual fue creado. Nuestra responsabilidad –y nuestro mayor gozo– es identificarlo.

A continuación algunas preguntas que puedes hacerte para identificar tu propósito:

¿Qué estoy buscando? Todos tenemos un poderoso deseo en lo profundo de nuestro corazón, algo que afecta nuestros pensamientos y sentimientos más íntimos, algo que enciende nuestras almas.

¿Por qué fui creado? Piensa en tu combinación única de capacidades, en los recursos que tienes a tu disposición, en tu historia personal y las oportunidades que te rodean.

¿Creo en mi potencial? No puedes actuar consistentemente en una manera que contradiga la imagen que tienes de ti mismo.

¿Cuándo empiezo? La respuesta a la pregunta es AHORA.

El mapa para alcanzar el éxito

OCTUBRE

Tus pensamientos determinan tu carácter...
La primera persona que debes dirigir es a ti.

EL FRUTO DE LA OBEDIENCIA

*Mis ordenanzas pondréis por obra, y mis estatutos
guardaréis, andando en ellos. Yo Jehová vuestro Dios.
Por tanto, guardaréis mis estatutos y mis ordenanzas, los
cuales haciendo el hombre, vivirá en ellos. Yo Jehová.*
LEVÍTICOS 18.4-5

Dios llama al pueblo para que viva en un parámetro
más alto que el de los inconversos que los rodean.
En Levítico 18, 19 y 20, Dios presenta su parámetro más
alto acerca de las relaciones, la religión, los derechos y las
responsabilidades de los miembros de la comunidad.

¿Por qué estos parámetros tan altos? Dios quería que
Israel fuera una luz y una medida para el resto del mundo
y que los líderes de Israel fueran una luz y una medida
para la nación judía. Dios espera lo mismo de los líderes
actuales. ¿Por qué debemos ser fieles en mantener un
parámetro más alto que el del resto del mundo? Para ser
como Dios, para ser aptos para el ministerio, para
garantizar la bendición de Dios en nuestra vida, y para
recibir la recompensa de Dios por la fidelidad.

¿Que caracteriza a aquellos que escogen seguir una
vida con los parámetros más altos de Dios?

Adoptan valores que reflejan a Dios.

Se preocupan por los intereses de los demás.

Viven con integridad.

Mantienen su palabra.

Desarrollan sus dones y potenciales.

Administran bien el tiempo y el dinero.

Entregan a otros lo que han recibido.

La Biblia de liderazgo con notas de John C. Maxwell

Haz que crezca tu potencial

... en medio de la cual resplandecéis como
luminares en el mundo...

Filipenses 2.15

Se ha dicho que nuestro potencial es lo que Dios nos ha regalado, y lo que hacemos con él es nuestro regalo a Dios. Pero al mismo tiempo, nuestro potencial es probablemente el recurso sin utilizar más grande que tenemos. Muchas personas nunca se dedicarán realmente a *su* objetivo en la vida. Se convierten en personas de muchos oficios –expertos en ninguno– en lugar de enfocarse en uno solo.

A continuación hay cuatro principios que te pondrán en el camino para cultivar tu potencial:

1. *Concéntrate en una meta principal.* Jamás nadie ha alcanzado su potencial dividiéndose en veinte direcciones distintas. Alcanzar tu potencial requiere enfoque.
2. *Concéntrate en un mejoramiento continuo.* La dedicación a un progreso continuo es la clave para alcanzar tu potencial y tener éxito. Cada día puedes ser un poco mejor que ayer.
3. *Olvida el pasado.* Jack Hayford, pastor de Church on the Way [Iglesia del Camino], de Van Nuys, California, comentó: «El pasado es un asunto muerto, y no podemos impulsarnos hacia el mañana si lo llevamos a cuestas». Quizás hayas cometido muchos errores o hayas tenido un pasado con muchos obstáculos y especialmente difícil. Ábrete camino a través de ellos y avanza.
4. *Concéntrate en el futuro.* Mañana puedes ser mejor de lo que eres hoy. Como dice el proverbio: «El que no mira hacia adelante, se queda atrás».

El mapa para alcanzar el éxito

La importancia de una clara comunicación

Mas Samuel dijo al pueblo: Venid, vamos a Gilgal para que renovemos allí el reino. Y fue todo el pueblo a Gilgal, e invistieron allí a Saúl por rey delante de Jehová en Gilgal. Y sacrificaron allí ofrendas de paz delante de Jehová, y se alegraron mucho allí Saúl y todos los de Israel.

1 Samuel 11.14-15

Los recursos de liderazgo y los estudios nos dicen que el mensaje no es importante si los líderes no saben cómo comunicar ese mensaje claramente y motivar a los demás.

Es asombroso como Dios nos creó. Escuchamos a los líderes mientras lanzan pensamientos e ideas para luego querer proseguir hacia esas ideas. Ese es el poder de la comunicación.

Cada vez que Samuel hablaba, él seguía las siguientes reglas:

Simplificar el mensaje- Él hablaba abierta, simple y claramente. Nadie quedaba confundido.

Mirar a la persona.-Siempre se identificaba con los demás. Conocía su audiencia.

Mostrar la verdad.-Demostraba credibilidad con su pasión y su vida. Vivía lo que decía.

Buscar la respuesta.- Hablaba con un propósito. Cuando terminaba, invitaba a las personas a obedecer a Dios.

La Biblia de liderazgo con notas de John C. Maxwell

UN NIVEL DE EXCELENCIA

Porque los que ejerzan bien el diaconado,
ganan para sí un grado honroso...
1 TIMOTEO 3.13

A veces, la palabra *competencia* se usa para querer decir «apenas suficiente» Cuando hablo de la calidad de competencia que desean los miembros de un equipo, hablo en sentido de su definición más básica: «estar bien calificado, apto». Los miembros competentes de un equipo son muy capaces y altamente calificados para hacer el trabajo y para hacerlo bien. Las personas altamente competentes tienen algunas cosas en común:

1. *Están comprometidos con la excelencia-* En Christian Excellence (Excelencia cristiana), John Johnson escribe: «El éxito basa nuestros méritos en comparación con otros. La excelencia fija nuestros méritos midiéndolos contra nuestro propio potencial».

2. *Nunca se conforman con menos que lo mejor-* La palabra mediocre literalmente significa: «a la mitad del camino de una montaña». Las personas competentes nunca se conforman con menos que lo mejor.

3. *Prestan atención a los detalles-* Dale Carnegie dijo: «Si haces bien los pequeños trabajos, los grandes tienden a resolverse solos».

4. *Trabajan con consistencia-* Las personas altamente competentes trabajan todo el tiempo dando lo mejor de sí. Si el 99.9 % fuera solamente suficientemente bueno, entonces cada año se lanzarían al mercado 811,000 rollos defectuosos de película de 35 mm; en los siguientes sesenta minutos se cobrarían 22,000 cheques contra cuentas bancarias que no corresponden, y sólo en el día de hoy, se entregarían doce bebés a padres equivocados.

Las 17 cualidades esenciales del un jugador de equipo

DEBES ESTAR DISPUESTO A LEVANTARTE

Respóndeme, Jehová, respóndeme, para que conozca este pueblo que tú, oh Jehová, eres el Dios, y que tú vuelves a ti el corazón de ellos.

1 REYES 18.37

El profeta Elías conocía la idolatría de Israel y la maldad del rey Acab. Sabía que el tiempo del juicio había llegado. Y sabía también que la sequía y el hambre iban a ser devastadoras para Israel. Los sabía porque él mismo había anunciado el juicio de Dios.

Todo esto sucedió durante un tiempo muy triste en la historia de Israel, cuando todo el pueblo le había vuelto la espalda a Dios y su rey había pecado abierta y descaradamente. Elías, consumido con una indignación santa, oró para qué no lloviera en Israel, y por más de tres años no cayó una gota de lluvia. Los ríos se secaron, los cultivos se perdieron y la gente moría de hambre.

Más adelante, totalmente solo, el profeta se paró en el monte Carmelo ante 450 profetas de Baal, para probar la impotencia de ese falso dios. Con una demostración espectacular del poder del único y verdadero Dios, Elías mandó que cayera fuego del cielo y luego prosiguió con la ejecución de los sacerdotes de Baal.

¡Imagina la valentía que un solo hombre tuvo para orar por juicio sobre su propio pueblo, confrontar un rey impío y luego enfrentar a cientos de profetas falsos desafiando su piedad! Aún cuando el Señor se llevó a Elías al cielo hace mucho tiempo, este valeroso profeta todavía proclama hoy que el verdadero liderazgo puede significar pararse solo y hablar una verdad difícil.

La Biblia de liderazgo con notas de John C. Maxwell

HAZ LAS COSAS PEQUEÑAS PARA MANTENER EL ÍMPETU

Estas cosas os he hablado para que en mí tengáis paz.
En el mundo tendréis aflicción; pero confiad,
yo he vencido al mundo.

JUAN 16.33

Tu labor como líder es ayudar al equipo a mantener la moral y el ímpetu en alto. Para hacerlo:

Mantén al equipo enfocado y en curso.- Si pierden el enfoque o se salen de curso dejarán de ganar.

Comunica los triunfos.- Para elevar la moral no hay nada como ganar y celebrar la victoria.

Elimina lo que daña la moral.- Una vez que el equipo está rodando en la dirección correcta, mantenlo en curso. Los líderes ven antes que otros, de modo que necesitan proteger al equipo de las cosas que lo pueden perjudicar.

Deja que otros líderes dirijan.- Cuando un líder prepara a otros miembros del equipo para conducir y luego les da libertad de hacerlo, está haciendo dos cosas: Primera, utiliza el ímpetu que ya tiene el equipo para crear nuevos líderes que lo guíen. Es más fácil levantar nuevos líderes que triunfen si son parte de un equipo triunfante. Segunda, aumenta el liderazgo del equipo, lo que lo hace aún más triunfador.

El proceso de levantar una moral alta es simple, pero no fácil. Se necesita un liderazgo fuerte y lleva tiempo.

Las 17 leyes incuestionables del trabajo en equipo

NO DEPENDE DE LA POSICIÓN

*Pero las parteras temieron a Dios, y no hicieron como les
mandó el rey de Egipto, sino que preservaron la vida a los
niños.... Y Dios hizo bien a las parteras; y el pueblo se
multiplicó y se fortaleció en gran manera.*

ÉXODO 1.17, 20

¿Quién cambia el curso de la historia? ¿Los reyes?
¿Los potentados? ¿Los generales? ¿Los ricos?
Seguro, pero con mayor frecuencia son los hombres y
las mujeres que no tienen poder ni autoridad social los
que reforman al mundo significativamente.

Cuando el rey de Egipto se preocupó de que la
cantidad de esclavos hebreos estaba aumentado
significativamente, él mandó a llamar a dos parteras,
Sifra y Fúa y les dio instrucciones para que mataran a
todos los varones hebreos recién nacidos. Sin embargo,
estas parteras temían a Dios y se negaron a obedecer ese
mandato malévolo. A pesar de las amenazas del rey, ellas
no cedieron y continuaron ayudando para que nacieran
varones hebreos saludables. Aún cuando ellas no lo
sabían, su decisión arriesgada ayudó para que Moisés
viviera; el libertador de Israel ordenado por Dios.

En desobediencia civil, Sifra y Fúa arriesgaron sus
vidas para proteger a los niños que Dios había puesto
bajo su cuidado. Su valor hizo que Dios les mostrara
favor bendiciéndolas con hijos propios. Sin duda sus
hijos y sus nietos fueron parte del gran éxodo de Egipto.

La Biblia de liderazgo con notas de John C. Maxwell

SE EL PRIMERO EN ACEPTAR TU BUEN CONSEJO

Hijo mío, está atento a mi sabiduría, Y a mi inteligencia inclina tu oído, Para que guardes consejo, Y tus labios conserven la ciencia. Porque los labios de la mujer extraña destilan miel, Y su paladar es más blando que el aceite; Aleja de ella tu camino, Y no te acerques a la puerta de su casa; Para que no des a los extraños tu honor, Y tus años al cruel.

PROVERBIOS 5.1-3 Y 8-9

Un líder no necesita mucho tiempo para darse cuenta que es más fácil dar un buen consejo que seguirlo. Salomón prueba este punto. Nos dice repetidamente y con gran convicción que sólo los necios caen en adulterio. Salomón sabía muy bien la parte espiritual que está en juego en el matrimonio, ya que él declara «porque los caminos del hombre están ante los ojos de Jehová, y el considera todas sus veredas» (Proverbios 5. 21).

Y sin embargo, de alguna forma, este mismo líder fracasó en escuchar la advertencia explícita de Dios en contra de los reyes que tomaban para sí muchas esposas (Deuteronomio 17.17). Salomón desobedeció este mandato y se casó con setecientas mujeres. ¿El resultado? «Sus mujeres inclinaron su corazón tras dioses ajenos y su corazón no era perfecto con Jehová su Dios» (1 Reyes 11. 4).

Los líderes sabios no solamente dan un buen consejo; también lo escuchan. Qué diferente hubiera sido la suerte de Israel si Salomón hubiera escuchado el consejo que les daba a los demás.

La Biblia de liderazgo con notas de John C. Maxwell

DIOS NOS GUÍA Y NOSOTROS LE SEGUIMOS

Y atravesando Frigia y la provincia de Galacia, les fue prohibido por el Espíritu Santo hablar la palabra en Asia; y cuando llegaron a Misia, intentaron ir a Bitinia, pero el Espíritu no se lo permitió. Y pasando junto a Misia, descendieron a Troas. Y se le mostró a Pablo una visión de noche: un varón macedonio estaba en pie, rogándole y diciendo: Pasa a Macedonia y ayúdanos. Cuando vio la visión, en seguida procuramos partir para Macedonia, dando por cierto que Dios nos llamaba para que les anunciásemos el evangelio.

HECHOS 16.6-10

Todo líder necesita discernimiento. Pablo tenía y lo usaba para seleccionar nuevos líderes, para saber qué decir en una corte y para saber dónde ir en sus viajes misioneros. Mientras el equipo de Pablo viajaba por Asia, con seguridad él se dedicaba a escuchar al Espíritu Santo en sus tiempos de quietud. Dios le previno de hablar más en Asia y lo hizo seguir adelante. Luego, el Espíritu le prohibió que ministrara en Misia y Bitinia. En Troas, tuvo una visión donde un hombre le rogaba que visitara Macedonia. Así era el liderazgo dinámico de Dios.

Los líderes que saben discernir generalmente comparten estos rasgos en común: saben escuchar, son intuitivos, tienen buenos contactos, son flexibles, son optimistas y son perceptivos.

La Biblia de liderazgo con notas de John C. Maxwell

UNA CASA DIVIDIDA

De cuarenta años era Is-boset hijo de Saúl cuando
comenzó a reinar sobre Israel, y reinó dos años.
Solamente los de la casa de Judá siguieron a David.

2 SAMUEL 2.10

La muerte de Saúl causó toda clase de confusión acerca de quién sería el próximo rey. A pesar del ungimiento de Samuel sobre David, otros vieron una oportunidad tentadora para tener poder.

Las transiciones con frecuencia traen tiempos difíciles. Los líderes que no planean su partida están atrayendo problemas. Saúl pudo haber sido un héroe si hubiera cooperado con Dios para preparar la sucesión de David. No tenía a ninguna persona más sumisa en todo el palacio que él mismo David.

Saúl sufrió del problema del «yo», un ego exagerado que lo segó. Saúl se hubiera hecho mucho bien si hubiera reconocido estas verdades:

1. Ya que los cambios hacen que las personas se tornen inseguras, los líderes deben ver hacia el futuro y prepararse para hacerlos.
2. La gente puede vivir con incertidumbre, pero no sin claridad acerca de la dirección futura.
3. Las elecciones sabias de hoy «benefician» las elecciones futuras de un líder.
4. Sus habilidades para resolver los problemas y una comunicación efectiva hacen que el líder obtenga confianza y credibilidad.

La Biblia de liderazgo con notas de John C. Maxwell

Sistema de alarma para líderes

*No os engañéis; Dios no puede ser burlado: pues todo lo
que el hombre sembrare, eso también segará. Porque el
que siembra para su carne, de la carne segará corrupción;
mas el que siembra para el Espíritu, del Espíritu segará
vida eterna. No nos cansemos, pues, de hacer bien; porque
a su tiempo segaremos, si no desmayamos. Así que, según
tengamos oportunidad, hagamos bien a todos, y
mayormente a los de la familia de la fe.*
Gálatas 6.7-10

A Dios no se le pasa nada. Él lo ve todo y nadie
lo puede engañar. Nota nuestros defectos y
también nuestros esfuerzos. Para asegurarnos de que
vivimos bajo esta verdad, busca a otros a quienes
puedas rendirles cuentas de tus acciones y que actúen
como tus «alarmas». Invítalos a que te hagan preguntas
difíciles como estas:

¿Mi caminar con Dios está al corriente?

¿Estoy manteniendo mis prioridades correctamente?

¿Me estoy haciendo las preguntas difíciles?

¿Estoy rindiendo cuentas de mis acciones a alguien
en autoridad?

¿Soy sensible a lo que Dios está diciendo al cuerpo
de Cristo?

¿Me preocupa en exceso construir mi imagen?

¿Me interesa más el «evento» que el «proceso»?

¿Soy un solitario en mi liderazgo y en mi vida personal?

¿Soy consciente y honesto acerca de mis debilidades?

¿Está mi llamado constantemente enfrente de mí?

La Biblia de liderazgo con notas de John C. Maxwell

DIRIGIENDO A TRAVÉS DE LAS CULTURAS

> *Así ha dicho Ciro rey de Persia: Jehová el Dios de los cielos me ha dado todos los reinos de la tierra, y me ha mandado que le edifique casa en Jerusalén, que está en Judá. Quien haya entre vosotros de su pueblo, sea Dios con él, y suba a Jerusalén que está en Judá, y edifique la casa a Jehová Dios de Israel (él es el Dios), la cual está en Jerusalén. Y a todo el que haya quedado, en cualquier lugar donde more, ayúdenle los hombres de su lugar con plata, oro, bienes y ganados, además de ofrendas voluntarias para la casa de Dios, la cual está en Jerusalén.*

ESDRAS 1.2-4

A diferencia del rey Roboam, el rey Ciro de Persia podía comunicarse con el pueblo de Dios. Primero mostró misericordia y luego se identificó con los valores y los sentimientos del pueblo. ¿Qué fue lo que le permitió al rey Ciro comunicarse con la gente? Esdras nos dice que él exhibía...

1. *Humildad.-* Se daba cuenta que su poder venía de Dios y que debía honrarlo.
2. *Responsabilidad.-* Tuvo un fuerte deseo de construir un lugar de adoración para los judíos.
3. *Otorgamiento de poder y facultad.-* Le permitió a aquellos que tenían deseo de construir que realizaran su llamado.
4. *Recursos.-* Proclamó un decreto para apoyar a los constructores.
5. *Mayordomía.-* Administraba los dones de las personas.
6. *Prioridades.-* Valoraba las mismas cosas que el pueblo.

La Biblia de liderazgo con notas de John C. Maxwell

EL CÁRACTER ES ANTES QUE EL TALENTO

Porque los caminos del hombre están ante los ojos de Jehová, Y él considera todas sus veredas. Prenderán al impío sus propias iniquidades, Y retenido será con las cuerdas de su pecado. El morirá por falta de corrección, Y errará por lo inmenso de su locura.

PROVERBIOS 5.21-23

¿Cuántos líderes han arruinado sus vidas y han dañado las vidas de otros por su inmoralidad? El carácter se ha convertido en un asunto crucial precisamente por la gran cantidad de líderes en las áreas políticas, económicas y religiosas que han caído en la inmoralidad. Sin duda, caen parcialmente porque el enemigo está atacando líderes. Los líderes necesitan recordar que ellos influencian a muchos otros; lo que hacen no se desvanece. También necesitan darse cuenta que reemplazar a líderes caídos es un proceso lento y difícil.

Entonces ¿cómo nos protegemos de caer? Primero, debemos hacer énfasis en el carácter, no en los dones de un líder. Tenemos una mala tendencia de ver y recompensar el don más que el carácter, pero ambos deben ser desarrollados. Debemos lograr el siguiente balance si deseamos acabar bien:

Un don depositado = Un carácter construido

LO QUE SOY	LO QUE HAGO	EL RESULTADO
Humilde	Me apoyo en Dios	Poder de Dios
Visionario	Me pongo metas	Moral alta
Con convicción	Hago lo correcto	Credibilidad

La Biblia de liderazgo con notas de John C. Maxwell

El principio fundamental de la sabiduría

Y se le apareció Jehová a Salomón en Gabaón una noche en sueños, y le dijo Dios: Pide lo que quieras que yo te dé. Y Salomón dijo… Da, pues, a tu siervo corazón entendido para juzgar a tu pueblo, y para discernir entre lo bueno y lo malo.

1 Reyes 3.5-6, 9

Muy al principio del reinado de Salomón, Dios le acercó al joven rey con una propuesta: pídeme lo que quieras. Para el deleite de Dios, Salomón no le pidió riquezas, respeto entre los líderes mundiales, o una nación invencible. Salomón le pidió sabiduría y Dios se la dio en abundancia.

La Biblia nos dice que el Señor le dio al rey «sabiduría y una gran comprensión además de un gran corazón como la arena del mar», y su sabiduría excedía a la de cualquier otro hombre. La mente expansiva de Salomón exploraba las disciplinas de la botánica, la zoología y la música y meditaba también en temas que iban desde la economía, hasta la comunicación y el amor. La sabiduría del rey Salomón hizo que Israel prosperara en gran manera. Salomón acumuló más riqueza que cualquier otro rey en su tiempo.

Sin embargo, al final de su reinado, este brillante rey de alguna forma olvidó el principio número uno de la sabiduría: «el principio de la sabiduría es el temor a Jehová» (Salmo 111.10).

Solamente una sabiduría reforzada por un caminar vibrante con Dios nos hace líderes que lo reflejan a Él.

La Biblia de liderazgo con notas de John C. Maxwell

LA CONFRONTACIÓN DA COMO RESULTADO LA SEGURIDAD

Ciertamente yo, como ausente en cuerpo, pero presente en espíritu, ya como presente he juzgado al que tal cosa ha hecho.
1 CORINTIOS 5.3

Pablo tenía que confrontar los problemas que los corintios tenían, especialmente el asunto del incesto en la iglesia. Desgraciadamente, los líderes fracasaban en confrontar este pecado. Pablo por lo tanto instruye a los líderes sobre cómo lidiar con un miembro que se rebela en contra de una vida de obediencia al Señor.

¿Por qué la confrontación es tan difícil? Generalmente entendemos su propósito. Nuestra meta entre los hermanos no debe ser castigar o aislar, sino más bien restaurar. La confrontación es un acto de redención por parte del liderazgo. ¿Cuáles son los objetivos de una confrontación saludable?

Clarificación.- Obtendré una mejor comprensión de la persona y de lo que ocurrió.

Cambio.- Espero que salga algo bueno de esto. ¡Y podría ser yo!

Relación.- Probablemente profundizaré mi relación con esta persona.

Pureza.- Cuando se sepa, la organización será purificada y obtendrá sobriedad.

Respeto.- La organización probablemente incrementará el nivel de respeto por el liderazgo.

Seguridad.- La gente se sienta segura sabiendo que los líderes son lo suficientemente fuertes para defender.

La Biblia de liderazgo con notas de John C. Maxwell

REDUCE LO QUE TE DISTRAE

Pero aconteció que oyendo Sanbalat y Tobías, y los árabes,
los amonitas y los de Asdod, que los muros de Jerusalén
eran reparados, porque ya los portillos comenzaban a ser
cerrados, se encolerizaron mucho; y conspiraron todos a
una para venir a atacar a Jerusalén y hacerle daño.
Entonces oramos a nuestro Dios, y por causa de ellos
pusimos guarda contra ellos de día y de noche.

NEHEMÍAS 4.7-9

Nehemías tuvo que contender con la misma clase de peste que ataca a la mayoría de los líderes en la actualidad: todo lo que nos distrae y que además nos atormenta y hace todo lo posible para interferir con el trabajo. Sambalat primero intentó detener el trabajo burlándose y ridiculizando a los judíos. Cuando eso no funcionó, decidió usar tácticas de temor, trampas y manipulación política. El contraste entre Nehemías y Sambalat no podía ser más claro. El liderazgo y el carácter de Nehemías contrarrestaban cada asalto de Sambalat y agregaba ímpetu para que la visión de Dios se completara.

Los líderes contemporáneos pueden aprender varias lecciones valiosas al estudiar los asaltos, amenazas y conspiraciones de Sambalat:

Espera a los que querrán distraerte.

No les pongas atención.

Confía en que Dios te protegerá a ti y a tu reputación

Mantén tus manos en el arado y no mires atrás.

La Biblia de liderazgo con notas de John C. Maxwell

La seguridad está fundada en el Señor no en los seguidores

Si Jehová no edificare la casa,
En vano trabajan los que la edifican;
Si Jehová no guardare la ciudad,
En vano vela la guardia.

SALMO 127.1

Si Dios no es el centro de tus esfuerzos, laboras en vano. Sea que dirijamos en lo militar, en la construcción o detrás de un escritorio, no podemos pelear, construir o planear lo suficientemente bien como para ganar nada permanente. Los líderes inteligentes no sólo incluyen a Dios en su estrategia, sino que lo colocan en el centro. Él es el único que puede proveer seguridad a los líderes; no la podemos tener de los seguidores. Considera la siguiente lista de reglas acerca de la seguridad y las personas:

La gente no puede proveerle una seguridad permanente a un líder.

Los líderes nunca deberían poner su salud emocional en las manos de otra persona.

La salud espiritual y emocional requiere de la verdad.

Los líderes deben recordar que las personas dañadas por naturaleza dañan a las personas.

Los problemas se dan cuando los líderes dependen de las personas para hacer lo que sólo Dios puede hacer.

La Biblia de liderazgo con notas de John C. Maxwell

GUARDA TUS PENSAMIENTOS

Porque cual es su pensamiento en su corazón, tal es él…
No hables a oídos del necio, porque menospreciará la
prudencia de tus razones… Aplica tu corazón a la
enseñanza, Y tus oídos a las palabras de sabiduría… No
tenga tu corazón envidia de los pecadores, antes persevera
en el temor de Jehová todo el tiempo; porque ciertamente
hay fin, y tu esperanza no será cortada. Oye, hijo mío, y
sé sabio, y endereza tu corazón al camino.

PROVERBIOS 23.7, 9, 12, 17-19

Los líderes comprenden la importancia de sus
pensamientos en el futuro de sus organizaciones.
Considera algunos de los principios eternos que se
ofrecen en Proverbios 23 acerca de nuestros
pensamientos y de una visión de Dios para mañana.

Tus pensamientos determinan tu carácter.

Guarda tus pensamientos; se pueden convertir en
palabras en cualquier momento.

No desperdicies tus pensamientos en aquellos que
no los buscan.

La primera persona a la que debes dirigir es a ti misma
y lo primero que debes dominar es tu mente.

No permitas que tu mente se desvíe de la verdad de
Dios hacia una vana envidia.

Ten confianza en que tu visión se hará realidad.

Disciplina tus pensamientos para mantenerte firme
en lo que sabes que es correcto.

La Biblia de liderazgo con notas de John C. Maxwell

¿Cuál es tu papel?

*Entonces él volvió su rostro a la pared, y oró a Jehová y
dijo: Te ruego, oh Jehová, te ruego que hagas memoria de
que he andado delante de ti en verdad y con íntegro
corazón, y que he hecho las cosas que te agradan. Y lloró
Ezequías con gran lloro.*

2 Reyes 20.2-3

Ezequías fue uno de los dos reyes de Judá que
siguió por completo al Señor. En los días de
Esarhadón, rey de Asiria, Ezequías yacía en su lecho de
muerte. Isaías el profeta había predicho la muerte
inminente del rey y le dijo que pusiera su casa en orden.
Pero Ezequías derramó su corazón ante Dios y le
recordó su pacto y como él había dirigido fielmente a
Judá. Cuando Isaías se iba de la corte real, Dios oyó la
oración de Ezequías y lo sanó. Dios mantuvo al rey vivo
por otros 15 años. Dios hizo por el rey lo que Ezequías
no hubiera podido hacer por sí mismo. Dios y Ezequías
conocían cuál era su parte:

El papel de Ezequías	El papel de Dios
1. Mantener un corazón humilde.	1. Demostrar gracia y poder.
2. Someterse a los valores de Dios.	2. Controlar el destino de la tierra.
3. Pedirle a Dios que resuelva sus necesidades.	3. Responder a las necesidades del pueblo.
4. Seguir fiel al pacto	4. Seguir fiel al pacto.

La Biblia de liderazgo con notas de John C. Maxwell

UN LÍDER PASA LA BATUTA

Y murió en buena vejez, lleno de días, de riquezas y de gloria; y reinó en su lugar Salomón su hijo.

1 CRÓNICAS 29.28

Al ir decayendo su vida, David preparó a su hijo Salomón para que mantuviera la supervisión de la construcción del templo. El viejo rey estaba determinado a dejar su legado al establecer su sucesor y ponerlo bajo el cuidado del Dios todopoderoso. Fíjate bien en lo que hizo:

1. Reunió al pueblo.
2. Confirmó la elección de Dios sobre su sucesor.
3. Identificó la gran necesidad de ayuda.
4. Le recordó al pueblo su propio compromiso.
5. Declaró que el pueblo iba bien encaminado a su objetivo.
6. Pidió compromiso.

El pueblo amaba a este viejo rey y sabía que no les estaba pidiendo que hicieran nada que él mismo no hubiera demostrado un gran afán por completar personalmente. Ya que el pueblo hace lo que el pueblo ve, David pudo motivar a los israelitas para que hicieran tres cosas:

Dar sacrificadamente hacia el proyecto del templo.

Apoyar a Salomón en su liderazgo.

Gozarse en lo que Dios estaba haciendo con ellos.

La Biblia de liderazgo con notas de John C. Maxwell

GANANDO LA AUTORIDAD EN CRISTO

Pero Dios, que es rico en misericordia, por su gran amor con que nos amó, aun estando nosotros muertos en pecados, nos dio vida juntamente con Cristo (por gracia sois salvos), y juntamente con él nos resucitó, y asimismo nos hizo sentar en los lugares celestiales con Cristo Jesús,

EFESIOS 2.4-6

Pablo se tomó el tiempo en reflexionar sobre los fracasos humanos pasados y la presente redención de Dios. Insistía que Dios no solamente había resucitado a Jesús y lo había sentado en lugares celestiales con toda autoridad, sino que también hizo lo mismo por nosotros. Debemos identificarnos con Cristo en su vida, muerte, resurrección y ascensión. Hemos sido resucitados con Cristo. No es de extrañarse que Pablo pudiera dirigir con tal osadía. Él vivió y dirigió basado en esta verdad monumental. ¿Qué debemos hacer para experimentar la misma clase de autoridad en Cristo?

Renueva tu perspectiva.- Debemos vernos a nosotros mismos como Él nos ve y poner nuestros pensamientos en Él. Debemos basar nuestra vida sobre esta posición más que sobre nuestra experiencia.

Deja atrás el pasado.- Debemos abandonar nuestros viejos patrones. Nunca podremos dirigir de una for-ma firme si nos apegamos a nuestro viejo yo, a nues-tro pasado, a nuestra vieja ciudadanía. Debemos morir al pasado.

Recuerda tu propósito.- Nos desviamos cuando perdemos la perspectiva del por qué Dios nos puso en esta tierra. Nuestra meta es participar en el plan redentor de Dios para el mundo. Si nos aferramos el propósito, obtendremos poder.

La Biblia de liderazgo con notas de John C. Maxwell

LOS LÍDERES NO PUEDEN MOSTRAR EL CAMINO, HASTA QUE ELLOS SEPAN CUAL ES

Bienaventurados los perfectos de camino, los que andan en la ley de Jehová. Bienaventurados los que guardan sus testimonios, y con todo el corazón le buscan; pues no hacen iniquidad los que andan en sus caminos.

SALMO 119.1-3

El capítulo más largo de la Biblia es una canción acerca de la prioridad de la palabra de Dios. Durante 176 versículos, el Salmo 119 reafirma las palabras y la sabiduría de Dios y nos convence de atesorarlas más que a cualquier otra cosa en la vida.

¿Por qué es tan crucial para nosotros? Los líderes en nuestro mundo enfrentan dos realidades:

1. Los cambios suceden más rápido que nunca, por tanto los líderes deben saberse adaptar.
2. Necesitamos valores eternos ahora más que nunca, por tanto los líderes deben mantenerse motivados y guiados por los principios.

Considera lo que el Salmo 119 nos enseña acerca de la palabra de Dios como nuestra fuente para los principios de liderazgo. Nuestro liderazgo...

Será bendecido	Se mantendrá puro y ético
Será fortalecido y revitalizado	Será sabio al responder a la crítica.
Disfrutará de la libertad	Obtendrá un consejo sabio cuando lo necesite
Se mantendrá equilibrado en medio de la aflicción	Mostrará más visión que nuestros maestros.
Será iluminado e intuitivo	Tendrá una guía confiable

La Biblia de liderazgo con notas de John C. Maxwell

ANALIZA LA NECESIDAD, DESPUÉS DIRIGE

Si el que te aborrece tuviere hambre, dale de comer pan, y si tuviere sed, dale de beber agua; porque ascuas amontonarás sobre su cabeza, y Jehová te lo pagará.

PROVERBIOS 25.21-22

Los líderes necesitan responder a los individuos basados en sus necesidades más que en sus defectos. El Señor nos invita a ver lo que necesitan los demás, aunque sean nuestros enemigos y a responder de manera acorde.

Los buenos líderes hacen esto muy bien. No dirigen con un paquete predeterminado de conductas, sino que toman cada situación y disciernen lo que hay que hacer para lograr ese objetivo. Tal como un mariscal de campo que analiza la defensa y luego prepara la escaramuza, los buenos líderes se mantienen flexibles y pueden cambiar sus respuestas, no por lo que merece la persona sino por lo que necesita para triunfar. Los buenos líderes siguen este sendero durante situaciones difíciles:

Necesitan.- No temen admitir que necesitan escuchar y obtener comprensión.

Perciben.- Evalúan lo que ha sucedido y cuáles son los mejores pasos a tomar.

Alimentan.- Comunican lo que han observado en los jugadores claves.

Prestan atención.- Actúan basándose en su descubrimiento aún cuando esto significa cambiar.

Dirigen.- Proveen dirección a aquellos con los que están involucrados.

La Biblia de liderazgo con notas de John C. Maxwell

CUANDO TUS PRIORIDADES ESTÁN BIEN...

Y dijo Dios a Salomón: Por cuanto hubo esto en tu corazón, y no pediste riquezas, bienes o gloria, ni la vida de los que te quieren mal, ni pediste muchos días, sino que has pedido para ti sabiduría y ciencia para gobernar a mi pueblo, sobre el cual te he puesto por rey, sabiduría y ciencia te son dadas; y también te daré riquezas, bienes y gloria, como nunca tuvieron los reyes que han sido antes de ti, ni tendrán los que vengan después de ti.

2 CRÓNICAS 1.11-12

Todo líder debe establecer una lista de prioridades y luego aprender a poner en primer lugar lo importante. Cuando Salomón se convirtió en rey de Israel, se le dio la oportunidad de pedirle a Dios cualquier cosa. Sin duda, el rey Salomón se enfrentó a las mismas opciones que tenemos en la actualidad:

1. Las cosas fáciles primero.- Pudo haber escogido enfocarse en las tareas fáciles que tenía por delante.
2. Las cosas divertidas primero.- Pudo haber escogido las riquezas o la fama.
3. Las cosas urgentes primero.- Pudo haber pedido ayuda para construir el templo.
4. Las cosas difíciles primero.- Pudo haber buscado el favor de aquellos que no lo querían.
5. Lo importante primero.- Más bien, escogió buscar sabiduría para así glorificar a Dios.

La Biblia de liderazgo con notas de John C. Maxwell

LA REFORMA SE INICIA
DESDE ADENTRO

*Y cuando el rey hubo oído las palabras del libro de la ley,
rasgó sus vestidos.*
2 REYES 22.1

Durante sus treinta y un años de un liderazgo
que reflejaba a Dios, el rey Josías siguió de todo
corazón al Señor y dirigió al pueblo correctamente. Su
propia pasión espiritual pronto empezó a influenciar a
Judá y eventualmente causó una reforma pública.

Hasta el día de hoy Josías se mantiene como un
vívido ejemplo de un principio bíblico clave: una reforma
exterior empieza con una renovación interior. El líder
debe experimentar un cambio personal antes de pueda
implementar un cambio público. Los líderes deben
causar un impacto de la misma forma que una bomba
atómica lo hace: hacen implosión antes de explotar.

¿Cómo pudo el rey tener una «implosión» antes de
una «explosión»? Después de 10 años en el trono,
mientras él era un adolescente, Josías envió a varios
hombres al sacerdote para apurar el proceso de reparar el
templo. Mientras limpiaban los escombros, el sacerdote
encontró «el Libro de la Ley». Safán el escriba lo leyó, y
luego le reportó sus contenidos al joven rey. ¿Cómo
respondió Josías? Él hizo implosión. Rasgó sus vestiduras.
Su tierno corazón y su humildad lo impulsaron a crear
una reforma espiritual a escala nacional. El ciclo funcionó
de esta manera para el rey Josías:

Renovación personal >>> Cambio personal >>> Cambio
público implementado >>> Reforma pública

La Biblia de liderazgo con notas de John C. Maxwell

SOMETERNOS A LA AUTORIDAD
DADA POR DIOS

Sométase toda persona a las autoridades superiores;
porque no hay autoridad sino de parte de Dios, y las que
hay, por Dios han sido establecidas. De modo que quien
se opone a la autoridad, a lo establecido por Dios resiste;
y los que resisten, acarrean condenación para sí mismos.

ROMANOS 13.1-2

Pablo es práctico sobre cómo aplicar nuestra creencia a nuestras vidas desafiándonos a someternos a las autoridades dadas por Dios. Para los niños, esto significa los padres; para los adultos esto significa los líderes en el gobierno, en el trabajo y en la iglesia.

¿Por qué debemos someternos? ¿Será porque son los más listos y más confiables sobre la tierra? No. Dios simplemente nos provee con un examen de autoridad. Antes que nos convirtamos en líderes de integridad, debemos aprender a seguir a otros líderes sin importar las diferencias. De hecho, la prueba del carácter surge cuando estamos en desacuerdo con autoridades legítimas. Cuando rehusamos demandar nuestra manera y en vez de eso nos sometemos a los demás, nuestros corazones van en el camino correcto. Es en ese momento cuando Dios nos confía el poder dirigir a otros.

La Biblia de liderazgo con notas de John C. Maxwell

LECCIONES DE LIDERAZGO
DADAS POR UNA HORMIGA

Ve a la hormiga, oh perezoso, mira sus caminos, y sé sabio; la cual no teniendo capitán, ni gobernador, ni señor, prepara en el verano su comida, y recoge en el tiempo de la siega su mantenimiento.

PROVERBIOS 6.6-8

¿Quieres marcar una diferencia? Entonces pon atención a la metáfora de la hormiga. Es asombroso que una de las criaturas más pequeñas de Dios pueda convertirse en uno de los maestros más grandes. Las lecciones que la hormiga nos enseña se pueden sintetizar de esta manera:

Actitud de iniciativa: las hormigas no necesitan un comandante que les diga cuándo empezar.

Naturaleza de integridad: las hormigas trabajan fielmente y no necesitan una supervisión externa para hacer bien las cosas.

Sed de industria: las hormigas trabajan duro y reemplazan el hormiguero si se arruina.

Fuente de perspicacia: las hormigas guardan provisiones en el verano.

Si consideramos y aprendemos de la hormiga nuestra sabiduría aumentará.

La Biblia de liderazgo con notas de John C. Maxwell

ABUSO DE PODER

Y escribió en la carta, diciendo: Poned a Urías al frente,
en lo más recio de la batalla, y retiraos de él,
para que sea herido y muera.

2 SAMUEL 11.15

Pitaco escribió: «la medida de un hombre es lo que hace cuando tiene poder». 2 Samuel 11 nos cuenta la historia de un rey que olvidó que los líderes ejercen autoridad por una sola razón: servir. Considera el «sendero hacia un poder abusivo» en los líderes:

Fase 1. Sorpresa - «¿es para mí?»

Fase 2. Autoestima - «necesito esto»

Fase 3. Satisfacción - «merezco esto»

Fase 4. Egoísmo - «demando esto»

Al mirar al rey David tejer su red después de su pecado con Betsabé, notamos cinco abusos de poder comunes que todavía hacen tropezar a los líderes en la actualidad. Calvin Miller los describe de esta manera:

1. Desviarse de esa disciplina que todavía demandamos de las personas.

2. Creer que los demás nos deben el uso que hagamos de ellos.

3. Intentar reparar las cosas más que corregirlas.

4. Rehusar aceptar que nos estamos apartando de la voluntad de Dios.

5. Creer que las personas que tenemos al frente son prescindibles.

Biblia de liderazgo con notas de John C. Maxwell

EL ENGAÑO DESCALIFICA A LOS LÍDERES CON MÁS FRECUENCIA QUE LOS ERRORES

Porque yo reconozco mis rebeliones, y mi pecado está siempre delante de mí. Contra ti, contra ti solo he pecado, y he hecho lo malo delante de tus ojos; para que seas reconocido justo en tu palabra, Y tenido por puro en tu juicio.

SALMO 51..3-4

David escribió el Salmo 51 poco después de que él cometió adulterio con Betzabé y había mandado matar a Urías. Cuando Natán lo confrontó acerca de su pecado, el rey cayó al piso y lloró de amargo arrepentimiento. Públicamente buscó la restauración como un rey y como un hombre espiritual tal como lo demuestra el salmo. Debido a su corazón arrepentido, Dios le permitió que mantuviera su puesto hasta que muriera.

¿Por qué entonces algunos líderes son removidos de su posición cuando caen moralmente? La respuesta yace en la forma en que David mantuvo su confianza en Dios. Los que no se arrepienten después de alguna falla, o lo hacen sólo como un espectáculo público, por lo general pierden sus posiciones. Algunos pecados sin duda descalifican a los líderes para continuar en el liderazgo, sin embargo fallan más personas en liderazgo debido a sus engaños que a sus errores. La historia nos enseña que el público generalmente perdona a un líder que acepta sus errores, pero rehúsa perdonar a aquellos líderes que se mantienen sin arrepentimiento.

Cuando un líder engaña al pueblo, nunca más lo seguirán.

La Biblia de liderazgo con notas de John C. Maxwell

CUANDO LA GENTE ES ESTIMADA, LAS RELACIONES SON REDIMIDAS

No te jactes del día de mañana; porque no sabes qué dará de sí el día… Cruel es la ira, e impetuoso el furor; mas ¿quién podrá sostenerse delante de la envidia? Mejor es reprensión manifiesta que amor oculto. Fieles son las heridas del que ama; pero importunos los besos del que aborrece… Cual ave que se va de su nido, tal es el hombre que se va de su lugar…. Hierro con hierro se aguza; y así el hombre aguza el rostro de su amigo. El crisol prueba la plata, y la hornaza el oro, y al hombre la boca del que lo alaba.

PROVERBIOS 27.1, 4-6, 8, 17, 21

Los líderes saben que las personas son los bienes más valiosos de una organización; por lo tanto, las habilidades de las personas son el atributo más importante del líder. Proverbios 27 nos presenta algunas bases sobre las relaciones. Nos enseña que si las personas son estimadas, las relaciones son redimidas.

1. No fanfarronees.
2. No envidies.
3. Sé franco.
4. No olvides tus raíces.
5. Mantente cerca.
6. Añade valor.
7. No te dejes llevar por los halagos.

La Biblia de liderazgo con notas de John C. Maxwell

EL PELIGRO DE DEMASIADAS BÚSQUEDAS

No negué a mis ojos ninguna cosa que desearan, ni aparté mi corazón de placer alguno, porque mi corazón gozó de todo mi trabajo; y esta fue mi parte de toda mi faena. Miré yo luego todas las obras que habían hecho mis manos, y el trabajo que tomé para hacerlas; y he aquí, todo era vanidad y aflicción de espíritu, y sin provecho debajo del sol.

ECLESIASTÉS 2.10-11

Podemos aprender de los errores garrafales de Salomón. El rey de Israel persiguió desesperadamente varias metas innecesarias en su afán de satisfacerse a sí mismo. En el momento en que Salomón escribió las palabras estaba en la cima del éxito, sin embargo se sentía vacío. El antiguo axioma sigue siendo verdadero: Si persigues dos conejos, ambos escaparán.

¿Y tú? ¿Tienes una forma de determinar tu enfoque basándote en lo que realmente importa o lo que realmente vale la pena? Cuando tengas que tomar una decisión sobre cómo invertir tu tiempo y tu energía, considera la siguiente lista de control. Cuando enfrentes una decisión, pregúntate:

¿Es esto coherente con mis prioridades?

¿Está esto dentro de mi capacidad?

¿Puede alguien más hacer esto mejor que yo?

¿Qué dirían mis amigos más confiables?

¿Tengo el tiempo para hacer esto?

La Biblia de liderazgo con notas de John C. Maxwell

NOVIEMBRE

La gente no se interesa tanto
en lo que sabes hasta que sabe
cuanto te interesas por la gente.

APRENDE DE UN EXPERTO COMUNICADOR

Entonces Pablo, puesto en pie en medio del Areópago, dijo: Varones atenienses, en todo observo que sois muy religiosos; porque pasando y mirando vuestros santuarios, hallé también un altar en el cual estaba esta inscripción: AL DIOS NO CONOCIDO. Al que vosotros adoráis, pues, sin conocerle, es a quien yo os anuncio.

HECHOS 17.22-23

En los cuatro sermones que Lucas registra en el libro de los Hechos, Pedro, Esteban y Pablo practicaron la ley de la conexión, la cual dice que los líderes tocan el corazón antes de pedir la mano. El sermón de Pablo registrado en Hechos 17 es una obra de arte. Él se conectó de manera brillante con la gente de una cultura diferente, mostrando que comprendía la sociedad griega y las necesidades humanas. Nota como un experto comunicador se conectaba con su audiencia:

Comenzó con una palabra de afirmación.

Entrelazó sus tópicos con lo que era familiar a la gente.

Amplió su visión de Dios.

Usó un lenguaje inclusivo.

Les dio ánimo y esperanza.

Se identificó con algunos de sus poetas.

Les dio pasos para acciones específicas.

Fue hasta ese momento que Pablo, después de haber construido puentes relacionales, les hizo un claro llamado al arrepentimiento.

La Biblia de liderazgo con notas de John C. Maxwell

MIRA AL LÍDER Y CONOCERÁS
A LOS SEGUIDORES

*Cuando los justos dominan, el pueblo se alegra; mas
cuando domina el impío, el pueblo gime… El rey con el
juicio afirma la tierra; mas el que exige presentes la
destruye… Conoce el justo la causa de los pobres; mas el
impío no entiende sabiduría… Si un gobernante atiende
la palabra mentirosa, todos sus servidores serán impíos…
Sin profecía el pueblo se desenfrena; mas el que guarda la
ley es bienaventurado. .*

PROVERBIOS 29.2, 4, 7, 12, 18

La gente refleja a su líder. No podemos esperar
que los seguidores se desarrollen más que su líder.
No podemos esperar que los seguidores sean diferentes
a su líder. Considera lo que Proverbios nos dice acerca
de la influencia de los buenos y los malos líderes:

Actitudes- Cuando los buenos líderes gobiernan, la gente
se goza; cuando el malvado reina, la gente gime.

Estabilidad- Cuando los líderes morales gobiernan,
establecen justicia; los líderes inseguros destruyen.

Compasión- Los buenos líderes expresan preocupación
por el pobre; los malos líderes no reflejan ninguna
compasión.

Honestidad- Cuando los líderes les ponen atención a
las mentiras, su personal empieza a caer en los
mismos engaños.

Visión- Una visión sólida mantiene a todos en su lugar;
el caos reina donde no hay visión.

La Biblia de liderazgo con notas de John C. Maxwell

LOS DOS VAN JUNTOS

Amaos los unos a los otros con amor fraternal; en cuanto a honra, prefiriéndoos los unos a los otros. En lo que requiere diligencia, no perezosos; fervientes en espíritu, sirviendo al Señor.

ROMANOS 12.10-11

Muchos líderes cometen el error de separar el liderazgo de las relaciones. Esto sucede cuando las personas entran en posiciones de liderazgo y asumen que todos los seguirán debido a su posición. Algunos líderes creen equivocadamente que su conocimiento los califica para dirigir a otros. A la gente no le importa lo que sabes hasta que ellos saben cuánto los cuidas. No podemos separar el liderazgo de las relaciones. Los líderes se ayudan a sí mismos desarrollando buenas aptitudes relaciones.

Pablo nos instruye como dirigir por medio de las relaciones:

Evita la hipocresía.
Se leal a tus colegas.
Da la preferencia a los demás.
Se hospitalario.
Devuelve bien por mal.
Identifícate con los demás.
Ten una mente abierta hacia los demás.
Trátalos con respeto.
Haz lo posible por mantener la paz.
Quita la venganza de tu vida.

La Biblia de liderazgo con notas de John C. Maxwell

TALENTO DE ADMINISTRADORES
PARA DESARROLLAR EL EQUIPO

Ahora bien, hay diversidad de dones, pero el Espíritu es el
mismo. Y hay diversidad de ministerios, pero el Señor es
el mismo. Y hay diversidad de operaciones, pero Dios, que
hace todas las cosas en todos, es el mismo.

1 Corintios 12.4-6

Se supone que los líderes no harán todo el trabajo
de la iglesia, sino más bien que administrarán
con eficacia los talentos de su equipo. Los buenos
equipos usan todos los dones y disfrutan de la unidad y
de la diversidad. Considera la filosofía de Pablo acerca
del desarrollo de un equipo:

El equipo posee una variedad de dones o posiciones,
pero mantienen la misma meta y el mismo Dios.
Todos tienen una contribución que hacer.

Dios es el origen de cada don, por tanto se merece
la gloria.

Dios escoge quién tiene cada don, por tanto no
debemos competir o compararnos.

Los miembros del equipo deben funcionar como los
órganos y los músculos de un cuerpo.

La meta de Dios es la armonía y el cuidado mutuo
de un equipo.

Aún cuando los miembros son igualmente importantes, se supone que son diversos.

No debemos competir mutuamente, sino comple-
mentarnos mutuamente.

La Biblia de liderazgo con notas de John C. Maxwell

DA TODO DE TI MISMO

Así exterminó Jehú a Baal de Israel. Con todo eso, Jehú no se apartó de los pecados de Jeroboam hijo de Nabat, que hizo pecar a Israel; y dejó en pie los becerros de oro que estaban en Bet-el y en Dan.

2 REYES 10.28-29

Puedes llamarlo un hombre con una misión. Jehú no sólo aceptó el cargo de Dios para dirigir a Israel como rey, sino que también se aferró a las instrucciones divinas para destruir la casa de Acab y la adoración a Baal. Dios le dijo que no dejaran nadie vivo de la familia de Acab y que eliminaran toda la adoración a Baal en Israel. Jehú hizo un brillante trabajo cumpliendo los mandatos de Dios y Dios lo elogió por su obediencia y le prometió una gran bendición.

Pero un problema surgió eventualmente. Aunque Jehú obedeció a Dios hasta el último detalle en lo concerniente a la destrucción de Acab y la adoración a Baal, el comprometió su devoción a Dios dejando intactos algunos ídolos del pasado de Israel. Aún con tan gran éxito, « Jehú no siguió en el camino de la ley del Señor Dios de Israel de todo corazón».

Jehú logró muchas cosas para el Señor y para el reino de Israel pero su falta de firmeza permitió otra forma de idolatría. Al final, su desobediencia oscureció sus logros como líder.

La Biblia de liderazgo con notas de John C. Maxwell

DIRIGIENDO DE ADENTRO
HACIA FUERA

Mujer virtuosa, ¿quién la hallará? Porque su estima sobrepasa largamente a la de las piedras preciosas.

PROVERBIOS 31.10

Proverbios 31 sin duda es el pasaje que tiene más "tiempo aire" en las ondas radiales el día de las madres. La mayoría del proverbio describe una mujer virtuosa que guía su casa con integridad, disciplina y talento. Al igual que todos los líderes, esta esposa y madre es un líder no porque trate de serlo, sino por lo que ella es.

SU VALOR
1. Ella es confiable.
2. Ella es una influencia positiva.
3. Ella trabaja duro.
4. Ella sabe planear.
5. Ella es protectora.

SUS ACTITUDES
1. Encantadora.
2. Saludable
3. Compasiva.
4. No es egoísta.
5. Es una persona pública.

SUS LOGROS
1. Resuelve las necesidades de su hogar.
2. Invierte para su hogar.
3. Se mantiene en forma.
4. Ayuda a su marido a ser exitoso.

SU APLAUSOS
1. De parte de su familia
2. De parte de su esposo
3. De parte de la palabra de Dios
4. Por sus obras.

La Biblia de liderazgo con notas de John C. Maxwell

El liderazgo y el fruto del espíritu

*Mas el fruto del Espíritu es amor, gozo, paz, paciencia,
benignidad, bondad, fe, mansedumbre, templanza;
contra tales cosas no hay ley.*

GÁLATAS 5.22-23

Probablemente los versículos más recordados en Gálatas son los que hablan del «fruto del espíritu». El fruto crece gracias a las semillas plantadas. Todo líder debe aferrarse a esta lista maravillosa de cualidades internas. Examínate con ellas:

Amor- ¿Está mi liderazgo motivado por el amor a las personas?

Gozo- ¿Exhibo un gozo inconmovible, a pesar de las circunstancias de la vida?

Paz- ¿Puede la gente ver mi paz y animarse?

Paciencia- ¿Espero pacientemente los resultados mientras desarrollo a las personas?

Benignidad— ¿Me preocupo y comprendo a las personas que conozco?

Bondad - ¿Deseo lo mejor para los demás y para la organización?

Fe- ¿He mantenido mi responsabilidad?

Mansedumbre- ¿Tengo mi fuerza bajo control? ¿Puedo ser firme y tierno a la vez?

Templanza- ¿Soy disciplinado para progresar hacia mis objetivos?

La Biblia de liderazgo con notas de John C. Maxwell

LEVANTANDO EL TOPE

"Y aun antes de ahora, cuando Saúl reinaba sobre
nosotros, eras tú quien sacaba a Israel a la guerra, y lo
volvías a traer. Además Jehová te ha dicho: Tú apacentarás
a mi pueblo Israel, y tú serás príncipe sobre Israel.

2 SAMUEL 5.2

¿Por qué Saúl fracasó como rey de Israel mientras que David logró un éxito total? La respuesta se encuentra en la ley del tope: La capacidad de liderazgo determina el nivel de efectividad de una persona. Si quieres llegar al nivel más alto de efectividad tendrás que levantar el tope en tu aptitud de liderazgo.

David también tuvo muchos topes en su vida, internos y externos, pero éstos nunca lo detuvieron.

1. *Su familia*
2. *Su líder*
3. *Sus orígenes*
4. *Su juventud y su inexperiencia*

Al final David se convirtió en un gran líder, no porque él no tuviera limitaciones en su vida. Él logró muchas cosas porque se convirtió en alguien que removía los topes.

Todo líder tiene topes en su vida, nadie nace sin ellos y no desaparecen cuando una persona recibe un título, alcanza determinada posición o es investida de poder. El asunto no es si tienes topes, el asunto es que vas a hacer con ellos.

La Biblia de liderazgo con notas de John C. Maxwell

El precio de la responsabilidad

De esta manera hizo Ezequías en todo Judá; y ejecutó lo bueno, recto y verdadero delante de Jehová su Dios. En todo cuanto emprendió en el servicio de la casa de Dios, de acuerdo con la ley y los mandamientos, buscó a su Dios, lo hizo de todo corazón, y fue prosperado.

2 Crónicas 31.20-21

La Biblia describe al rey Ezequías como un líder que «ejecutó lo bueno, recto y verdadero delante de su Dios. En todo cuanto emprendió... lo hizo de todo corazón». Ezequías pagó el precio para hacer un buen trabajo. Pero, ¿cuál es el precio del compromiso?

1. *Cambio de estilo de vida*- Ezequías no podía vivir de la manera en que su padre vivía.
2. *Soledad*- Ezequías dio un paso en obediencia, al principio solo.
3. *Fe en Dios*- Ezequías creía que Dios bendeciría su esfuerzo.
4. *Crítica*- Ezequías resistió las preguntas crueles de una generación antigua.
5. *Trabajo duro y dinero*- Este rey dio de su tiempo, su energía y su presupuesto para alcanzar su objetivo.
6. *Disciplina diaria*- Ezequías tuvo que inculcar un régimen diario para que se iniciara una reforma.
7. *Presión constante*- El rey aguantó la presión del fracaso potencial y el malentendido.

La Biblia de liderazgo con notas de John C. Maxwell

Si te respetan, te seguirán

Y les dijo Jesús: Venid en pos de mí, y haré que seáis pescadores de hombres. Y dejando luego sus redes, le siguieron.

MARCOS 1.17-18

La gente no sigue a otros por accidente. Siguen a individuos cuyo liderazgo respetan. Usualmente, cuanto más capacidad de liderazgo tiene una persona, tanto más rápido reconoce el liderazgo —o la falta de este— en otros. Cuando un grupo de personas se reúne por primera vez, fíjate en lo que sucede. Tan pronto empiezan a interactuar, los líderes que hay en el grupo se hacen cargo inmediatamente. Piensan en términos de la dirección en la que desean ir y a quiénes quieren llevar con ellos. Al principio, la gente se mueve tentativamente en varias direcciones, pero después de conocerse unos a otros, al poco tiempo reconocen los líderes más fuertes y los siguen. Con el tiempo, la gente del grupo sube a bordo y sigue a los líderes más fuertes. Hacen eso, o abandonan el grupo y siguen sus propios planes.

Las 21 leyes irrefutables del liderazgo

Eligiendo un modelo de liderazgo

Pues nuestro evangelio no llegó a vosotros en palabras solamente, sino también en poder, en el Espíritu Santo y en plena certidumbre, como bien sabéis cuáles fuimos entre vosotros por amor de vosotros. Y vosotros vinisteis a ser imitadores de nosotros y del Señor, recibiendo la palabra en medio de gran tribulación, con gozo del Espíritu Santo, de tal manera que habéis sido ejemplo a todos los de Macedonia y de Acaya que han creído.

1 Tesalonicenses 1.5-7

La primera responsabilidad como líderes, tanto para ti como para mí, es encontrar buenos modelos para nosotros mismos. Piensa detenidamente en qué ejemplos seguir, ya que ellos determinarán tu curso. He desarrollado seis preguntas que me hago antes de elegir un modelo que vaya a seguir:

1. ¿Merece un discípulo el modelo de mi vida?
2. ¿Tiene un discípulo mi modelo de vida?
3. ¿Cuál es la virtud principal que incita a otros a seguir mi modelo?
4. ¿Produce mi modelo otros líderes?
5. ¿Se puede reproducir en mi vida la fuerza de mi modelo?
6. Si puedo reproducir en mi vida la virtud de mi modelo, ¿qué pasos debo seguir para desarrollarla y demostrarla?

Los modelos que escogemos pueden estar o no accesibles de manera personal. Algunos son figuras nacionales, tales como un presidente. O pueden ser personajes históricos. Con seguridad te pueden beneficiar, pero no de la manera en que puede hacerlo un guía personal.

Desarrolle los líderes que están alrededor de usted

USA TU TIEMPO SABIAMENTE

Hazme saber, Jehová, mi fin,
y cuánta sea la medida de mis días;
Sepa yo cuán frágil soy.
He aquí, diste a mis días término corto,
Y mi edad es como nada delante de ti; ciertamente es
completa vanidad todo hombre que vive.

SALMO 39.4-5

En el salmo 90, David muestra sus pensamientos acerca de su corto tiempo en la tierra. Le pide a Dios que lo ayude a contar sus días, lo cual debería ser la oración de cada líder. Los líderes sabios se esfuerzan en redimir el tiempo que tienen.

Un líder necesita preguntarse si la tarea que va a realizar vale el tiempo que va a invertir. ¿Qué sucedería si el líder no estuviera haciéndola? ¿Hay alguien más que pudiera hacerla igual de bien y para quien la tarea sería tiempo mejor invertido? Un buen líder sabe que el tiempo es oro, y los buenos «momentos» son esenciales. Sólo que en este caso las unidades son minutos y no dinero.

Si no sabes en que se te pasa el tiempo, eso es una señal peligrosa. Si puedes ahorrar pequeños pedazos de tiempo y consolidarlos en un buen rato que pueda ser usado en algo valioso, es cómo encontrar dinero. Si los líderes pueden contar sus minutos y sus horas, «contar sus días» será más fácil.

La Biblia de liderazgo con notas de John C. Maxwell

PRIMERO EVALÚA DESPUÉS OTORGA EL PODER

Palabra fiel: Si alguno anhela obispado, buena obra desea. Pero es necesario que el obispo sea...

1 TIMOTEO 3.1-2

El punto de partida para otorgarles poder y facultar a las personas es evaluarlas. Si les otorgas demasiada autoridad a los inexpertos en poco tiempo, puedes prepararlos para el fracaso. Si te mueves muy lentamente con los que tienen mucha experiencia, puedes frustrarlos y desmoralizarlos.

A veces, cuando los líderes malinterpretan la capacidad de otros, los resultados pueden ser divertidos. Por ejemplo, Albert Einstein en 1898, solicitó ingresar al Instituto Técnico de Munich y fue rechazado porque «nunca llegaría a mucho». Por eso, en lugar de ir a la escuela, trabajó como inspector en la Oficina Suiza de Patentes en Berna. Y con el tiempo que le quedaba, trabajó refinando y escribiendo su teoría de la relatividad.

Recuerda que todas las personas tienen potencial para triunfar. Tu trabajo es ver el potencial, averiguar qué es lo que les falta para desarrollarlo, y equiparlos con lo que necesiten. Mientras evalúas a las personas que procuras fortalecer, observa estas áreas:

1. *Conocimiento*- Piensa en lo que deben saber las personas para que puedan realizar cualquier tarea que deseas que hagan.
2. *Destreza*- Nada los frustra más que les pidas hacer cosas para las cuales no tiene habilidad.
3. *Deseo*- Ninguna cantidad de destreza, conocimiento, o potencial puede ayudar a las personas a alcanzar el éxito si no desean tenerlo.

Seamos personas de influencia

LA FORMA RÁPIDA DE OBTENER
EL LIDERAZGO

El principio de la sabiduría es el temor de Jehová; los insensatos desprecian la sabiduría y la enseñanza.

PROVERBIOS 1.7

La sabiduría puede ser la mejor amiga de un líder, especialmente a la hora de una decisión. Supongamos que te encuentras en una gran reunión de comité en la cual una decisión crucial debe ser tomada. El comité llega a un punto muerto y todo se detiene. ¿Quién será la persona más influyente en ese salón? Respuesta: aquel que tenga la sabiduría para sacar una conclusión que no sólo funcione sino que además reciba la bendición del comité.

Proverbios 1 describe la sabiduría como una mujer clamando por las calles. ¡Qué hermosa escena! ¡La sabiduría no se esconde, más bien grita abiertamente! Debemos ir a buscarla y hacer amistad con ella; ¿qué podemos aprender acerca de tomar decisiones de acuerdo con Proverbios?

1. La base para cada decisión debe ser honrar y reverenciar a Dios.
2. Debemos edificar nuestra herencia y nuestra conciencia: ¿Qué valores debemos de tomar?
3. Debemos evitar el consejo del impío.
4. Debemos buscar sabiduría. ¿Cuáles son los hechos? ¿Cuáles las opciones?
5. Debemos buscar la paz interna.

La Biblia de liderazgo con notas de John C. Maxwell

EN BUSCA DE TU LUGAR

… Estando persuadido de esto, que el que comenzó en vosotros la buena obra, la perfeccionará hasta el día de Jesucristo.

FILIPENSES 1.6

En este momento quizás no estés en condiciones de incorporar a otros a tu equipo. Incluso, quizás estés pensando, *¿Cómo puedo encontrar mi propio lugar?* Si tal es el caso, te sugiero que sigas las siguientes pautas:

Ten confianza en ti mismo- Si dejas que tus inseguridades se lleven lo mejor de ti, serás una persona inflexible y reacia a cambiar. Y no puedes desarrollarte sin un cambio.

Conócete- Dedica tiempo a reflexionar y explorar tus dones. Pide a otros que te den su opinión sobre ti. Haz lo que sea necesario para eliminar todas las cosas negativas de tu vida.

Confía en tus líderes- Un buen líder te ayudará a empezar a moverte en la dirección correcta. O intégrate a otro equipo.

Visualiza la imagen completa - Tu lugar en el equipo solo tiene sentido en el contexto del cuadro completo. Si tu única motivación para encontrar tu lugar es un beneficio personal, tales motivos egoístas quizá impidan que descubras lo que deseas.

Confía en tu experiencia- La única manera de saber si has descubierto tu lugar es hacer lo que te parece correcto, y aprender de tus errores y tus éxitos. Cuando descubras para qué fuiste hecho, tu corazón cantará.

Las 17 leyes incuestionables del trabajo en equipo

Los líderes y los seguidores tienen papeles específicos

Pues la palabra del rey es con potestad, ¿y quién le dirá?: ¿Qué haces? El que guarda el mandamiento no experimentará mal; y el corazón del sabio discierne el tiempo y el juicio… Todo esto he visto, y he puesto mi corazón en todo lo que debajo del sol se hace; hay tiempo en que el hombre se enseñorea del hombre para mal suyo.

ECLESIASTÉS 8.4-5, 9

Salomón nos enseña como debe ser nuestra relación con la gente que nos dirige. Debemos someternos a ellos, no porque la persona lo merezca, sino porque el título lo merece y Dios lo decreta. ¿Y qué tal los líderes en autoridad? Salomón nos da una advertencia. Cuando un líder trata de ejercer su autoridad sin tener un corazón de siervo, eventualmente se dañarán a sí mismos. Considera lo que dice:

PAPEL DEL SEGUIDOR

1. Someterse a la autoridad puesta por Dios.

2. Confiar que Dios va a realizar su propósito.

3. No rendirse o volverse divisorio.

PAPEL DEL LÍDER

1. Ejercitar la autoridad con sabiduría y precaución.

2. Reconocer que no existe un ser humano que controle toda la vida.

3. Dirigir a otros mediante el servicio, no mediante la exigencia.

La Biblia de liderazgo con notas de John C. Maxwell

ERES UN «10»

Cuando Jesús llegó a aquel lugar, mirando hacia arriba,
le vio, y le dijo: Zaqueo, date prisa, desciende, porque hoy
es necesario que pose yo en tu casa. Entonces él descendió
aprisa, y le recibió gozoso. Al ver esto, todos murmuraban,
diciendo que había entrado a posar con un hombre
pecador. Entonces Zaqueo, puesto en pie, dijo al Señor:
He aquí, Señor, la mitad de mis bienes doy a los pobres; y
si en algo he defraudado a alguno, se lo devuelvo
cuadruplicado. Jesús le dijo: Hoy ha venido la salvación
a esta casa; por cuanto él también es hijo de Abraham.

LUCAS 19.5-9

Nunca he conocido una persona positiva que no aprecie a las personas y trate de ver lo bueno en ellas. Una forma efectiva de ayudarte a ver lo mejor en los demás es hacer lo que llamo poner un «10» en la cabeza de las personas. Esto es lo que quiero decir: Todos tenemos expectativas de los demás, pero podemos decidir si las expectativas serán positivas o negativas. Podemos pensar que los otros no valen nada o que son absolutamente maravillosos. Cuando decidimos esperar lo mejor, y buscamos lo bueno en lugar de lo malo, los estamos viendo como un «10».

La capacidad de hacer esto con los demás es importante por un par de razones. Primero, normalmente ves en los demás lo que esperas ver. Segundo, generalmente la gente mejora para alcanzar tu nivel de expectativa.

El mapa para alcanzar el éxito

BUSCA LA CLARIDAD NO LA SEGURIDAD

Entonces respondió Jehová a Job desde un torbellino, y dijo: ¿Quién es ése que oscurece el consejo con palabras sin sabiduría? Ahora ciñe como varón tus lomos; yo te preguntaré, y tú me contestarás

JOB 38.1-3

En el libro de Job, Dios hace justicia y trae una perspectiva con Él. El Señor reprende a Elifaz, a Bildad y a Zofar por andar dando sus opiniones como si fueran las de Dios (un peligro que todo líder espiritual enfrenta). Antes que Dios haya acabado, Él plantea una pregunta: ¿dónde estabas cuando yo estaba creando al mundo?

Muchos líderes se sienten tentados a pretender que lo saben todo. Sienten una necesidad irracional de proyectar una confianza en sí mismos, sin darse cuenta que la gente pronto reconocerá esa pretensión. Los líderes por lo general no comprenden que las personas no necesitan un líder que tenga todas las respuestas.

Considera esto: los individuos pueden vivir sin la certeza de un líder pero no sin claridad. Los líderes deben ser genuinos ante su gente. A menos que una palabra nos haya llegado directamente de la boca de Dios, nosotros no podemos saber que hay en el futuro. ¡No hables con certeza de algo de lo que no estás seguro! Pero cuando hables, habla con claridad, aún si tus palabras sólo representan una pequeña parte de toda la imagen. Tu gente no necesita certeza en todos los asuntos, pero sí necesitan claridad en cada uno de ellos.

La Biblia de liderazgo con notas de John C. Maxwell

OBSÉRVALOS FLORECER

*Por lo cual te aconsejo que avives el fuego del don de Dios
que está en ti por la imposición de mis manos. Porque no
nos ha dado Dios espíritu de cobardía, sino de poder, de
amor y de dominio propio.*
2 TIMOTEO 1.6-7

Las personas se levantan o se derrumban
satisfaciendo el nivel de expectativas que uno
tiene en ellas. Si expresas escepticismo y duda en otros
te corresponderán con mediocridad. Pero si crees en
ellos y esperas que les vaya bien, se esforzarán tratando
de hacer lo mejor que puedan. Y en ese proceso, se
beneficiarán tú y ellos.

Si jamás fuiste alguien que confiara en las personas
y que tuvo fe en ellas, cambia tu manera de pensar y
comienza creyendo en otros. Tu vida mejorará
rápidamente. Cuando tienes fe en otros, les das un
regalo increíble. Dales dinero a otros, y pronto lo
gastarán. Dales recursos, y podrán no aprovecharlos de
la mejor manera. Ayúdalos, y muchas veces las personas
se aprestarán a volver justamente a donde comenzaron.
Pero dales tu fe, y llegarán a ser energéticos, seguros de sí
mismos e independientes. Se motivan a adquirir lo que
requieren para tener éxito por su cuenta. Y luego, si
después tú compartes tu dinero, tus recursos, y tu
ayuda, podrán usarlos mejor pues están capacitados para
edificar un mejor futuro.

Conviértete en un creyente en las personas, y hasta
los menos experimentados e indecisos florecerán ante
tus ojos.

Seamos personas de influencia

COMO ESTÁN LOS LÍDERES ASÍ ESTÁ LA NACIÓN

E hizo lo malo ante los ojos de Jehová, y anduvo en el camino de Jeroboam, y en su pecado con que hizo pecar a Israel.

1 REYES 15.34

La capacidad de liderazgo es el tope en el éxito de una nación o una organización. Cuando Israel o Judá vivían bajo buenos reinados, las cosas iban bien; cuando vivían bajo malos reinados, las cosas iban de mal en peor. El corazón y la habilidad de un líder siempre afectarán tremendamente la vida de la gente bajo su dirección. Esta es una ley, universal y eterna. Observa cómo esta ley se daba bajo los reyes hebreos del Antiguo Testamento:

BUENOS REYES

1. Atraían lealtad de su gente.
2. Disfrutaban de la victoria sobre el pecado.
3. Disfrutaban de paz dentro del reino.
4. Eran afirmados por los profetas de Dios.
5. Disfrutaban la prosperidad.
6. Se oponían a los reyes malvados

MALOS REYES

1. Atraían rebelión de su gente.
2. Se encadenaban al pecado.
3. Sufrían agitación y confusión en el reino.
4. Eran reprendidos por los profetas.
5. Sufrían desastres naturales y guerra.
6. Se oponían a los reyes buenos

La Biblia de liderazgo con notas de John C. Maxwell

LA COMPETENCIA NO RECOMPENSA LA INSEGURIDAD

Y desde aquel día Saúl no miró con buenos ojos a David.
1 SAMUEL 18.9

Los líderes inseguros son peligrosos para ellos mismos, para sus seguidores y para las organizaciones que dirigen, debido a que la posición de liderazgo magnifica las imperfecciones personales. Cualquier antecedente negativo que tengas en la vida solo se vuelve más difícil de soportar cuando tratas de guiar a otros.

Los líderes inseguros tienen varios rasgos en común:

1. *No dan seguridad a los demás-* Para que una persona se convierta en un líder efectivo, necesita hacer que sus seguidores se sientan bien consigo mismos.

2. *Toman más de las personas de lo que dan-* Las personas inseguras están en una constante búsqueda de valoración, reconocimiento, y amor. Debido a eso, se concentran en buscar seguridad, no en inspirarla en otros.

3. *Limitan continuamente a sus mejores personas-* Muéstrame a un líder inseguro, y te mostraré a alguien que no puede celebrar genuinamente las victorias de su gente. Podrían incluso atribuirse el crédito por el mejor trabajo de su equipo.

4. *Limitan continuamente a la organización-* Cuando los seguidores son subestimados y no reciben reconocimiento, se desalientan y finalmente dejan de funcionar en todo su potencial. Cuando esto sucede, la organización completa sufre.

Las 21 cualidades indispensables de un líder

¿En donde cabe Dios?

¡Ay de los hijos que se apartan, dice Jehová, para tomar consejo, y no de mí; para cobijarse con cubierta, y no de mi espíritu, añadiendo pecado a pecado! Que se apartan para descender a Egipto, y no han preguntado de mi boca; para fortalecerse con la fuerza de Faraón, y poner su esperanza en la sombra de Egipto. Pero la fuerza de Faraón se os cambiará en vergüenza, y el amparo en la sombra de Egipto en confusión. Cuando estén sus príncipes en Zoán, y sus embajadores lleguen a Hanes, todos se avergonzarán del pueblo que no les aprovecha, ni los socorre, ni les trae provecho; antes les será para vergüenza y aun para oprobio.

ISAÍAS 30.1-5

Los líderes y las organizaciones constantemente hacen planes. Sin embargo Isaías da una palabra de advertencia a los líderes que desarrollan sus planes sin consultar el designio de Dios. Los líderes deben recordar qué tan tentativos deben ser los planes estratégicos. Nadie sabe el futuro excepto Dios. Guarda en mente la siguiente ecuación cuando hagas un plan:

Nuestra preparación + la providencia de Dios = éxito

Los líderes deben preguntarse constantemente si sus planes responden a la voluntad de Dios revelada para ellos y para su organización. Luego deben preguntarse si sus planes siguen siendo relevantes para las necesidades de su misión, sus valores, su visión y sus objetivos de largo alcance. Finalmente, necesitan preguntarse si sus planes responden a las necesidades de su cultura y su tiempo.

La Biblia de liderazgo con notas de John C. Maxwell

HAZ DE TU HOGAR UN CIELO

Mejor es un bocado seco, y en paz, que casa de contiendas llena de provisiones.

PROVERBIOS 17.1

Escuché que alguien decía en broma que el hogar es el lugar donde los miembros de la familia acuden cuando se cansan de ser amables con otras personas. Desgraciadamente, algunos hogares parece que funcionan de esa manera. El vendedor pasa el día tratando a sus clientes con su máxima bondad, a fin de fortalecer su negocio, pero es rudo con su esposa cuando llega a casa. El doctor pasa el día siendo cariñoso y compasivo con sus pacientes, pero llega a casa agotado y explota con los hijos.

Para edificar una familia sólida tienes que desarrollar un ambiente que apoye. El psicólogo William James comentó: «En cada persona, desde la cuna hasta la tumba, hay un anhelo profundo de ser apreciado». El sentirse apreciado hace aflorar lo mejor de la persona. Cuando ese aprecio entra en el hogar y se une a la aceptación, el amor y el estímulo, los lazos entre los miembros de la familia crecen, y el hogar se convierte en un puerto seguro para cada uno.

El mapa para alcanzar el éxito

LOS LÍDERES PIERDEN EL DERECHO DE SER EGOÍSTAS

Así que, los que somos fuertes debemos soportar las flaquezas de los débiles, y no agradarnos a nosotros mismos. Cada uno de nosotros agrade a su prójimo en lo que es bueno, para edificación. Que ni aun Cristo se agradó a sí mismo; antes bien, como está escrito: Los vituperios de los que te vituperaban, cayeron sobre mí. Porque las cosas que se escribieron antes, para nuestra enseñanza se escribieron, a fin de que por la paciencia y la consolación de las Escrituras, tengamos esperanza. Pero el Dios de la paciencia y de la consolación os dé entre vosotros un mismo sentir según Cristo Jesús, para que unánimes, a una voz, glorifiquéis al Dios y Padre de nuestro Señor Jesucristo.

ROMANOS 15.1-6

¿Cómo pueden los líderes llegar a obtener un corazón de siervo? Este pasaje nos recuerda que el liderazgo tiene que ver con servir a los demás, no con ejercer el poder. Un siervo...

1. *Se niega a sí mismo*— estamos para servir a los demás y no a nosotros mismos.
2. *Desarrolla a los demás*— debemos añadir valor a los demás.
3. *Acepta el maltrato*— debemos perdonar las equivocaciones.
4. *Imita a Cristo*- debemos ver a Jesús como nuestro ejemplo.
5. *Es un estudiante*- debemos seguir interesados en aprender.
6. *Busca la armonía de las relaciones*- debemos buscar la paz y la unidad.

La Biblia de liderazgo con notas de John C. Maxwell

TEN CONFIANZA EN TI MISMO

*Y dijo David a Saúl: No desmaye el corazón de ninguno
a causa de él; tu siervo irá y peleará contra este filisteo.*

1 SAMUEL 17.32

Las personas no siguen a un líder que no tiene
seguridad en sí mismo. Es más, son atraídas de
manera natural por quienes transmiten seguridad. Un
ejemplo excelente es una anécdota en Rusia durante un
atentado de golpe de estado. Los tanques del ejército
habían rodeado el palacio de gobierno y al presidente
Boris Yeltsin y sus partidarios en favor de la democracia.
Los líderes militares de alto rango habían ordenado al
comandante de tanques abrir fuego y matar a Yeltsin.
Cuando el ejército se colocaba en posición, Yeltsin salió
a zancadas del edificio, trepó a un tanque, miró a los ojos
al comandante y le agradeció por colocarse al lado de la
democracia. Más tarde el comandante admitió que no
había intentado pasarse de bando. Yeltsin le pareció tan
seguro y dominante que los soldados decidieron unírsele.

La seguridad es característica de una actitud
positiva. Quienes obtienen los más grandes resultados
permanecen seguros de sí mismos a pesar de las
circunstancias. Los líderes con firme confianza en sí
mismos reconocen y aprecian la seguridad en otros. La
confianza no es sencillamente para exhibirla, es para
otorgar poder y facultar. Un buen líder tiene la
habilidad de inculcar en sus subalternos, confianza en
él. Un gran líder tiene la habilidad de inculcar en sus
subalternos, confianza en sí mismos.

Desarrolle los líderes que están alrededor de usted

OFRECE UNA OBEDIENCIA VULNERABLE

Péseme Dios en balanzas de justicia,
Y conocerá mi integridad.

JOB 31.6

Una de las facetas más hermosas del libro de Job es como muestra que el hombre puede ser muy humano y muy espiritual al mismo tiempo.

Job siente todas las emociones de un hombre que ha sufrido una gran pérdida. Se enoja, se deprime, tiene ansias y lo declara abiertamente. Al mismo tiempo, no se desvía de su carácter firme; se mantiene constante. En el momento en que pareciera que va a maldecir a Dios y rendirse, afirma su promesa de ser fiel aún cuando no entiende lo que está sucediendo. Job promete mantener su integridad a pesar de las circunstancias.

Tal compromiso es una clave crucial para el liderazgo. Esta es la razón:

1. Los líderes deben ser visionarios, y a la vez no pueden ver todo el futuro.
2. En vez de pretender estar en control, los líderes deben dar el ejemplo de estar bajo control.
3. Los líderes deben ejemplarizar la humanidad e identificarse con las limitaciones de sus seguidores.
4. Los líderes deben dar el ejemplo de una vida anclada, viviendo de acuerdo a su carácter, no a sus emociones.
5. Aún cuando los líderes no saben lo que trae el mañana, ellos saben quién sostiene el mañana.

La Biblia de liderazgo con notas de John C. Maxwel

¿TE SIENTES MAL? ENTONCES ¡DA!

Y hay quienes retienen más de lo que es justo, pero vienen a pobreza. El alma generosa será prosperada; y el que saciare, él también será saciado.

PROVERBIOS 11.24-25

Una de las principales causas de pensamientos negativos y mala salud mental es estar absorto en sí mismo. El egoísmo inclina a la persona al fracaso porque la mantiene en una actitud mental negativa.

Tal es la razón para que el Dr. Karl Menninger respondiera en la forma que lo hizo cuando alguien le preguntó: «¿Qué consejo le daría a una persona que siente que va a tener una crisis nerviosa?» Muchos esperaban que dijera: «Que consulte a un siquiatra» ya que esa es su profesión. Para su sorpresa, Menninger dijo: «Que cierre la casa, vaya a los barrios pobres, busque a una persona necesitada y haga algo para ayudar a esa persona».

Mi amigo Kevin Myers dice que «la mayoría de la gente es demasiado insegura como para dar algo». Creo que esto es verdad. La mayoría de los que ponen toda su atención en ellos mismos, sienten que están perdiendo algo en sus vidas y tratan de recuperarlo.

Desarrollar un espíritu dadivoso, como sugiere Menninger, ayuda a la persona a superar algunos sentimientos de deficiencia en una forma positiva y saludable. Por eso es que Menninger cree que «las personas generosas rara vez tienen problemas mentales». Una persona es menos propensa a preocuparse de ella si trata de ayudar a los demás.

El lado positivo del fracaso

OH, NO ES NADA

Llegó la noticia de estas cosas a oídos de la iglesia que estaba en Jerusalén; y enviaron a Bernabé que fuese hasta Antioquía. Este, cuando llegó, y vio la gracia de Dios, se regocijó, y exhortó a todos a que con propósito de corazón permaneciesen fieles al Señor. Porque era varón bueno, y lleno del Espíritu Santo y de fe. Y una gran multitud fue agregada al Señor.

HECHOS 11.22-24

Si hubiera un líder de la iglesia primitiva a quien pudiéramos llamar siervo, ese sería Bernabé. Él inició e hizo todo lo posible para desarrollar hombres, levantar la moral o recaudar dinero. Dirigió con claridad y con el ejemplo al convertirse en un siervo. Nunca consideraba una tarea muy pequeña. ¿Qué era lo que Bernabé hacía que podía ilustrar ese estilo de vida? Él no tenía que...

Probar nada- Bernabé no tenía que jugar ningún juego. Nunca buscó ser el centro de atención. Cuando guiaba a Pablo, con gusto le permitía que el apóstol llegara más alto que él.

Perder nada- Bernabé no tenía que guardar su reputación ni temía perder su popularidad. Vino a servir, no a ser servido, por eso podría enfocarse en dar y no en recibir.

Esconder nada- Bernabé no mantuvo una fachada; se mantuvo auténtico, vulnerable y transparente. Pudo regocijarse en las victorias de los demás.

La Biblia de liderazgo con notas de John C. Maxwell

LEVANTANDO LA MORAL BAJA

Dijo, pues, Jonatan a su paje de armas:
Ven, pasemos a la guarnición de estos incircuncisos;
quizá haga algo Jehová por nosotros.

1 SAMUEL 14.6

Cuando la moral anda baja, el líder debe hacer cosas productivas. Cualquier movimiento es al principio una gran victoria. Pero para crear moral positiva debes adquirir alguna velocidad. Debes ser productivo. ¡Después de todo no puedes dirigir un auto estacionado! Para lograr que el equipo se mueva:

Modela una conducta que tenga gran rendimiento-. Los individuos hacen lo que ven hacer. La mejor manera de que aprendan lo que esperas de ellos es que tú mismo lo hagas.

Desarrolla relaciones con personas de potencial- Para lograr que cualquier equipo se mueva en la dirección adecuada necesitas jugadores que produzcan. Encuentra individuos que tengan el potencial de ser productivos y comienza con ellos. No pidas demasiado de ellos muy pronto. Los líderes llegan al corazón antes de pedir una mano.

Consigue pequeñas victorias y habla de ellas con tus compañeros de equipo- Nada ayuda a las personas a crecer en capacidad y confianza como tener algunos triunfos en su haber. Empieza con quienes tienen el mayor potencial.

Comunica la visión- La visión da dirección y confianza a los miembros del equipo. Mantén continuamente la visión ante su equipo.

Las 17 leyes incuestionables del trabajo en equipo

LOS LÍDERES ADMINISTRAN
LOS RECURSOS HUMANOS

*Reinó David sobre todo Israel, y juzgaba con justicia a
todo su pueblo. Y Joab hijo de Sarvia era general del
ejército, y Josafat hijo de Ahilud, canciller. Sadoc hijo de
Ahitob y Abimelec hijo de Abiatar eran sacerdotes, y
Savsa, secretario. Y Benaía hijo de Joiada estaba sobre los
cereteos y peleteos; y los hijos de David eran los príncipes
cerca del rey.*

1 CRÓNICAS 18.14-17

David comprendía que él era un administrador
de dones humanos y talentos. La Escritura nos
dice que él «administraba justicia y juicio a su pueblo».
Los siguientes versículos nos dicen como el rey colocó
individuos en tareas apropiadas de acuerdo con sus
dones.

Los líderes eficaces saben que su tarea principal no
es acumular logros personales, sino lograr todo lo que
puedan a través de los dones de los demás. ¿Cómo
puede un líder inspirar a sus socios a llegar a esas alturas?

1. *Conoce la llave de sus corazones-* ¿qué los hace cantar,
   llorar o soñar?
2. *Conoce que dones tienen-* ¿qué cosas hacen bien que
   dan resultado?
3. *Conoce las oportunidades a su paso-* ¿cuál es el
   próximo paso que los lleve a una madurez?

La Biblia de liderazgo con notas de John C. Maxwell

DICIEMBRE

*El compromiso es aquella cualidad
por encima de las demás que le
permite a un líder potencial
convertirse en un líder exitoso.*

Ve hasta el final

Porque yo ya estoy para ser sacrificado, y el tiempo de mi partida está cercano. He peleado la buena batalla, he acabado la carrera, he guardado la fe.

2 TIMOTEO 4.6-7

Aun la gente que carece de talento y no cultiva algunas de las otras cualidades vitales tiene la oportunidad de contribuir si posee un espíritu tenaz. Ser tenaz quiere decir…

1. *Da todo lo que tienes, no más de lo que tienes-* Algunas personas que carecen de tenacidad suponen erróneamente que ser tenaz demanda más de lo que tienen para ofrecer. Como resultado, no se exigen. Sin embargo, ser tenaz requiere que uno dé el cien por ciento… no más, pero tampoco menos.

2. *Trabaja con determinación, no esperes en el destino -* Las personas tenaces no se respaldan en la buena suerte, la casualidad o el destino para alcanzar el éxito. Saben que los momentos que nos prueban no son momentos para dejar de probar.

3. *Detente cuando el trabajo esté hecho, no cuando estés cansado-* Robert Strauss dijo que «el éxito es similar a luchar contra un gorila. No dejas de luchar cuando estás cansado sino cuando el gorila está cansado». Si quieres que tu equipo alcance el éxito, tienes que seguir tratando más allá de lo que *crees* que puedes hacer. Lo que hace la diferencia en la carrera de relevos no es el primer paso sino el último, en un partido de básquetbol es el último tiro y en el fútbol es esa última yarda con el balón dentro de la zona de anotación. Es aquí donde se gana el juego.

Las 17 cualidades esenciales de un jugador de equipo

VE A LA DISTANCIA

*Pero Jehová había dicho a Abram: Vete de tu tierra y de
tu parentela, y de la casa de tu padre, a la tierra que te
mostraré. Y haré de ti una nación grande, y te bendeciré,
y engrandeceré tu nombre, y serás bendición. Bendeciré a
los que te bendijeren, y a los que te maldijeren maldeciré;
y serán benditas en ti todas las familias de la tierra.*

GÉNESIS 12.1-3

Génesis 11.31 nos dice que el padre de Abraham,
Taré, salió de Ur de los caldeos hacia Canaán
mucho antes que Abraham hiciera un viaje similar. Pero
por alguna razón, Taré se detuvo en Harán y no siguió
adelante. ¿Recibió Taré un llamado de Dios
originalmente... pero fue negligente en llevarlo a cabo?
No lo sabemos.

Pero lo que sabemos es que Abraham no cometió el
mismo error. Aunque cometió otros errores de
liderazgo, Abraham pareció llevar a cabo sus
compromisos. Cuando Dios le dijo que se fuera a una
tierra desconocida, él lo hizo. Cuando Lot y sus bienes
fueron secuestrados, Abraham persiguió a los
victimarios y los venció (Génesis 14.14-16). Cuando se
le dijo que debía circuncidar a los varones de su hogar,
Abraham lo hizo ese mismo día (Génesis 17.23) Y
cuando Dios le pidió a Abraham que sacrificara a su
amado hijo, fue una intervención angélica en el último
segundo la que salvó la vida del joven (Génesis 22.1-9)
No es de extrañarse que Dios llamara a Abraham «Mi
amigo» *(Isaías 41.8)*

La Biblia de liderazgo con notas de John C. Maxwell

PRIMERO TOCA EL CORAZÓN

Yo soy el buen pastor; y conozco mis ovejas,
y las mías me conocen...
Mis ovejas oyen mi voz, y yo las conozco,
y me siguen,

JUAN 10.14, 27

Los mentores cometen el error común de tratar de dirigir a otros antes de desarrollar una relación con ellos. Ocurre todo el tiempo. Un gerente nuevo comienza a trabajar en una empresa y espera que quienes trabajan en ella respondan a su autoridad sin cuestionamiento. Un entrenador pide a sus jugadores que confíen en él cuando ni siquiera se conocen. El padre divorciado que no ha visto sus hijos por varios años reinicia el contacto con ellos y espera que le respondan automáticamente. En cada uno de estos casos, el líder espera hacer un impacto en la gente antes de establecer una relación. Quizás los seguidores obedezcan lo que pide el líder, pero no le seguirán más allá.

Mientras te preparas para desarrollar a otras personas, dedica tiempo para que se conozcan mutuamente. Pídeles que te cuenten su historia; lo que ha sido su viaje hasta este punto. Descubre lo que les molesta, sus fortalezas y sus debilidades, su temperamento. Pasa algún tiempo con ellos fuera del ámbito donde normalmente los ves. Desarrollará tu relación en una forma nueva, y te ayudará a crecer.

El mapa para alcanzar el éxito

El ciclo de la vida

*Y toda aquella generación también fue reunida a sus
padres. Y se levantó después de ellos otra generación que
no conocía a Jehová, ni la obra que él había hecho por
Israel. Después los hijos de Israel hicieron lo malo ante los
ojos de Jehová, y sirvieron a los baales.*

JUECES 2.10-11

El libro de los Jueces nos provee con una vívida
biografía de los líderes, los seguidores y la
naturaleza humana, además de describirnos un ciclo
que se repite hasta el día de hoy:

Rebeldía. Cuando las cosas van bien, la gente baja su
guardia. Un tiempo de paz trae consigo una
oportunidad más grande de rebeldía que un
tiempo de guerra.

Represión- La represión prosigue a la rebeldía. Sea que
Dios envíe un enemigo o la gente se cause su
propia miseria, ellos sufren privación, dificultad,
calamidad, invasión o desastres naturales. Las
malas decisiones causan un castigo justo.

Arrepentimiento- Las dificultades extremas con
frecuencia impulsan un arrepentimiento a escala
comunitaria. Los individuos comienzan a enfocarse
en lo que realmente es importante y purifican sus
motivos y comportamiento. Las organizaciones
recortan el presupuesto, hay bajas y analizan los egos.

Restauración. La purificación lleva a la restauración.
Cuando la gente empieza a obedecer a Dios, la paz
regresa a la tierra una vez más. Y el ciclo de
comportamiento humano caído ha completado su
curso completo.

La Biblia de liderazgo con notas de John C. Maxwell

DECISIÓN DE DELEGAR

*Por esta causa te dejé en Creta, para que corrigieses lo
deficiente, y establecieses ancianos en cada ciudad, así
como yo te mandé.*

TITO 1.5

Uno de los errores más comunes que un
entrenador puede cometer es juzgar mal el nivel
de uno de sus jugadores. Si el líder no trabaja con cada
jugador de acuerdo al nivel en que se encuentra en su
desarrollo, este no rendirá, no triunfará ni se
desarrollará. Según el consejero administrativo Ken
Blanchard, todos los miembros del equipo están en una
de estas cuatro categorías relacionadas con el tipo de
liderazgo que necesitan:

Jugadores que necesitan dirección. Estos en realidad no
saben qué hacer o cómo hacerlo. Debes instruirlos
en cada paso del camino.

Jugadores que necesitan entrenamiento. En algún
momento un novato empieza a rendir más. Se vuelve
más independiente pero aun cuenta con tu dirección
y tu guía. Los dos tendrán que trabajar unidos.

Jugadores que necesitan apoyo. En este nivel el jugador
es capaz de trabajar sin tu dirección. Pero aun
requiere tu apoyo y estímulo.

Jugadores a quienes delegas tareas. En esta etapa le
puedes dar una tarea al jugador y puedes estar
seguro de que la va a ejecutar. Lo único que este
jugador necesita es tu guía. Proporciónale visión en
un extremo y responsabilidad en el otro, y verás
que él multiplica tus esfuerzos hacia el éxito.

Desarrolle los líderes que están alrededor de usted

EL REFUGIO DE LOS LÍDERES

El que habita al abrigo del Altísimo, morará bajo la
sombra del Omnipotente. Diré yo a Jehová: Esperanza
mía, y castillo mío; mi Dios, en quien confiaré.

SALMO 91.1-2

Descubrimos uno de los capítulos más reconfortantes de la Biblia en el Salmo 91. Este pasaje describe la seguridad que los creyentes pueden disfrutar por medio de la fe en Dios. Los líderes, especialmente, pueden beneficiarse de este conjunto de promesas. Estúdialas y disfrútalas:

PROMESA	BENEFICIO DEL LÍDER
1. La presencia de Dios	1. No tiene que ser una cima solitaria.
2. La protección de Dios	2. Dios te mantiene a salvo, mientras tomas alguna iniciativa o te arriesgas.
3. La paz de Dios	3. No tienes que sentirte inseguro en un territorio desconocido.
4. La perspectiva de Dios	4. Dios te da una perspectiva eterna de la vida que te mantiene equilibrado.
5. La provisión de Dios	5. Dios resuelve tus necesidades sea cuales fueren.
6. El poder de Dios	6. En tiempo de adversidad, Dios te libera y te ayuda a lograr tu objetivo.

La Biblia de liderazgo con notas de John C. Maxwell

SE NECESITA UNO PARA HACER UNO

*Volvieron los filisteos a hacer la guerra a Israel, y
descendió David y sus siervos con él, y pelearon con los
filisteos; y David se cansó. E Isbi-benob, uno de los
descendientes de los gigantes… trató de matar a David;
mas Abisai hijo de Sarvia llegó en su ayuda, e hirió al
filisteo y lo mató.*

2 SAMUEL 21.15-17

De acuerdo con el célebre misionero médico
Albert Schweitzer, «el ejemplo no es la principal
influencia sobre los demás… es la única influencia».
Parte de la creación de un clima atractivo es modelar el
liderazgo. Las personas emulan lo que ven modelado. A
modelo positivo, respuesta positiva. A modelo negativo,
respuesta negativa. Lo que hacen los líderes también lo
hacen los líderes potenciales a su alrededor. Los líderes
dan el tono. Un líder no puede exigir a los demás lo que
no se exige a sí mismo.

Así como tú y yo crecemos y mejoramos como
líderes, también lo hacen aquellos a quienes dirigimos.
Debemos recordar que cuando los demás nos siguen,
pueden ir tan lejos como vayamos nosotros. Si nuestro
crecimiento se detiene, nuestra capacidad de guiar
también se detiene. Ninguna personalidad o
metodología puede ser el substituto del crecimiento
personal. No podemos ser modelos de lo que no
poseemos. Empieza tu aprendizaje y crecimiento hoy, y
observa el crecimiento de los que están a tu alrededor.

Desarrolle los líderes que están alrededor de usted

¿QUÉ TIPO DE LÍDER ERES?

... sino que el que quiera hacerse grande entre vosotros será vuestro servidor, y el que quiera ser el primero entre vosotros será vuestro siervo.

MATEO 20.26-27

El Antiguo Testamento usa varios términos hebreos que se traducen como «siervo», cada uno simbolizando una imagen un poco diferente del corazón del siervo:

Ehed- Un siervo o esclavo por amor. Ese término describe a alguien que está a la completa disposición del otro (Deuteronomio 15.12-18) De la misma manera, los líderes deben estar a la disposición del Señor y de su pueblo.

Ahad- Uno que cede sus derechos personales para así trabajar en los campos o en el tabernáculo (Números 18.7, 23). En una manera similar, los líderes deben sacrificar sus derechos y rendirse a la causa.

Sakyr- Un siervo empleado que trabaja por salario, por día o por año (Levítico 25.39-42). Un líder debe evitar la perspectiva de ser un «profesional pagado» y huir cuando las cosas se ponen difíciles.

Sharath- Alguien que realiza tareas insignificantes para lograr una meta completa (Éxodo 28.35-43). Los líderes deben servir a la misión.

Los líderes nunca deben olvidar que Dios los llama a servir. Si nuestro Señor pudo lavar los pies de sus discípulos como un *sharath*, ¿cómo podemos entonces fruncir el ceño al convertirnos en un *ehed*?

La Biblia de liderazgo con notas de John C. Maxwell

MIDIENDO LA INFLUENCIA

Te saludan Epafras, mi compañero de prisiones
por Cristo Jesús, Marcos, Aristarco, Demas y Lucas,
mis colaboradores. La gracia de nuestro Señor Jesucristo
sea con vuestro espíritu. Amén.

FILEMÓN 23-25

La habilidad de una persona para hacer que las cosas sucedan en y a través de otros depende enteramente de su habilidad para guiarlos. Sin liderazgo, no hay trabajo de equipo, y la gente se va por su propio camino. Si tu sueño es grande y requiere del trabajo en equipo de un grupo de personas, entonces todos los líderes potenciales que selecciones para ir contigo en el viaje necesitarán ser personas de influencia. Después de todo, eso es liderazgo: influencia. Cuando piensas en esto, todos los líderes tienen dos cosas en común: Van en alguna dirección, y son capaces de convencer a otros que los acompañen.

Cuando observes la gente a tu alrededor, considera lo siguiente:

¿Quién influye sobre ellos?

¿Sobre quiénes influyen?

¿Está su influencia aumentando o disminuyendo?

Para ser un buen juez de líderes potenciales, no mires solo a la persona, mira a aquellos sobre los cuales influye. Mientras mayor la influencia, mayor es el potencial de liderazgo y la capacidad de lograr que otros trabajen contigo para cumplir tu sueño.

El mapa para alcanzar el éxito

UNGIDO PARA DIRIGIR

Y aconteció que descendiendo Moisés del monte Sinaí con las dos tablas del testimonio en su mano, al descender del monte, no sabía Moisés que la piel de su rostro resplandecía, después que hubo hablado con Dios... Después se acercaron todos los hijos de Israel, a los cuales mandó todo lo que Jehová le había dicho en el monte Sinaí.

ÉXODO 34.29, 32

Cuando Moisés trajo los mandamientos, su rostro brillaba con la gloria de Dios. La naturaleza y el carácter de Dios habían empezado a forjarse en Moisés. La gloria se hizo tan tangible que él tuvo que usar un velo en su rostro. Los israelitas sintieron la presencia de Dios en el liderazgo de Moisés y una unción divina para guiarlos.

¿Describen los demás tu liderazgo como un liderazgo "ungido"? ¿Qué significa estar ungido? Aquí está una forma de explicarlo. El liderazgo ungido se caracteriza por:

1. *Carisma*- La unción trae un don que viene de Dios. Es algo magnético.
2. *Carácter*- La gente puede ver la naturaleza de Dios en tu liderazgo. Ellos confían en ti.
3. *Eficiencia*- Tienes la capacidad de terminar una tarea. Tu liderazgo produce resultados.
4. *Convicción*- Tu liderazgo tiene firmeza. Siempre defiendes lo que es correcto.

La Biblia de liderazgo con notas de John C. Maxwell

EL MEJOR AMIGO DE TU AMIGO

El que ama la limpieza de corazón,
Por la gracia de sus labios tendrá la amistad del rey.

PROVERBIOS 22.11

Tu integridad es una de las mejores amigas que jamás tendrán tus amigos. Cuando la gente que te rodea sabe que eres una persona íntegra y percibe que deseas influirlos por la oportunidad de añadir valor a sus vidas, no tienen que preocuparse por tus motivaciones.

Recientemente, vimos una caricatura en el *New Yorker* que mostraba cuán difícil puede ser evaluar los motivos ajenos. Algunos puercos se reunieron para comer mientras el granjero llenaba su batea hasta el borde. Un puerco se volvió a los otros y les inquirió: «¿Se han preguntado alguna vez *por qué* es tan bueno con nosotros?» La persona íntegra influye a otros porque desea *traer* algo a la mesa que los beneficie, no para *ponerlos* a ellos en la mesa y beneficiarse a sí mismo.

Si es fanático del baloncesto, probablemente recordará a Red Auerbach, presidente y administrador general de los Celtas de Boston desde 1967 hasta 1987. Él entendía verdaderamente cómo la integridad añade valor a otros, sobre todo cuando las personas trabajan juntas en un equipo. Y tenía un método de reclutamiento diferente al de la mayoría de los líderes de los equipos de la NBA. Cuando evaluaba a un aspirante a jugar con los Celtas, su interés principal era el carácter del joven.

Se le ocurrió que la manera de ganar era encontrar jugadores que se esforzaran y trabajaran para beneficio del equipo.

Seamos personas de influencia

El arrepentimiento trae recompensa

Entonces respondió Job a Jehová, y dijo: He aquí que yo soy vil; ¿qué te responderé? Mi mano pongo sobre mi boca. Una vez hablé, mas no responderé; Aun dos veces, mas no volveré a hablar.

JOB 40.3-5

Cuando Dios confrontó a Job con su poder y su majestad, Job respondió con absoluta humildad. No trató de defenderse o racionalizar sus sentimientos. Confesó su humanidad, y luego cerró la boca. Aun después de que Job reconoció su insignificancia y presunción, Dios habló un segundo discurso, describiendo gráficamente su poder para controlarlo todo. Dios dijo que Él se glorifica en el poder de behemot y en la ferocidad de leviatán y le preguntó a Job si él se atrevería a acercarse a alguno de ellos. Esta vez Job respondió con un profundo arrepentimiento, marcando la diferencia claramente entre sus amigos y él.

Los buenos líderes se sienten lo suficientemente seguros para arrepentirse cuando están equivocados. Ellos no tienen que proyectar una imagen valiosa, defender cada movimiento o excusarse por sus fracasos. Al final, Dios reprendió a los amigos de Job y recompensó a Job, pero no fue sino hasta el final.

La Biblia de liderazgo con notas de John C. Maxwell

DALE COLOR A MI MUNDO

Pero Saúl, viendo y considerando que Jehová estaba con David, y que su hija Mical lo amaba, tuvo más temor de David; y fue Saúl enemigo de David todos los días.

1 SAMUEL 18.28-29

Casi todo el mundo tiene filtros emocionales que le impiden escuchar ciertas cosas que otros tienen que decir. Tus experiencias, tanto positivas como negativas, colorean la manera en la que ves la vida y moldean tus expectativas. Y las particularmente fuertes, como los traumas o incidentes de la niñez, pueden hacer que tiendas a reaccionar siempre y cuando te percibas en una situación parecida.

Si jamás resuelves tus fuertes experiencias emocionales, es posible que filtres lo que otros digan mediante esas experiencias. Si andas preocupado con ciertos temas, si uno en particular te pone a la defensiva, o si frecuentemente proyectas tu punto de vista en otros, es probable que tengas que resolver tus asuntos antes de que puedas convertirte en una persona que sabe escuchar.

Sigmund Freud afirmó: «Un hombre con dolor de dientes no puede estar enamorado», indicando que ese dolor no le permite percatarse de ninguna otra cosa más que de él. Igualmente, siempre que una persona tenga algo por resolver, las palabras de otros se ahogarán en el transcurso.

Seamos personas de influencia

La importancia
de empezar bien

Estatuto perpetuo será para vuestras generaciones,
para poder discernir entre lo santo y lo profano,
y entre lo inmundo y lo limpio, y para enseñar
a los hijos de Israel todos los estatutos que Jehová
les ha dicho por medio de Moisés.

Levítico 10.9-11

Dios no pasa desapercibido cuando los líderes desechan sus mandamientos. Cuando Nadab y Abiú rompieron la ley de Dios (Levítico 10.1-7), Él los ejecutó en ese mismo momento.

Suena cruel, ¿no crees? Considera esto. Cualquier movimiento en sus etapas iniciales debe crear un patrón o parámetro de operaciones. Si Dios hubiera permitido que se comprometieran los valores desde el principio, las cosas con seguridad hubieran empeorado. El mismo principio sucedió en la nueva iglesia cuando Dios le quitó sus vidas a Ananías y Zafira (Hechos 5.1-11).

Nadab y Abiú rompieron la ley del terreno firme, que dice que la confianza es el fundamento del liderazgo. Como sacerdotes santos y líderes confiables, se suponía que debían dar el ejemplo de la obediencia al pueblo. Dios no podía permitirles ni el más mínimo movimiento renegado, el más pequeño acto de disidencia, porque al hacerlo les daría permiso a los demás de comprometer sus valores también.

La Biblia de liderazgo con notas de John C. Maxwell

GUIANDO A TU EQUIPO HACIA LA DIRECCIÓN CORRECTA

Vinieron todas las tribus de Israel a David en Hebrón y hablaron, diciendo: Henos aquí, hueso tuyo y carne tuya somos. Y aun antes de ahora, cuando Saúl reinaba sobre nosotros, eras tú quien sacabas a Israel a la guerra, y lo volvías a traer. Además Jehová te ha dicho: Tú apacentarás a mi pueblo Israel, y tú serás príncipe sobre Israel. Vinieron, pues, todos los ancianos de Israel al rey en Hebrón, y el rey David hizo pacto con ellos en Hebrón delante de Jehová; y ungieron a David por rey sobre Israel.

2 SAMUEL 5.1-3

¿Recuerdas la primera vez que tuviste tu licencia de conducir? El solo hecho de ir a manejar era toda una emoción. No importaba donde fueras. Pero entre más viejo te hacías, tener un destino se hacía más importante. Lo mismo sucede con un equipo. Unir un equipo y movilizarlo son logros, pero a dónde vas es lo que importa. Debes comenzar a hacer las cosas difíciles para ayudar a que el equipo progrese y desarrolle una moral alta. Entre otras cosas tú debes:

Realizar cambios que hagan que el equipo mejore.

Recibir el compromiso de los miembros del equipo.

Comunicar un compromiso.

Desarrollar y capacitar a los miembros para que triunfen.

Las dos etapas más difíciles en la vida de un equipo serán cuando tratas de crear movimiento en un equipo que no va a ningún lado y cuando tú debes convertirte en un agente de cambio. Es allí cuando el liderazgo se necesita más.

Las 17 leyes incuestionables del trabajo en equipo.

LOS BUENOS LÍDERES SE
APROPIAN DE SUS ERRORES

*Y dijo David a Dios: ¿No soy yo el que hizo contar el
pueblo? Yo mismo soy el que pequé, y ciertamente he
hecho mal; pero estas ovejas, ¿qué han hecho? Jehová
Dios mío, sea ahora tu mano contra mí, y contra la casa
de mi padre, y no venga la peste sobre tu pueblo.*

1 CRÓNICAS 21.17

Los momentos de fracaso no solamente revelan el carácter verdadero de un líder, sino también presentan oportunidades para lecciones significativas en el liderazgo.

Después de una gran victoria sobre los filisteos, el rey David cometió un gran error. El rey decidió escuchar a Satanás, dejó de confiar en Dios para la defensa de su nación y realizó un censo.

La disposición de David para responsabilizarse por su imprudente acción demostró su profundidad de carácter. Él se arrepintió y aceptó el castigo de la mano de Dios, confiando en la gracia de Dios. Aún así, el error de David trajo consigo la muerte de setenta mil israelitas. Cuando el líder se equivoca, muchas personas sufren.

Muchas líderes intentan esconder sus fracasos, culpar a otros o huir de Dios. Pero David admitió su fracaso y se arrepintió. Aunque enfrentó muchas dificultades, David se esforzó para restaurar su relación con Dios e hizo lo que pudo para minimizar las consecuencias de su fracaso en la vida de los demás.

La Biblia de liderazgo con notas de John C. Maxwell

LA LLAVE PARA EL ÉXITO CONSTANTE

Lo que has oído de mí ante muchos testigos,
esto encarga a hombres fieles que sean idóneos
para enseñar también a otros.
2 TIMOTEO 2.2

En esencia el liderazgo es como una ventaja continua para el equipo. Los líderes ven más lejos que sus compañeros de equipo. Ven las cosas más rápidamente que ellos. Saben lo que va a suceder y pueden anticiparlo. En consecuencia, hacen que el equipo se mueva con antelación en la dirección adecuada, y por lo tanto que se encuentre en posición de ganar.

Mientras más grande sea el desafío, más grande es la necesidad de que el liderazgo provea muchas ventajas. Y mientras más líderes desarrolle un equipo, más grandes se vuelven las ventajas que el liderazgo provee. Si quieres triunfar y mantenerte en victoria por mucho tiempo, entrena jugadores del equipo para que se conviertan en mejores líderes.

El poder del liderazgo se transfiere a todos los campos. El negocio manejado por un buen líder encuentra a menudo su mercado antes que sus rivales, aunque estos tengan mayor talento. La organización sin fines de lucro dirigida por líderes fuertes recluta más personas, las capacita para liderar, y en consecuencia sirve a mayor cantidad de personas.

Mira entre bastidores de toda gran empresa y siempre encontrarás un líder fuerte. Por eso digo que la diferencia entre dos equipos igualmente talentosos es el liderazgo.

Las 17 leyes incuestionables del trabajo en equipo

CONOCE A TU GENTE ANTES DE ESTABLECERLOS

*Los hijos de Senaa edificaron la puerta del Pescado; ellos
la enmaderaron, y levantaron sus puertas, con sus
cerraduras y sus cerrojos. Junto a ellos restauró Meremot
hijo de Urías, hijo de Cos, y al lado de ellos restauró
Mesulam hijo de Berequías, hijo de Mesezabeel. Junto a
ellos restauró Sadoc hijo de Baana.*

NEHEMÍAS 3.3-4

Thomas Jefferson dijo una vez: «no existe una
actividad más difícil para un ejecutivo que poner
al hombre adecuado en el lugar adecuado». Poco
después de su llegada a Jerusalén, vemos a Nehemías
trabajando arduamente para colocar a la gente adecuada
en los lugares correctos. El texto enlista hombres
específicos como los constructores de portones
específicos. ¿Por qué? Nehemías los colocó en lugares
según sus dones naturales e intereses y los hizo que
construyeran la porción del muro que estaba enfrente de
sus hogares. ¡Eso sí es motivación!

Nehemías conocía los principios que hacen que una
organización progrese:

Motivación sin organización es igual a frustración.

Las organizaciones más fuertes son las más sencillas.

Los líderes aman a todos, pero se mueven con los
que caminan.

Las buenas organizaciones establecen claras líneas
de autoridad.

La gente hace lo que tú inspecciones, no lo que esperas.

Los líderes proveen un clima de apoyo.

Las organizaciones exitosas reconocen y recompensan
el esfuerzo.

La Biblia de liderazgo con notas de John C. Maxwell

PIDE RESPONSABILIDAD

Después de estas cosas salió, y vio a un publicano llamado Leví, sentado al banco de los tributos públicos, y le dijo: Sígueme. Y dejándolo todo, se levantó y le siguió.

LUCAS 5.27-28

En su libro *The One Minute Manager* [El administrador del momento], Ken Blanchard dice: «Hay una diferencia entre interés y compromiso. Si estás interesado en hacer algo, lo haces sólo si es conveniente. Si estás comprometido en algo, lo aceptas sin excusas». No prepares individuos que estén simplemente interesados. Equipa sólo a los comprometidos.

El compromiso es una cualidad por sobre las demás que habilita al líder potencial a convertirse en un líder triunfante. No puede haber éxito sin compromiso. El entrenador de fútbol americano Lou Holtz identificaba la diferencia: «El piloto kamikase que pudo participar en cincuenta misiones estaba involucrado, mas no comprometido».

Para determinar si tu personal está comprometido, lo primero que debes hacer es asegurarte de que saben lo que les costará convertirse en líderes. Eso significa que debes estar seguro de no vender barato el trabajo; déjales saber lo que van a obtener. Sólo entonces sabrán con qué están comprometidos. Si no se comprometen, no des un solo paso en el proceso de preparación. No pierdas tu tiempo.

Desarrolle los líderes que están alrededor de usted

PRIMERO GANA LA VICTORIA
SOBRE TI MISMO

*Y estando el rey en pie en su sitio, hizo delante de Jehová
pacto de caminar en pos de Jehová y de guardar sus
mandamientos, sus testimonios y sus estatutos, con todo su
corazón y con toda su alma, poniendo por obra las
palabras del pacto que estaban escritas en aquel libro.*

2 CRÓNICAS 34.31

¿Cómo gana un líder la victoria sobre sí mismo?
Considera cómo lo hizo Josías:

1. *Él se mantuvo abierto y dispuesto a aprender-* En lugar
   de tratar de convencer a los demás de que él lo sabía
   todo, se humilló a sí mismo, se separó de los malos
   caminos de su arrogante padre y buscó a Dios.

2. *Removió los obstáculos que él ya traía desde el pasado-*
   Un líder tiene que ganar las batallas de sus
   problemas pasados. Josías barrió con todos los
   ídolos en su país.

3. *Él se dio cuenta de lo que necesitaba dar y lo dio-* La
   victoria siempre trae consigo un costo personal. Para
   Josías, eso significaba reparar el templo y reinstaurar
   la pascua.

4. *Él reconoció cuál era la llave de la victoria-* Para Josías
   fue el arrepentimiento.

5. *El mantuvo un compromiso personal para tener éxito-*
   La gente nunca estará más comprometida que su
   líder. El compromiso de Josías inspiró al pueblo a
   ser fiel a pesar de los deseos malos que tenían y de
   su historia.

La Biblia de liderazgo con notas de John C. Maxwell

DEVOCIÓN DE TODO CORAZÓN

Y todo lo que hagáis, hacedlo de corazón, como para el Señor y no para los hombres.

COLOSENSES 3.3

Los expertos pasan mucho tiempo tratando de averiguar lo que hace a las personas exitosas. Casi siempre buscan sus credenciales, inteligencia, educación, y otros factores. Pero más que cualquiera otra cosa, la diferencia la hace la pasión.

Echemos un vistazo a cuatro verdades sobre la pasión y qué pueden hacer por ti como líder.

1. *La pasión es el primer paso para la realización-* Tu deseo determina tu destino. Mientras más fuerte sea tu fuego, más grande será el deseo y más grande el potencial.

2. *La pasión aumenta tu fuerza de voluntad-* No hay sustituto para la pasión. Es el combustible de la voluntad. Si quieres algo con muchas ganas, puedes encontrar la fuerza de voluntad para alcanzarlo.

3. *La pasión te cambia-* Si te dejas llevar por la pasión, en vez de por las percepciones de otros, llegarás a ser una persona más dedicada y productiva. Al final, tu pasión tendrá más influencia que tu personalidad.

4. *La pasión hace posible lo imposible-* El ser humano está hecho de tal forma que cuando cualquier cosa enciende el alma, las imposibilidades desaparecen. Un fuego en el corazón levanta todo en tu vida. Un líder con gran pasión y pocas habilidades siempre sobrepasa a un líder con grandes habilidades y ninguna pasión.

Las 21 cualidades indispensables de un líder

SIGUE MI GUÍA

*Y sirvió Israel a Jehová todo el tiempo de Josué, y todo el
tiempo de los ancianos que sobrevivieron a Josué y que
sabían todas las obras que Jehová había hecho por Israel.*

JOSUÉ 24.31

Fíjate en cada fase de la vida de Josué y verás a un
hombre que se dio totalmente para completar
cualquier tarea que se le asignara. Desde el principio, el
obedeció a las instrucciones de Moisés (Éxodo 17.9-10).
De allí en adelante Josué asumió el papel como asistente
de Moisés. Él demostró su obediencia una vez más
cuando acordó espiar la Tierra Prometida. Al regresar de
su misión de reconocimiento, él y Caleb fueron los
únicos entre los espías que estaban listos para obedecer
a Dios y entrar a Canaán. Cuarenta años más tarde,
cuando Moisés le dio las riendas del poder a su
protegido, Josué nuevamente obedeció el llamado
(Josué 1.5-11).

Al final, la gente de Israel siguió el ejemplo de Josué
e hizo lo que Dios les pidió, como resultado heredaron
la tierra que Dios les había prometido.

Al momento de su muerte, Josué fue conocido
simplemente como «el siervo de Dios» (Jueces 2.7-8). Eso
es un gran elogio. Nosotros consideramos a Josué un líder
excepcional pero ningún lugar en la Escritura lo describe
como un hombre de extraordinaria fortaleza, intelecto o
talento. La obediencia lo hizo extraordinario. Y cuando
eres un siervo de Dios, eso es todo lo que necesitas.

La Biblia de liderazgo John C. de Maxwell

OFRECE A LOS DEMÁS UN SENTIDO DE PROPIEDAD

Y andaré entre vosotros, y yo seré vuestro Dios,
y vosotros seréis mi pueblo.
LEVÍTICO 26.12

El sentido de pertenencia es una de las necesidades humanas básicas. Los que influyen positivamente entienden esta necesidad y hacen cosas para que las personas se sientan incluidas. Los padres se aseguran de que los niños se sientan miembros importantes de la familia. Los cónyuges hacen que la persona con quienes están casados se sienta como un compañero querido y con igual valor. Y los jefes permiten que sus empleados sepan que son miembros valorados del equipo.

Los grandes líderes son particularmente habilidosos en lograr que sus seguidores se sientan incluidos. Napoleón Bonaparte, por ejemplo, era un maestro en hacer que las personas se sintieran importantes e incluidas. Se le conocía porque merodeaba por su campamento y saludaba a cada oficial por su nombre. Mientras hablaba con cada hombre, le preguntaba sobre su pueblo, su esposa, y la familia. El general hablaba respecto a una batalla o maniobra en la que sabía que el hombre había participado. El interés y el tiempo que invertía con sus seguidores hacían que experimentaran un sentido de camaradería y pertenencia. No en balde sus hombres estaban consagrados a él.

Si deseas convertirte en mejor líder, desarrolla una manera de pensar que tome en cuenta a los demás. Busca maneras de incluir a otros.

Seamos personas de influencia

Un líder de discernimiento

Entonces dijo David a Natán: Pequé contra Jehová.

2 Samuel 12.13

El profeta Natán, al igual que Samuel, sirvió como líder a los líderes: Dios usó a Natán para corregir a los líderes erráticos. Natán pudo actuar como lo hizo debido a ese discernimiento tan agudo que Dios le dio. El discernimiento, en algunas ocasiones, es un don, pero en otras, el discernimiento es el producto de mucha experiencia. El discernimiento trae una percepción profunda de lo que está ocurriendo en lo externo e interno de una persona.

Para que mejores tu discernimiento como líder:

1. *Aprende a oír la voz de Dios.* Date tiempo para estar a solas y para leer las Escrituras. Reflexiona sobre las cosas de Dios.

2. *Desarrolla la habilidad para resolver problemas.* Si puedes ver la raíz de un problema, podrás resolver la dificultad.

3. *Analiza tus éxitos.* ¿Qué fue lo que funcionó? ¿Puedes identificar el por qué?

4. *Evalúa tus opciones.* El discernimiento involucra tu intuición y tu cabeza.

5. *Amplía tus oportunidades.* Obtén más experiencia para que tu sabiduría se profundice.

6. *Explora los pensamientos de otros.* Escoge líderes que tú admires y estudia la forma en la que piensan.

7. *Escucha tu intuición.* La mayoría de las personas tienen miedo de escuchar a esa intuición que Dios les ha dado.

La Biblia de liderazgo con notas de John C. Maxwell

SIGUE ENTRENANDO, SIGUE CORRIENDO

Despojémonos de todo peso y del pecado que nos asedia, y corramos con paciencia la carrera que tenemos por delante, puestos los ojos en Jesús, el autor y consumador de la fe, el cual por el gozo puesto delante de él sufrió la cruz, menospreciando el oprobio, y se sentó a la diestra del trono de Dios.

HEBREOS 12.1-2

No podemos dirigir a alguien, más allá del lugar donde hemos estado nosotros mismos. Muchas veces nos preocupamos tanto por el producto, que tratamos de acortar el proceso. No hay atajos cuando se trata de la integridad. Con el tiempo, la verdad siempre quedará al descubierto.

Recientemente supe de un hombre que entrevistó a un consultor sobre el control de calidad. El consultor, dijo: «En el control de calidad no nos preocupa el producto, nos preocupa el proceso. Si el proceso es correcto, el producto está garantizado». Lo mismo se aplica a la integridad: garantiza la credibilidad.

Mi entrenador de básquetbol, Don Neff, enfatizaba una y otra vez a nuestro equipo: «Jueguen como practican, juegue como practican». Cuando no seguimos este principio, fracasamos en alcanzar nuestro potencial. Cuando los líderes no siguen este principio, con el tiempo perderán su credibilidad.

Desarrolle el líder que está en usted

CABEZAS QUE GANAS, COLAS QUE GANAS

Y los apacentó conforme a la integridad de su corazón,
Los pastoreó con la pericia de sus manos.

SALMO 78.72

El liderazgo de David tuvo éxito por dos cosas: sus manos y su corazón, o sea, una habilidad externa y una integridad interna. Cualquier gran líder espiritual debe tener esta combinación. El excelente liderazgo de David combinaba el corazón y el arte. Tener uno y no el otro siempre lleva al fracaso. Considera la siguiente lista de las 11 claves a la excelencia, que nos sirven para desarrollar nuestras habilidades del liderazgo en la actualidad. Los líderes deben...

1. Valorar la excelencia
2. Evitar aceptar el promedio
3. Poner atención a los detalles
4. Mantenerse enfocado a lo que es importante
5. Mostrar integridad y buena ética
6. Mostrar un respeto genuino por los demás
7. Ir un paso más allá
8. Demostrar consistencia
9. Seguir progresando
10. Dar siempre el 100%
11. Hacer que la excelencia sea un estilo de vida

La Biblia de liderazgo con notas de John C. Maxwell

MÁS CERCA QUE UN HERMANO

Respondiendo él al que le decía esto, dijo:
¿Quién es mi madre, y quiénes son mis hermanos?
Y extendiendo su mano hacia sus discípulos, dijo:
He aquí mi madre y mis hermanos.

MATEO 12.48-49

Cuando busques líderes potenciales, si uno a quien estás considerando carece de lealtad, queda descalificado. No pienses en llevarlo contigo en el viaje, porque te perjudicará en vez de ayudarte. Entonces, ¿qué significa que otros te sean leales?

Te aman incondicionalmente- Te aceptan con tus debilidades y fortalezas. Se preocupan por ti, pero no te ponen en un pedestal.

Te representan bien ante los demás- La persona leal puede confrontarte en privado o hacerte responsable de algo, pero nunca te critica delante de otros.

Puede reír y llorar contigo durante el viaje que han emprendido juntos- Hace que el viaje se sienta menos solitario.

Tu sueño es el de ellos-. Algunas personas participarán de tu viaje solo brevemente. Se ayudan mutuamente por un tiempo y luego siguen por caminos separados. Pero pocos —muy pocos— querrán seguir a tu lado y ayudarte por el resto del viaje.

Estas personas, cuando a su lealtad suman sus talentos y habilidades, pueden ser tu capital más valioso. Si encuentras este tipo de persona, cuídalo mucho.

El mapa para alcanzar el éxito

El derecho de dirigir

Y dijo Jehová: Raeré de sobre la faz de la tierra a los hombres que he creado, desde el hombre hasta la bestia, y hasta el reptil y las aves del cielo; pues me arrepiento de haberlos hecho. Pero Noé halló gracia ante los ojos de Jehová.

GÉNESIS 6.7-8

Hay algo respecto a la justicia, la clase de estilo de vida moralmente virtuosa dada del cielo, que califica a una persona para dirigir al pueblo de Dios. Noé, el hombre que Dios eligió para rescatar a la raza humana de la extinción, demostró esta clase de justicia.

Dios no escogió al azar a Noé. Él sabe con quién contar para que una tarea se haga y no siempre es aquel con la mayor habilidad, talento o posición social. Más bien, es aquel que camina diariamente con Él, que oye su voz y sigue sus pasos.

Sin duda, Noé tenía sus propias debilidades y fallas, pero caminó con Dios, y fue su caminar íntimo con Él lo que lo hizo justo delante de Dios (Génesis 6.9). La justicia de Noé lo calificó para ser usado por Dios como instrumento para salvar la raza humana de la aniquilación y como parte del acuerdo, el Señor guardó a Noé y a sus amados de una muerte segura.

Noé todavía se mantiene como un ejemplo de la clase de persona que Dios quiere usar. Dios no ha cambiado, y hasta la fecha busca líderes justos que puedan ayudarle a cambiar al mundo.

La Biblia de liderazgo con notas de John C. Maxwell

CERCANO AL CORAZÓN DE DIOS

Acercaos a Dios, y él se acercará a vosotros.

SANTIAGO 4.8

Cuando Samuel escuchó la voz de Dios por primera vez, «estaba durmiendo en el templo de Jehová, donde estaba el arca de Dios» (1 Samuel 3. 3). Era un buen lugar para estar, pues esa ubicación era la más cercana a la presencia de Dios que una persona podía tener en aquellos días, a menos que fuera el sumo sacerdote que entraba al lugar santísimo una vez al año.

Cada líder debe estar cerca de Dios. Eso no significa que debes estar en un culto formal. Solo significa que necesitas tener una actitud de adoración dondequiera que estés. Es una postura del corazón.

Esa lección la aprendí en la universidad, y la llevé conmigo al ministerio. Cuando asistía al Circleville Bible College, solía ir a una casa abandonada al término de mis clases y pasaba un tiempo con Dios cada tarde. Era mi lugar especial para relacionarme con él. Desde entonces, he tenido siempre un lugar especial que visito para escuchar a Dios.

Si quieres convertirte en una persona a la que los demás escuchan, familiarízate con Dios. Conéctate con Él en forma coherente, y crecerán las posibilidades de conectarte con los demás.

Los 21 minutos más poderosos en el día de un líder

¿ERES UN NAVEGANTE?

*Del hombre son las disposiciones del corazón; mas de
Jehová es la respuesta de la lengua. Todos los caminos del
hombre son limpios en su propia opinión; Pero Jehová
pesa los espíritus. Encomienda a Jehová tus obras, y tus
pensamientos serán afirmados.*

PROVERBIOS 16.1-3

Los líderes eficaces practican la ley de la navegación, que dice que cualquiera puede gobernar un barco, pero se necesita un líder que planee la ruta. Los versículos en Proverbios 16 les recuerdan a los líderes:

• Analizar el origen de su sabiduría.
• Analizar sus motivos.
• Analizar el resultado que están buscando.

Considera cinco palabras claves para comprender como es que Dios ayuda a los líderes a navegar por la vida:

Proceso- El plan de Dios usualmente se desenvuelve con el tiempo. ¿Qué está revelando Dios progresivamente?

Propósito- Dios quiere cumplir su propósito. ¿Para qué fuiste creado?

Potencial- Dios usará tus dones y tu pasión. ¿Corresponde este objetivo con lo que eres?

Prioridad- Dios te pedirá que ajustes tu tiempo y tu energía. ¿Qué pasos debes dar?

Proceder- Dios eventualmente te pedirá que actúes. ¿Cuándo debes comenzar?

La Biblia de liderazgo con notas de John C. Maxwell

31 DE DICIEMBRE

LLÉVAME HACIA TU LÍDER

Entonces vi el cielo abierto; y he aquí un caballo blanco,
y el que lo montaba se llamaba Fiel y Verdadero, y con
justicia juzga y pelea... Y los ejércitos celestiales, vestidos
de lino finísimo, blanco y limpio, le seguían en caballos
blancos... y él las regirá con vara de hierro; y él pisa el
lagar del vino del furor y de la ira del Dios Todopoderoso.
Y en su vestidura y en su muslo tiene escrito este nombre:
REY DE REYES Y SEÑOR DE SEÑORES.

APOCALIPSIS 19.11, 14-16

En este pasaje del último libro de la Biblia, Juan, el escritor del Apocalipsis, está describiendo a Jesucristo, aquel que gobernará al mundo al final de los tiempos. En la mayoría de la Biblia, Jesús es descrito como un siervo humilde: sanó al enfermo; perdonó al pecador; lavó los pies de los pescadores, los recolectores de impuestos, y del hombre que lo traicionó. Se sometió mansamente a la tortura y a la cruel muerte en la cruz.

Pero no te equivoques, ¡Jesús no es un debilucho! En el libro del Apocalipsis, vemos el otro lado de su carácter y su liderazgo. Él es un capitán de guerra que trae un ejército celestial para derrotar a un enemigo fuerte y amargado. Y no sólo gana ese día, sino por toda la eternidad. Esa es la marca de un gran líder. Tiene la fuerza para conquistar pero a la vez se agacha para ayudar al débil y elevarlo hacia la victoria con Él.

Yo creo en el liderazgo. He dedicado más de treinta años de mi vida a enseñarlo. Pero tal como Jesús mismo lo dijo: «¿qué aprovechará al hombre, si ganare todo el mundo y perdiere su alma?» (Mateo 16.26) Si no tienes una relación con el Rey de reyes, Jesucristo, entonces te invito a que tengas una. Si reconoces que Jesús es el Hijo de Dios, te arrepientes de tus pecados, pides perdón por ellos e invitas a Jesús en tu corazón, serás salvo y Él se convertirá en tu Señor de señores. Y te le unirás, al Líder de líderes, en la eternidad.

BIBLIOGRAFÍA

La Biblia de liderazgo con notas de John C. Maxwell (Nashville: Caribe-Betania Editores).

Desarrolle el líder que está en usted (Nashville: Caribe-Betania Editores).

Desarrolle los líderes que están alrededor de usted (Nashville: Caribe-Betania Editores).

Las 21 leyes irrefutables del liderazgo (Nashville: Caribe-Betania Editores).

Las 21 cualidades indispensables de un líder (Nashville: Caribe-Betania Editores).

Seamos personas de influencia (Nashville: Caribe-Betania Editores).

Los 21 minutos más poderosos en el día de un líder (Nashville: Caribe-Betania Editores).

El lado positivo del fracaso (Nashville: Caribe-Betania Editores).

Las 17 cualidades esenciales de un jugador de equipo (Nashville: Caribe-Betania Editores).

Las 17 leyes incuestionables del trabajo en equipo (Nashville: Caribe-Betania Editores).

El mapa para alcanzar el éxito (Nashville: Caribe-Betania Editores).

NOTAS

NOTAS

NOTAS

NOTAS